2011年度广东省哲学社会科学规划项目
"基于知识产权权利体系重构的知识产权一般效力问题研究"资助研究成果

知识产权专题研究书系

ZHISHICHANQUAN YIBAN XIAOLI YANJIU

# 知识产权一般效力研究

关永宏 著

责任编辑：雷春丽　　　　　　　责任校对：董志英
封面设计：SUN 工作室　　　　　责任出版：卢运霞

**图书在版编目（CIP）数据**

知识产权一般效力研究／关永宏著．—北京：知识产权出版社，2012.12
　ISBN 978－7－5130－1784－8

　Ⅰ.①知…　Ⅱ.①关…　Ⅲ.①知识产权法－研究－中国
Ⅳ.①D923.404

中国版本图书馆 CIP 数据核字（2012）第 312899 号

## 知识产权一般效力研究

关永宏　著

| | | | |
|---|---|---|---|
| 出版发行： | 知识产权出版社 | | |
| 社　　址： | 北京市海淀区马甸南村 1 号 | 邮　编： | 100088 |
| 网　　址： | http：//www.ipph.cn | 邮　箱： | bjb@cnipr.com |
| 发行电话： | 010－82000860 转 8101/8102 | 传　真： | 010－82005070/82000893 |
| 责编电话： | 010－82000860 转 8107 | 责编邮箱： | leichunli@cnipr.com |
| 印　　刷： | 北京市凯鑫彩色印刷有限公司 | 经　销： | 各大网上书店、新华书店及相关销售网点 |
| 开　　本： | 880mm×1230mm　1/32 | 印　张： | 9.5 |
| 版　　次： | 2013 年 2 月第 1 版 | 印　次： | 2013 年 2 月第 1 次印刷 |
| 字　　数： | 228 千字 | 定　价： | 25.00 元 |
| ISBN 978－7－5130－1784－8/D·1657（4640） | | | |

出版权专有　　侵权必究
如有印装质量问题，本社负责调换。

# 前　言

　　知识产权的一般效力问题主要是知识产权法的基础理论问题，同时也是对知识产权法律制度的变迁进行梳理、审视及对现行知识产权法律规范进行剖析与抽象的问题。对知识产权一般效力的理论概括可以从法律效力理论、民事权利效力理论，特别是从物权效力理论中吸取"养分"，寻求基本的分析依据和线索，同时更应当在知识产权法律制度独特的产生、发展路径中，以及在知识产权权利体系、权利属性、权利特征的形成过程中寻求分析依据和线索。知识产权是法律为保护特定的利益而赋予其法律上的权利，而知识产权的一般效力可界定为知识产权权利所具有的共同作用力、约束力和保障力。作用力直接体现为知识产权人对权利客体，即对设定了知识产权的无形财产或知识产品的积极支配力或控制力，以及消极的控制力。约束力体现为知识产权法律关系的主体应当在知识产权强制作用力所及的客体、时间、地域等范围或领域内活动，不应超越合理的界限，不当行使或滥用权利。知识产权的合理使用、法定许可、强制许可、权利穷竭等制度设计实质上就是对权利人与社会公众行使权利、履行义务设定的界线。保障力则体现为知识产权存在受侵害之虞或受侵害之时法律必将通过请求权设定以及法律责任和强制执行制度予以排除和救济，以保障权利回复圆满状态。知识产权法规定的诉前禁令、行政查处、侵权司法救济等措施即是知识产权保障力的制度化实现。知识产权的一般效力既不同于知识产权的特别效力，也不同于知识产权的属性、特征和权能。知识产权一般效力的内容由控制效力、排他效力、时间效力、地域效力及请求权效力构成，而在制度层面上，这些效力全面存在或体现于国际条约及国内法的规范之中。知识产权效力因经济、科技、文化和国际贸易的全球化发展处于不断变迁、扩张之中。

　　知识产权控制效力是知识产权权利作用力的直接体现，控制效力是指知识产权人以特定方式控制知识产品而享受权利利益的积极作用力。知识产权的客体——知识产品，具有无形性、知识性、共享性、公用性，无法进行排他性的现实占有，法律在专利、商标、著作等客体之上设定知识产权后，权利人对知识产品只能按法律规定的方式去自行利用知识产品和禁止他人利用知识产品。知识产权的权利设定与行使建立在对知识产品进行法律拟制的控制性利用的基础之上。知识产品的利用包括制造、使用、许可、复制、传播、销售、进口、标记等方式，权利人对他人的擅自利用享有禁用权。知识产权控制效力的内容包括控制的客体范围、控制的具体方式和控制的空间范围。控制效力一方面受到远比物权效力更普遍的严格限制，另一方面控制效力所及的客体范围、所作用的空间范围不断扩张，控制的方式更趋多样化、技术化。

知识产权排他效力是指排除同一知识产品上内容相斥的权利或排除他人非法享有和使用其知识产品的约束力、保障力或消极的作用力，也可称为"排他力"或"排他性"。知识产权排他效力有广义和狭义之分，前者是指知识产权与其他私权间的相互排他力和知识产权权利之间的相互排他力；后者仅指知识产权权利之间的相互排他力。知识产权作为私权的支配权、绝对权的本质属性，必然产生知识产权排他效力。知识产权排他效力与知识产权控制效力相互协调，形成"合力"，保障知识产权的权益得以全面实现。知识产权排他效力具体体现为同类知识产权取得的排他效力、不同种类知识产权取得的排他效力以及知识产权行使阶段的排他效力。知识产权排他效力在专利、商标、著作等具体法律制度中得以制度化实现。

知识产权时间效力是指知识产权取得、行使和保护的时间范围或时间约束力。其内容包括了时间效力期间（保护期间）的起算与届满、时间效力的类型、时间效力的期限利益、时间效力的限制、时间效力的保护等。知识产权时间效力是多数知识产权权利内容的构成部分，是知识产权行使与保护过程中必须充分关注或考虑的重要法律要素。知识产权国际条约及国内法中包含大量时间性规范，这些规范的共同特征为：效力期间的性质为支配权的有效期、效力期间呈现不断延长趋势及效力期间届满后产生特殊的法律后果。法律对知识产权时间效力期间的起算与消灭的方式进行了不同的规定，而时间规范包含的期限利益对相关主体产生了直接的利害关系。知识产权效力期间在制度变革中存在不断延长的趋势，对时间效力制度存在的合理性提出了挑战，需要寻求一个利益平衡点以确定合理长度的时间效力期间。

知识产权地域效力是知识产权取得、行使和保护的空间范围或空间约束力，超出特定的空间范围，知识产权的约束力、作用力和保障力即不复存在，也即知识产权本身不复存在。知识产权地域效力分为知识产权取得阶段的地域效力、行使阶段的地域效力、保护阶段的地域效力。知识产权地域效力的发展产生了知识产权的域外效力，而知识产权的域外效力是指一国授予的知识产权即使在授予国以外也可获得他国承认或再次授权，或者权利行使被他国承认及获得他国法律保护的效力。域外效力并不是对地域效力的否定，而是地域效力内容的延伸和发展的结果。知识产权国际保护的强化和国际一体化知识产权的出现反映了知识产权域外效力的不断增强，但知识产权地域效力仍然会继续发挥基础性作用。

知识产权请求权效力是在知识产权存在受侵害之虞或受侵害之时，权利人基于知识产权的支配性、绝对性而享有的请求相对人为一定行为或不为一定行为的请求作用力。这种请求作用力在制度层面直接体现为知识产权请求权制度。知识产权请求权派生于知识产权，为回复知识产权权利的圆满状态存在，具有救济权利的功能，同时该权利实际也是知识产权作用力延伸于特定的相对人，并对相对人的行为产生约束力的体现，即知识产权请求权也属于知识产权一般效力的内容之一。依据法律的相关规定及救济知识产权的需要，可以将停止侵害请求权、妨害防止请求权、废止妨害物品请求权、获取侵害信息请求权等权利纳入知识产权请求权的内容构成之中。知识产权请求权与损害赔偿请求权、物权请求权具有一定的联系，但分属不同性质的请求权。知识产权请求权行使时一般不适用于消灭时效，但会受到其他具体法律制度的制约或限制。

# 目录 Contents

引论/1

## 第一章　知识产权一般效力的理论体系构建/16
第一节　知识产权一般效力的理论根据/16
第二节　知识产权一般效力的内涵与特征/24
第三节　知识产权一般效力的构成/38
第四节　影响知识产权效力内容变化的要素/46
本章小结/60

## 第二章　知识产权控制效力/62
第一节　知识产权控制效力及其相关范畴/62
第二节　知识产权控制效力的内容/68
第三节　知识产权控制效力的限制/90
本章小结/120

## 第三章　知识产权排他效力/121
第一节　知识产权排他效力与理论价值/121
第二节　知识产权排他效力内容的类型化/129
第三节　知识产权排他效力的制度化实现/135

本章小结/140

## 第四章　知识产权时间效力/141
第一节　知识产权时间效力的理论分析/141
第二节　知识产权时间效力的内容/160
第三节　知识产权时间效力制度的合理性分析/173
本章小结/190

## 第五章　知识产权地域效力/192
第一节　知识产权地域效力的内涵、类型化与依据/192
第二节　知识产权域外效力的内涵、类型化与扩张/205
第三节　知识产权地域效力与域外效力关系的衡平/216
本章小结/226

## 第六章　知识产权请求权效力/228
第一节　知识产权请求权效力的内涵与性质/228
第二节　知识产权请求权效力的内容/241
第三节　知识产权请求权效力的限制/259
本章小结/264

**结语/266**

**参考文献/274**

**本书主要知识产权国际条约及简称/291**

**后记/293**

# 引 论

## 一、研究的国内外背景

知识产权（intellectual property）这一术语，有学者考证认为最早由17世纪中叶的法国学者卡普佐夫在其著作中使用①，但也有学者认为是由18世纪的德国人最早提出。② 然而，可以确定的是自1967年世界知识产权组织建立后，"知识产权"一词逐步在世界范围内获得普遍承认和使用，而我国1986年颁布的《中华人民共和国民法通则》（以下简称《民法通则》）中正式使用"知识产权"称谓后，国内也逐步不再普遍使用"智力成果权"、"无形财产权"的表述。作为类型化民

---

① 吴汉东：《知识产权基本问题研究》，中国人民大学出版社2005年版，第3页。
② 郑成思：《知识产权论》第3版，法律出版社2003年版，第1页；齐爱民、朱谢群：《知识产权法新论》，北京大学出版社2008年版，第1页。

事权利的知识产权比较其他传统民事权利的产生要晚约两千年。如从1709年英国颁布世界上第一部著作权法《英国安娜法》开始计算①，近现代知识产权法律制度的建立和发展经历了约300年的历程，迄今已经签署和实施了大量知识产权国际多边条约和双边条约②，设立了多家专门管理国际条约和推进条约实施的国际组织③，世界大多数国家均形成了完整的国内知识产权法律制度体系。从20世纪80年代改革开放至今，我国经过约30年的时间也建立起较完备的知识产权法律制度体系，积极参加了一系列重要的知识产权国际条约，知识产权保护水平和研究水平获得了明显提高。④

知识产权从客体属性、权利特征、权利取得方式、权利行使与作用方式、保护方式、立法规制体例等方面与物权、债权、人身权等其他民事权利存在明显差别。一般认为，知识产权是对创造性智力成果（也可称创造性成果）和工商业标记等所享有的专有权。创造性智力成果和工商业标记也可称之为知识产品，知识产品是无体物（也可称无形财产）。知识产权

---

① 国内著作或文章中也翻译为《英国安娜女王法》或《英国安妮女王法》，其实该法的全称是《在所规定的时间内将已印刷图书之复制件授予作者或者该复制件购买者以鼓励学术之法律》。参见金海军：《知识产权私权论》，中国人民大学出版社2004年版，第214页。

② 自1883年《巴黎公约》缔结后，全球性知识产权多边条约已有30个左右，还有更大量的知识产权区域国家间条约和双边条约。参见陶鑫良、袁真富：《知识产权法总论》，知识产权出版社2005年版，第422~423页。

③ 世界知识产权管理和保护组织主要为1967年成立的"世界知识产权组织"（World Intellectual Property Organization，WIPO）、1995年诞生的"世界贸易组织"（World Trade Organization，WTO）及联合国教科文组织（United Nations Educational, Scientific and Cultural Organization，UNESCO），分别管理着一批知识产权国际条约。

④ 张玉敏："知识产权法制三十年"，载《法学杂志》2009年第2期。

是权利人对权利客体知识产品的利用、收益、处分的垄断权或专有权。知识产品的存在一般需要一定的有体物作为载体，但承载知识产品的有体物不包括在知识产权客体范围之中。

自知识产权在西方制度体系中产生以来，关于知识产权的正当性、知识产权的保护程度或水平、知识产权私权与公共利益关系的平衡、知识产权与贸易的关系等问题就一直受学界和社会广泛质疑、争论。

国外发达国家知识产权研究的重点一般为知识产权法哲学问题、知识产权正当性问题、知识产权专有与共享关系问题、知识产权法经济学问题、网络知识产权问题、知识产权许可问题、知识产权证券化问题、国际贸易中的知识产权保护、知识产权争端解决机制问题等等。其特点是重视知识产权法哲学等基本理论问题、重视新技术领域的知识产权问题、重视知识产权具体保护制度问题研究，但专门研究一般理论体系的相关问题，特别是研究知识产权效力问题的成果十分少见。及至20世纪80年代以降，西方知识产权法律体系及制度被我国整体移植后，我国法学、经济学、国际贸易等领域的学者才开始广泛关注知识产权问题，并逐渐对知识产权与一般民事权利的关系、知识产权的正当性、知识产权的利益平衡、知识产权的法典化、知识产权的特征、知识产权的客体、知识产权的权利冲突、知识产权的滥用与限制、知识产权的保护模式、知识产权与经济社会发展水平的关系、知识产权的保护强度、知识产权制度的国际化等问题开展了热烈研讨，观点各异、众说纷纭。其特点为重具体制度研究，轻基本理论研究；重法律视角研究，轻多学科综合视角研究；重横向比较方法研究，轻纵向历史方法研究。

直接或间接与知识产权效力问题相关的基础研究成果主要

包括关于一般法律效力的研究成果、其他民事权利效力的研究成果、知识产权一般效力和具体效力的研究成果。广义的知识产权效力指知识产权一般效力和特殊效力，狭义的知识产权效力仅指知识产权一般效力。知识产权一般效力问题是知识产权制度的基本理论问题。知识产权一般效力是对知识产权权利及其制度进行梳理研究后，从理论上提炼出来的适用于各种知识产权的共性效力。知识产权一般效力不同于各种知识产权所具有的特殊效力。本书主要研究对象是知识产权的一般效力的理论问题及相关制度问题。

### 二、研究的目的和意义

有学者在论述研究物权效力的重要性时指出"物权的效力决定了物权的内容与性质，并影响物权的设定、变动与保护。因此，物权效力是物权的灵魂和精华所在，也是物权体系的重点所在"。[①] 同理，知识产权的效力是基于知识产权权利的性质、内容、行使与保护的制度规定而进行的理论提炼与抽象，进而又对知识产权权利制度的发展与完善产生直接的指引和矫正作用。本书从知识产权权利取得、行使、保护的逻辑线索切入，对知识产权效力的基本理论问题、知识产权的具体效力表现、知识产权效力与相关制度的关系展开系统而又深入的探求，目的是构建知识产权效力理论的基本框架体系，从知识产权基本理论层面弥补知识产权研究之不足，揭示知识产权的权利本质，明晰知识产权之间以及知识产权与其他民事权利的分界，促进知识产权法律制度的体系完善和内容充实。

研究知识产权一般效力问题的理论意义和现实意义主要体

---

① 温世扬、廖焕国：《物权法通论》，人民法院出版社2005年版，第49页。

引 论

现在以下几个方面。

（一）填补缺乏知识产权效力理论的专门、系统研究成果空白的理论意义

对知识产权效力所涉及的理论问题进行专门、系统研究，以弥补知识产权基础理论体系中长期缺乏知识产权效力理论的不足。我国知识产权研究从20世纪90年代后进入繁荣时期，体现为知识产权硕士、博士生培养数量不断增加、刊物发表的知识产权学术论文成倍增长、正式出版的知识产权方面的著作或教材大量增加、知识产权学术会议不断举办等等。但在这一过程中知识产权研究的重点是知识产权制度中的具体问题，而对知识产权理论的基本问题进行研究的成果相对数量较少、覆盖面窄、不成体系，整体水平较低，特别是存在一些研究"飞地"和空白。甚至有学者提出"知识产权无理论"的质疑。[①] 现行知识产权法总论部分是"盛名之下，其实难副"。[②] 但笔者认为知识产权不是无理论，而是国内外长期没有真正重视和投入资源和精力去对知识产权的基本理论问题展开系统深入的研究，以至于表面"光鲜繁荣"的知识产权一直缺乏基本理论的统领和指引。知识产权权利的效力问题是知识产权基本理论重点和核心内容之一，也是知识产权制度的精髓所在，知识产权的法律之力通过权利效力制度得以体现，知识产权权利保护的利益通过效力制度得以维持和实现。但认真检索近年的研究成果，知识产权研究著作、教材中绝大部分缺少该部分

---

[①] 王太平：《知识产权客体的理论范畴》，知识产权出版社2008年版，第2页。

[②] 陶鑫良、袁真富：《知识产权法总论》，知识产权出版社2005年版，第457页。

内容，刊物论文中尚没有发现对该选题进行专门研究的文章。因此，本书通过对知识产权效力相关概念的内涵、类别、构成、与相关范畴的关系、各具体效力的内容等理论问题的研究，以期有效促进知识产权一般效力基本理论框架的建立、知识产权效力与具体法律制度的关系的厘清、知识产权效力存在的合理性与发展趋势的深入揭示。

（二）推动知识产权效力制度功能发挥和完善的现实意义

对知识产权法律制度中的效力内容进行挖掘，以推动知识产权制度功能的充分与合理发挥，促进知识产权制度的健全和完善。自17世纪以降，经过300多年的时间，知识产权的整体法律制度得以在西方工业与科技大国建立、健全和完善，并发挥越来越广泛的重要作用。中国用30年的时间跨越了西方300年的历程，相对完整的知识产权法律制度也得以建立。不断加强对该制度共性理论、原理的抽象、提炼和研究，不仅是指导对具体知识产权问题开展研究的要求，也是推动知识产权法律制度整体价值得以充分、合理发挥的内在必然。本书从知识产权共同效力理论提炼、归纳着手，挖掘和发挥知识产权一般效力在知识产权制度中的统摄价值。知识产权法律制度是民法制度的子系统，其功能的持续发挥，需要知识产权制度体系的合理构建与体系间的良性动态运行机制的形成。而知识产权权利一般效力问题是知识产权基础理论体系的重要构成部分。如果缺少对该部分内容的研究和掌握，必然会影响整个体系的完整性，也会影响体系间的良性动态运行机制的形成。

（三）对进一步明晰知识产权相关范畴之间关系的理论意义

对知识产权效力理论和制度的剖析，有助于明晰知识产权之间以及知识产权与其他民事权利的分界。一方面，知识产权属于民事财产权利,但知识产权的产生时间较之于其他传统民事权利明显较晚,知识产权与其他民事权利(特别是民事财产权)存在哪些承继关系、内容与效力存在哪些异同、一般民事法律原理如何适用于知识产权等问题均需不断深化研究。另一方面,随着知识产权制度全球化和科技、经济的发展,知识产权内容不断充实、种类不断增加,传统的专利权、商标权、版权、商业秘密权、防止不正当竞争权的内容不断修正和充实,新型的传统知识权、网络域名权、植物新品种权等相继涌现。在此背景下,知识产权之间的相互关系如何处理、界限如何划分也需要从多角度、多层面加强研究。对知识产权一般效力的研究正是从权利体系的本源出发,通过分析揭示知识产权的控制效力、排他效力、时间效力、地域效力、请求权效力等,明晰知识产权之间以及知识产权与其他民事权利的分界。

(四) 对知识产权制度动态运行规律进行挖掘和再认识的方法论意义

对知识产权权利属性特征等问题进行重新审视,以用全新视角认识知识产权效力制度形成的原因和发展的趋势,是经济、法律全球化的时代要求。近年来,从知识产权滥用、知识产权限制、知识产权利用、知识产权反垄断规制方面对知识产权进行研究的成果大量呈现,但这些论题的基础理论问题应当是知识产权的效力问题。知识产权的效力就是基于特定的客体属性,通过利益衡平的方法所产生的权利作用力、约束力和保障力。知识产权效力的产生、内容及发展变化趋势均受到知识产权权利属性、客体特征、经济贸易全球化及技术发展因素的显著影响,必须以系统论的方法把知识产权效力问题放置于知识产权权利体系中,甚至放置于知识经济时代的社会变迁过程中进行思考和分析。

## 三、研究的基本思路

（一）从知识产权制度产生发展的历史进路中归纳与概括知识产权效力理论的基点与内容

知识产权法律制度、知识产权权利的产生与发展经历了不同于传统民事权利的特殊历史过程，这一过程与近代工业革命以及与技术发明与创造、文学艺术作品、工商业标志等要素密切关联，在法律发展史中知识产权权利的法定化是人类首次在知识产品这一无形财产上设定了法律权利，在经济发展史上是人类首次对无形财产作出了产权安排，因此是革命性的权利进化。① 知识产权权利产生时期和发展时期始终面临着一些基本的问题需要回答和应对，即为什么需要独立的知识产权权利制度？哪些知识产品可以纳入哪一种知识产权的客体范围？特定的客体纳入特定的知识产权保护客体范围后，权利的作用与保障力边界又如何划定？一国法律确认的知识产权如何随知识扩散于他国而获得他国的保护？知识产品的共享性在知识产权权利内容中如何获得体现？通过知识产权立法活动、司法审判活动和学术研究活动，这些问题逐步获得了解决。本书通过对这些问题及解决过程的分析，归纳概括出知识产权的一般作用力、约束力、保障力存在的理论基点就在于保护知识产品创造者的私人利益与促进知识财富创造源泉的充分涌流，知识产权效力的内容则是其作用力、约束力、保障力的范围划定或边界

---

① 对于知识产权法的历史演进过程的专门研究著作可参见［澳］布拉德·谢尔曼、［英］莱昂内尔·本特利：《现代知识产权法的演进——1760～1911 英国的历程》，金海军译，北京大学出版社 2006 年版；金海军：《知识产权私权论》，中国人民大学出版社 2004 年版等。

区分，是知识产权权利取得、行使和保护过程中体现的特别显著的共性效力，如控制效力、排他效力、时间效力、地域效力等。

（二）从知识产权制度中抽象知识产权效力理论框架，以知识产权效力理论为制度的完善提供理论依据

知识产权效力理论当然不能凭空杜撰，而是深深根植于过往和现行的知识产权制度内容之中。研究和抽象知识产权效力理论必然基于对知识产权制度的系统化梳理、辨析和把握，从制度中分析效力的线索，从制度中挖掘效力的框架和内容，从制度中发现效力变化的轨迹。进而再以已经抽象出的知识产权效力理论阐述或原理来分析现行制度的合理性、正当性，并为知识产权制度未来的修正与完善指明方向。过往知识产权制度中的效力内容是曾经的效力，现行知识产权制度中的效力内容是实然的效力，未来制度修正后的效力内容是应然的效力。如从知识产权权利的保护期制度安排中抽象出了知识产权的时间效力理论，明确了时间效力的概念、特点、期限利益、期限限制的合理性等基本理论问题，在此基础上再评判欧盟、美国等不断延长版权保护期的正当性和合理性就较容易获得可信的结论，进而对我国等发展中国家是否也应当延长或缩短知识产权保护期的制度变革方向问题获得明确的应对之策。

（三）从知识产权制度国际博弈进程中发现知识产权效力制度的发展趋势和完善方向

知识产品流动、传播、贸易较难受地域限制的属性决定了知识产权制度从国内发端到向国际协调保护呈现了明显加速度的趋势。知识产权国际保护一方面建立在各国知识产权权利具有地域授权、地域适用、地域保护的基础之上，另一方面通过大量知识产权国际条约的签署和适用，特别是自20世纪90年

代将知识产权与国际贸易密切结合之后，统一了世界上大多数国家的知识产权保护的基本标准，使知识产权制度基本内容取得了实质上的国际统一。比如，可专利的客体范围、发明专利的授权条件、各种知识产权保护的最低期限、商标的分类授权、著作权保护的"二分法"等等。知识产权国际化的过程就是各国知识产权制度冲突、碰撞、融合的过程，也是不同发展程度国家的知识产权法律制度博弈而趋同的过程。重视和充分研究知识产权的国际化进程，对于准确概括知识产权效力的内容及发展变化趋势具有重要的价值。比如知识产权地域效力在国际化背景下发生了哪些变化，及未来的变化方向；知识产权控制效力的扩张能否将发展中国家主张的传统知识、遗产资源等纳入权利客体范围；知识产权排他效力在同一知识产品可以分国家分别授权时是否即不存在等等。因此，深刻认识知识产权国际化进程有助于准确理解知识产权效力、全面概括知识产权效力内容的基本线索或素材。

### 四、主要研究方法

研究方法之正确采用对于研究目标之达成具有举足轻重的价值。我国民法学研究一直较重视制度性诠释与研究，其典型的缺陷一是"自说自话"，无视现有的共性结论与前提，二是"自我封闭"，过分依赖法律的逻辑分析方法。欠缺对其他学科的互动。[①] 知识产权法的研究由于更偏重于具体问题的解决，因此上述研究方法的缺点也更为突出。这种方法其实是一种就事论事的功利性方法，视野受限、资料受限、结论证成受限，所以必须在对基本知识产权法律制度内容进行分析的基础

---

① 王轶：《民法原理与民法学方法》，法律出版社2009年版，第5～10页。

上、超越现行制度、超越法律逻辑本身,从知识产权产生发展的历史进程、法学及法学以外的多学科视角、权利体系化、国际经济文化新秩序构建等方面对知识产权效力的理论问题、制度问题展开分析研究。

(一) 比较分析法

比较分析法的研究是法律研究的重要方法。通过对不同法律制度、法律规范、法律概念、法律背景、法律功能等进行比较分析①,发现其共性和差异及其原因,进而寻求论题的解决。本书通过将知识产权与物权或其他财产权利的特征、行使方式、效力表现等进行横向比较,以揭示知识产权效力的涵义、特征及内容;通过对各国知识产权制度中相关知识产权效力制度的横向或纵向比较分析和研究,抽象知识产权一般效力的制度化共性与发展保护的轨迹;通过对知识产权国际条约效力内容的比较,阐述知识产权国际化进程中效力制度的内容与演变。本书对比较分析法的运用主要融汇于各章节对具体问题的分析过程之中,并没有如许多学术著作是集中专门的章节进行比较分析。如此更显自然和流畅。

(二) 历史分析法

历史分析法就是运用发展、变化的观点分析客观事物和社会现象的方法。分析事物要把它发展的不同阶段加以联系和比较,才能弄清其实质,揭示其发展趋势。知识产权效力范围、效力期限、效力地域问题的提出和制度化实现总是与知识产权制度产生、发展的历史过程密切关联,效力理论与制度的产生原因和稳定框架就掩盖在知识产权制度形成、发展的历史长河之中。本书通过对知识产权效力问题进行追根溯源,从知识产

---

① 沈宗灵:《比较法研究》,北京大学出版社1998年版,第38~44页。

权制度的演变中,从知识产权理论研究的历史脉络中扫除"浮尘",发现知识产权效力的"真经"。

(三)系统论方法

系统可以定义为相互作用着的若干要素的复合体。① 系统也是由许多部分所组成的整体,所以系统的概念就是要强调整体,强调整体是由相互联系、相互制约的各部分所组成。② 系统思想的突出特点是强调整体性,整体性是系统最为显明、最为基本的特征之一,系统之所以成为系统,首先必须具有整体性。③ 系统内部存在结构与功能④,系统间的功能耦合达成了系统的稳态。⑤ 采用系统论研究方法,把知识产权制度与理论、知识产权权利理论、知识产权效力理论与制度都可作为相互联系、相互作用的系统进行分析和认识。知识产权效力系统是知识产权权利系统的子系统,知识产权权利系统是知识产权制度与理论系统的子系统,而知识产权制度与理论系统又是民事法律制度与理论系统的子系统。在系统思维方法指导下,一方面将知识产权效力理论和制度的构建置放于更大的知识产权理论与制度、民事法律理论和制度、法律效力理论的大系统中进行思考、审视;另一方面将知识产权效力系统与平行的其他知识产权具体系统的关系进行协调与互动,寻求达成功能耦

---

① [美]冯·贝塔朗菲:《一般系统论——基础、发展和应用》,林康义、魏宏森译,清华大学出版社1987年版,第51页。
② 钱学森等:《论系统工程》,湖南科学技术出版社1982年版,第204页。
③ 苗东升:《系统科学精要》,中国人民大学出版社1998年版,第1页。
④ 魏宏森、曾国屏:《系统论——系统科学哲学》,清华大学出版社1995年版,第228页。
⑤ 金观涛、刘青峰:《金观涛刘青峰集——反思·探索·新知》,黑龙江教育出版社1988年版,第19页。

合。重视对知识产权效力体系本身的整体性构建研究与构成因素的分离性研究，恰恰体现了系统论思维方法和论证方法。

**五、结构与内容**

本书围绕知识产权一般效力问题的主题按照"总—分"思路从六方面展开研究，全书也分为六章。第一章对知识产权一般效力的理论体系构建进行了研究，第二章到第六章分别对控制效力、排他效力、时间效力、地域效力和请求权效力进行了专门研究。这样的结构安排体现了从理论一般研究到具体问题研究的逻辑思路。希望在明晰知识产权效力基本理论体系的前提下，对各具体效力问题进行更准确、更深入的探析。

第一章关于知识产权一般效力的理论体系构建，主要研究了知识产权一般效力理论与法律效力理论、民法效力理论之间的渊源关系，特别是民事权利效力理论对研究知识产权效力问题的借鉴价值。在此基础上对知识产权一般效力的内涵、特征、构成、与相关范畴的关系进行了界定或限定，并从系统论视角对直接影响知识产权一般效力内容变化的系统要素进行了论证。此章的论述试图证明知识产权一般效力理论与制度是从传统法学理论和民事权利理论的"沃土"中生长出来的理性之花，同时又是根植于知识产权制度体系之中的客观存在，而不是无病呻吟的主观臆造之物。

第二章关于知识产权控制效力的系统阐述，主要研究了控制效力的内涵、与专有性特征的关系，进而研究了控制效力的客体范围、控制方式、控制效力作用的空间范围、控制效力作用受到的观念限制和制度限制。控制效力不同于物权的支配效力，重在揭示知识产权权利人与无形的知识产品之间特有的控制性支配关系，控制也可称为一种拟制的支配。本章是通过对知识产权法律制度的重新梳理和提炼，将知识产权权利的特殊作用力、约束力进行了系统抽象和概括，促使我们进一步理解和认清系统、具体的知识产权制度设置的合理性及发展完善的方向。

第三章关于知识产权排他效力的专门论述，主要研究了知识产权排他效力与物权排他效力的关系、内涵与价值，对知识产权排他效力的具体类型进行了分析，进而讨论了知识产权排他效力的制度化实现方式，并提出了完善知识产权排他效力理论与制度的路径。知识产权排他效力是知识产权权利的对外约束力的集中体现，是知识产权内容实现的保障，在知识产权取得、行使阶段排他效力表现得最为明显。专门揭示和剖析知识产权排他效力对有效设立权利、行使权利和保护权利，准确把握权利的内容具有重要价值。

第四章关于知识产权时间效力的专门探析，较全面系统地研究了知识产权法中时间规范及其特征、时间效力的内容，对知识产权时间效力制度的合理性和发展趋势进行了专门分析。专利权、商标权、著作权作为知识产权中最基本的三位一体权利都具有权利保护期或有效期，实际体现了权利作用力、约束力和保障力的时间条件或限制，时间效力期间的存在直接影响知识产权权利的取得、行使与保护，研究的目的在于更清晰、深入地理解知识产权权利本质特征，及时、有效行使和保护权利，并以符合公平、正义的目的不断完善知识产权时间效力法律制度。

第五章关于知识产权地域效力的探讨，主要研究：知识产权地域效力的内涵、内容、类型、依据；知识产权域外效力的内涵、类型化和扩张；知识产权地域效力与域外效力的关系衡平等。知识产权地域效力是知识产权取得、行使、保护的空间范围，知识产权一方面特别强调地域效力特征，另一方面在知识产权快速国际化的背景下，知识产权获得了广泛的域外效力。深入研究地域效力有助于准确把握知识产权的权利特征，有助于深刻理解知识产权国际化发展趋势的本质，有助于不同法域知识产权法律制度关系的协调和制度内容的健全完善。

第六章关于知识产权请求权效力的论证，主要研究：知识产权请求权存在的理论基础与制度根据；知识产权请求权的内涵与性质；知识产权请求权的内容；知识产权请求权与消灭时效的适用；知识产权请求权行使的限制制度。知识产权请求权效力体现为知识产权请求权，是从绝对权关系派生的相对权关系，具有救济手段的作用。知识产权请求权行使的基础条件为知识产权的有效存在及权利状态面临侵害威胁或已受侵害的事实，行使的目的是为回复知识产权正常状态。知识产权请求权的内容与物权请求权具有某种相似性，但具体的内容、构成的形态仍然区别明显。

# 第一章　知识产权一般效力的理论体系构建

## 第一节　知识产权一般效力的理论根据

### 一、法律效力基本理论

国内外法理学研究者对法律效力开展了系统研究，成果主要包含在一系列国内外法理学著作、论文之中。有学者认为"对法律效力的探求，则是试图确定一条法律是否值得遵守，亦即私人或政府官员是否应当遵守它"。[①] 这实际上揭示了研究法律效力的目的是解决法律是否具有正当性的重要价值。有学者认为"法律的效力，就是法律对什么人在什么时间什么地点发生支配力或拘束力之谓。法律之效

---

[①] ［美］E. 博登海默：《法理学——法律哲学和法律方法》，邓正来译，中国政法大学出版社2004年版，第348页。

力有两种：一为一般的效力，是各种法律具有的效力。可分人、时、地三方面讨论之。一为特别的效力，是每一法律对于其所规定之事项所具有的效力"。① 此观点较全面和明确地阐述了法律效力的内涵与分类。有学者认为"对于法律效力这一概念，通常有广义和狭义两种解释。广义上的法律效力，泛指法律约束力和法律强制性。狭义上的法律效力，仅指法律生效范围或适用范围，即法律对什么人、在什么地方和什么时间适用"。② 这种认识是对法律一般效力的内涵界定。此外，还有学者认为"法律效力是指法律在属时、属地、属人、属事四维度中的国家强制作用力"。③ 这种观点创新之处在于在传统法律效力内涵中增加了"属事"效力的内容。亦有学者认为"要使合法行为的法律上效果处于可靠、确定的状态，具有权威性，从而保证法律秩序的形成与存在，就需要一种法律上的力。这种法律上的力就是法律效力：合法行为发生法律上效果的保证力……另一方面，法律效力对特定合法行为之外而与其相关的行为加以约束，禁止一切障碍行为发生，从而使合法行为的法律效果处于安全状态。此时，法律效力以对相关行为约束力的形态出现"。④ 这一观点具有相对独特的视角，是从法律上的力来说明法律如何保证合法行为产生法律效果及对阻却相关行为对合法行为效力的障碍。

综合上述对法律效力内涵的不同认识，笔者认为，广义的法律效力实质上是指法律作为行为规范应当对主体的行为模式

---

① 李岱：《法学绪论》，台湾中华书局1966年版，第183页。
② 李龙：《法理学》，武汉大学出版社1996年版，第351页。
③ 张根大：《法律效力论》，法律出版社1999年版，第21页。
④ 李琦："法律效力：合法行为发生法律上效果之保证力"，载《法学研究》1995年第2期。

所具有的作用力、约束力和强制力；狭义的法律效力是指法律对人、对空间、对时间的效力作用范围。作用力、约束力和强制力分别从不同的侧面对法律效力进行揭示，以保证法律效果的实现。作用力体现为各具体法律规范的内容、法律权利的范围、法律制度的体系架构，是法律对主体行为模式进行积极调控的结果。约束力体现为法律关系的主体应当在法律作用力所及的范围或领域内活动，不应超越法律规范、法律原则对主体行为设置的行为界限。强制力则体现为主体如果超越法律作用的范围或界限、没有接受法律的拘束就必须承担相应的法律责任及被法律强制执行。

　　法律效力根据效力涵盖的范围可以分为一般效力或特殊效力；根据效力的作用的方式可以分为积极效力和消极效力；根据效力产生的来源可以分立法文件的效力和其他法律文书的效力；① 根据在特定法律体系结构的地位可分为法律整体的效力、法律行为的效力、法律权利的效力。以民法为例，民法的效力即民法的适用范围，是从整体上考察民法对何人、在何地、在何时发挥作用力。②

　　实证主义法学家凯尔森认为法律效力是法律规范固有的本性，反对在法律体系之外寻求法律规范效力的理由，也不需要用其他价值来论证和确定。③ 自然法学家认为人定法必须符合自然法才是有效力的，"恶法非法"，所以无效力。当代德国学者将法律效力分为三个层次，即法律应然效力、法律实然效

---

① 郭道晖：《法理学精义》，湖南人民出版社 2005 年版，第 255 页。
② 王利明：《民法总论》，中国人民大学出版社 2009 年版，第 60 页。
③ [奥] 凯尔森：《法与国家的一般理论》，沈宗灵译，中国大百科全书出版社 1996 年版，第 40 页。

力和法律道德效力；并提出"法的接受"概念，即国家法律必须得到人们的接受，否则只能通过强制人们遵守。① 因此，法律的正义性是法律被确信和接受的保证，法律的道德效力是法律效力的社会基础。

法律效力的载体是法律。法律效力有其具体作用的范围，法律效力的范围也可称为法律效力的维度。对法律效力的维度较全面的考察有四个维度，即时间维度、地域维度、对象维度和事项维度。法律效力的内部结构由作用力、载体和四维空间维度构成，外部则受法律的制定、法律的实施等要素的影响。②

## 二、民法效力基本理论

民法效力制度内容十分丰富，概括而言包括了民法适用效力（适用范围）、法律行为效力、消灭时效与取得时效、物权的一般效力和具体物权的特殊效力、债权效力、合同效力等制度。分散在民法总论、物权法、债法等各部分内容中。目前尚没有发现学者对民法效力进行系统、专门研究的成果，而对各具体民法效力制度进行研究的成果则较为常见。从研究方向考察，民法适用效力研究的是民法规范对人、对空间及生效起止时间问题，法律行为效力是研究已经成立的法律行为是否可以产生拘束当事人行为的约束力，可以分为生效法律行为、无效法律行为、可撤销法律行为、效力未定法律行为等；③ 合同效

---

① 魏德士：《法理学》，丁晓春、吴越译，法律出版社2003年版，第153～155页。
② 张根大：《法律效力论》，法律出版社1999年版，第1～57页。
③ 王利明：《民法学》，复旦大学出版社2009年版，第93～99页。

力研究有效合同对当事人的拘束力，以及合同无效和被撤销后的法律后果。① 而对民事权利效力的研究主要是针对物权、债权（包含于债之效力中）重要的类别性财产权利以及抵押权、质权来展开。就现有研究成果而言，物权效力、债之效力与合同效力的研究的思路、框架对本书论题的研究具有重要参考与借鉴价值。

（一）物权效力理论

关于物权效力的内涵与内容，学者历来有不同的认识和表述。通说将物权效力分为一般效力和特殊效力。一般效力又分二效力说（优先权效力与物上请求权效力）、三效力说（优先权效力、物上请求权效力与排他权效力）、四效力说。四效力说是主流学说，指物权效力包括：优先权效力、排他权效力、追及权效力、物上请求权效力。② 例如，有学者认为物权效力是法律赋予物权的强制作用力，物权效力包括了支配力（包括追及力）、优先力、物上请求力等。③ 有学者认为物权效力是指物权特有的保障力，可分为特有效力与共同效力，包括排他效力、优先效力、追及效力与物上请求权效力。④ 有学者认为物权效力是物权特有的功能与作用，各类物权有某些共同效力，体现了与其他权利不同的特点。物权效力包括了排他效力、优先效力、追及效力和物上请求权效力。⑤

---

① 李仁玉等：《合同效力研究》，北京大学出版社2006年版，第5页。
② 靳宝兰、徐武生：《民事法律制度比较研究》，中国人民公安大学出版社2001年版，第165～169页。
③ 李双元、温世扬：《比较民法学》，武汉大学出版社1998年版，第229～231页。
④ 梁慧星：《中国物权法研究》，法律出版社1998年版，第76～81页。
⑤ 王利明：《物权法论》，中国政法大学出版社1998年版，第24～33页。

第一章　知识产权一般效力的理论体系构建

实际上，上述观点的本质差别并不大，"三效力说"通常是把追及力并入了其他效力中，没有单列。"二效力说"把排他效力作为物权当然属性看待。① 物权的四效力说相对更全面地揭示了物权的本质属性，概括了物权人为实现其利益应当获得的法律保障力。申言之，（1）物权的排他效力。是指基于物权的绝对性与支配性而生的在一物之上不得同时存在两个以上的所有权或内容不相容的物权。如若不然，物之归属陷于未定，不仅必然妨碍物之使用价值与交换价值之发挥，而且引致利害关系人产生对抗与社会的不秩序。物权的排他效力对物权人而言具有"防御性"的效力，约束不特定的任何人。（2）物权的优先效力。通说认为是指物权优先于债权及物权相互间的优先顺位。物权对外优先于债权，是基于物权的支配性。体现为同一物上存在物权与债权时，物权优先行使和受到保护，不论设定时间之先后。买卖不破租赁、基于公共利益的法定情形则为物权优先于债权的例外。物权相互间的优先顺位体现为同一标的物上成立在先的物权优先于成立在后的物权，即"时间在先权利在先"之原则。其例外为定限物权优先于所有权。② （3）物权的追及效力。谓物之标的物不论辗转落入何人之手，物权人均可追之物之所在，支配该物或物之利益。如无权处分人处分物权人财产后，财产不论被转让多少次，原则上物权人有权追及物之所在行使支配权。物权法的善意取得制、取得时效制度的适用可以阻却追及效力的实行。（4）物上请求权效力。当物权之正常、圆满状态遭受侵犯、妨害或存

---

① 尹田：《物权法理论评析与思考》，中国人民大学出版社2004年版，第143页。
② 谢在全：《民法物权论》，中国政法大学出版社1999年版，第33~35页。

妨害之危险时，物权人得请求除去该侵犯或妨害或妨害之危险的权利。包括返还原物、恢复原状、停止侵害、排除妨害等请求权。

（二）债之效力理论

大陆法系国家的民法典中一般都规定有债的效力的内容，如《德国民法典》、《法国民法典》、《瑞士民法典》、《日本民法典》等都有专章或专节规定"债（权）的效力"。我国《民法通则》、《合同法》等法律中也有专条对债的效力进行规范。就债的效力的概念，学界有不同的认识，有学者认为"债的效力是指基于债权债务关系所生法律上之力"。① 有学者认为"债之效力，广义的是指使实现给付或填补给付利益之作用，包括债之履行及债务不履行之效果。狭义的则单指债务不履行之效果"。② 有学者认为，可将债的效力定义为"为实现债之目的，法律赋予债的当事人及有关第三人某种行为之力或者拘束力以及债务不履行时的强制执行力"。③ 概括而言，笔者认为债权的效力主要是指债权依法设定后所产生的法律上的力，对债权人是可自由作为的请求力，对债务人是必须作为的拘束力，对第三人是债的保全力。债权的效力也可分为一般效力和特殊效力。债权的一般效力是所有债具有的共同效力，债权的一般效力可分为：对内效力与对外效力；主要效力和从属效力；对不同主体的效力。近现代以后，债权效力的效力范围呈扩张趋势，内容更趋丰富。主要体现为在理论、制度和判例上开始承认第三人利益的合同、债的保全制度被广泛接受、

---

① 胡长清：《中国民法债篇总论》，商务印书馆1977年版，第268页。
② 史尚宽：《债法总论》，中国政法大学出版社2004年版，第675页。
③ 章戈："论债的效力"，载《法学研究》1990年第4期。

建立债权不可侵理论、情事变更原则的确立及附随义务理论的实行等。债权效力理论对债权法制度的建立、运行与完善具有重要指导价值，一方面奠定了债权权利与其他民事权利区分的基础，另一方面推进了债法理论与制度的不断创新与完善。

（三）合同（债权）效力

合同效力是债的效力的构成部分，由于其内容的丰富和重要，需要进行专门论述。广义的合同效力理论研究三方面问题：合同的生效条件；已经生效的合同对当事人的约束力以及对第三方的约束力；无效合同和可撤销合同的法律后果。狭义的合同效力仅研究已经生效的合同对当事人的约束力以及对第三方的约束力问题。合同的效力从债权视角研究也可称为合同债权的效力。因为合同关系的建立主要目的是在明确双方当事人权利义务的基础上追求合同债权的实现，即规定合同义务是为了保证合同权利的实现。

合同效力产生的依据是当事人的自主意思和法律的规定①，贯彻了信赖利益、自己责任和法律价值原则。虽然我国《合同法》第44条规定："依法成立的合同，自成立时生效，具有约束力。"但合同法实际只规定了合同生效的一般程序条件、基本原则，合同的具体内容需由当事人自由意定。合同效力不仅对当事人有约束力，而且也对第三人，特别对其他组织体、政法部门也具有约束力。②树立合同神圣的观念是对全体社会主体、商事主体而言，不仅对当事人而言。

合同效力的状态包括有效合同、无效合同、可撤销合同与

---

① 王利明、崔建远：《合同法新论·总则》，中国政法大学出版社2000年版，第234页。
② 李仁玉：《合同效力研究》，北京大学出版社2006年版，第6页。

效力未定合同。合同效力根据不同标准可分为一般效力与特殊效力、对内效力与对外效力、约定效力与法定效力等。合同效力制度是合同法中最核心的内容,与当事人权利实现程度、管理部门的干预介入程度、市场经济的发育水平密切相关。

## 第二节 知识产权一般效力的内涵与特征

### 一、知识产权效力问题的研究状况

知识产权作为一种法律权利,其效力如何概括、界定,国内外学者的相关论述极为少见,仅有个别学者对知识产权法效力和知识产权效力进行了简要论述。

（一）支配力说

有学者对知识产权法效力和知识产权效力进行了分别研究,认为:(1)知识产权法的效力是指知识产权法在什么时间、什么空间,对什么人、什么事具有法律上的拘束力。进而分别对知识产权法的时间效力、空间效力、对人效力与对事效力进行了简要论述。(2)知识产权效力是指知识产权人对智力成果、商业标识等知识产权客体依法享有的支配力。进而从知识产权效力的起止、知识产权效力的表现、知识产权效力的公示三个方面进行了具体研究。[①] 这些论述一方面确有可贵与可取之处——在国内学界较早对知识产权效力问题进行了专门研究、明确区分了知识产权法的效力与知识产权的效力、对知识产权效力的制度内容进行了归纳、概括与研究。另一方面也

---

① 陶鑫良、袁真富:《知识产权法总论》,知识产权出版社2005年版,第187、206页。

有明显不足之处,体现为把知识产权效力仅界定为一种支配力,似乎过于简单化,没有揭示出知识产权作为支配权与其他支配权的效力差别;将知识产权效力的表现概括为存续时间上的效力、地域范围上的效力、权利内容上的效力,没有将排他效力、控制效力等内容列入,范围似偏窄;也没有阐明把权利内容列入知识产权效力范围的理由等。

(二)作用力与保障力说

有学者认为知识产权效力是法律赋予知识产权的强制性作用力与保障力。知识产权效力是知识产权属性的外在表现,集中体现了知识产权依法成立后所发生的法律效果。并进而将知识产权效力概括为控制效力、排他效力、优先效力、独立处分力、追及效力与垄断效力六方面。① 这些论述的可取之处是对知识产权效力概念的概括更符合民事法律的基本原理、对知识产权效力的内容进行了更全面的提炼与概括。但不足之处在于对知识产权效力的概念表述仍然存在不确切性及没有充分阐明依据;知识产权"六效力"似存烦琐之嫌;对控制效力是否可以吸收垄断效力、独立处分效力,对知识产权请求权不列入效力范围的理由都没有进行专门论证等。

(三)排他与支配效力说

有论者专文将知识产权与物权进行比较后,认为知识产权不仅具有排他效力(也称排他权),而且排他效力体现得十分明显,理由是:一些知识产权实质是排他权;一些知识产权更多表现为排他权;对智力成果的支配与占有需要额外条件等。同时,知识产权也具有支配效力(也称支配权)。知识产权支

---

① 齐爱民:《知识产权法总论》,北京大学出版社 2010 年版,第 178~184 页。

配权的特殊性为有限支配性、支配力作用具有极强的衍生性。① 与上述两说比较，论者虽没有系统地对知识产权效力问题展开论证，但抓住了知识产权效力问题的核心内容进行了专门探讨，研究方法与结论有一定的说服力。不过，论者对排他效力、排他权与排他力，对支配效力、支配权与支配力之间的关系未能明确区分，使用较混乱，影响了论证过程的证明力。

（四）具体知识产权效力论说

有论者对商标权的效力问题进行了研究，认为商标权的效力范围即是商标权的权利范围。商标权具有本域效力即专有使用权、禁用权及时区跨度效力；商标权的延伸效力，即商标权的禁用权扩张后延伸至商号、域名、商品名称或者特有商品的包装装潢等领域。② 这里所论权利效力范围即权利范围，实际上把权利效力与完全权利内容等同，有明显界线划分不明的缺漏。有论者对专利权转让中的负担效力与处分效力进行研究③，试图用传统私法理论中的负担与处分理论对专利权转让合同的效力问题进行独特视角的分析，但没有对专利权权利效力问题进行直接论述。有论者对著作权中专有使用权的效力进行了研究，认为著作权中专有使用权的对世效力体现为：专有使用权对抗未经许可的第三人的效力；专有使用权对抗经著作权人重复授权的第三人的效力；专有使用权对抗著作权的效

---

① 王宏军："论作为排他权与支配权的知识产权"，载《学术论坛》2007年第5期。

② 王岩云："商标权的效力范围"，载《天津大学学报（社会科学版）》2007年第4期。

③ 王立梅："论专利权转让中的负担效力和处分效力"，载《黑龙江省政法管理干部学院学报》2009年第1期。

力。不同著作权的专有使用权包含的上述效力项目也有差别。① 论者对这一主题的研究已经深入著作权内部,具有启发价值。

此外,在研究我国民法典的体例结构时,有学者认为知识产权的一般性内容应当集中规定在我国未来将出台的民法典中,这些一般性规定中可以将知识产权效力条款单列,人体包括知识产权的权利内容及其限制和例外效力、保护期限效力、地域效力等。② 这里笼统将知识产权的权利内容列入效力范围显然不合适,至少需要进一步深入论证。

### 二、知识产权一般效力的内涵

知识产权法律调整知识产权法律关系,知识产权法律关系的重要内容由知识产权权利与义务构成。因此,知识产权法律效力基于知识产权法律而产生,知识产权法律制度是知识产权法律效力存在的制度依据。知识产权的效力即知识产权的权利效力。知识产权权利效力来源于知识产权法律规范的明定或蕴涵,是对知识产权权利法律之力的理论抽象。知识产权效力是知识产权人享有知识产权之价值所在,是对权利人、使用或传播人、其他社会公众进行利益平衡的结果。各知识产权具有的共同效力即是知识产权的一般效力,各知识产权具有的特有效力即是知识产权的特殊效力。

如何界定知识产权一般效力的内涵?对此进行专门研究的

---

① 周㭎平:"论著作权法中专有使用权的性质和效力",载《河北法学》2009年第7期。
② 吴汉东:"知识产权立法例与民法典编纂",载《中国法学》2003年第1期。

学者十分少见，已经进行了专门关注和研究的学者的观点如上所述也差别较大。根据法律效力、民事权利效力的一般理论，综合学者对知识产权效力的不同认识，从知识产权权利的本体内容考察，笔者认为知识产权的一般效力指知识产权权利依法产生的作用力、约束力和保障力。从法律效力理论考察，知识产权效力应当体现为法定权利的法律之力，是基于法律规范或条款而生，通过实体权利行使和程序权利保护来实现的法律之力；从民事权利一般理论论述考察，物权效力、债权效力内生于权利内容，与权利属性、权利特征、权利内容密切联系，同时又不应与这些范畴等同或相互替代。从知识产权权利本体内容考察，知识产权权利取得、行使、保护的特殊规则及属性、特征与内容必然对应于不同其他民事权利的一般效力理论与制度。

知识产权权利的作用力、约束力和保障力分别从不同的层面实现知识产权权利的法律之力。（1）作用力直接体现为法定的知识产权权利人对权利客体——无形财产或知识产品依法应当拥有的积极支配力或控制力和消极支配力或控制力，积极控制力即为控制效力，消极控制力即为排他效力、请求权效力；间接体现为知识产权义务主体恪守义务的约束力。作用力是知识产权法律制度对主体行为模式、内容进行积极直接调控规制的结果。知识产权的作用力往往通过权利的行使方式或实现方式来体现。知识产权法律规定的权利行使方式、权利客体范围等内容是作用力的制度化体现。（2）约束力体现为知识产权法律关系的主体应当在知识产权权利的作用力所及的范围或领域内活动，不应超越行为界限，滥用权利。知识产权约束力具体又体现为排他效力、时间效力、地域效力。知识产权权利的合理使用、法定许可、强制许可、权利穷竭、侵害责任等

第一章 知识产权一般效力的理论体系构建

制度实质上就是对权利人与社会公众行使权利、履行义务设定的界线。(3) 保障力则体现为权利人可依法采取各种措施保障知识产权权利的顺利行使和利益的顺利实现的法律之力。这是知识产权权利内生的直接保障力或救济力，当这种保障力发挥作用后仍不足以保障权利达到圆满状态时，再以侵权责任、强制执行制度进行进一步的保护和救济。保障力主要体现为排他效力、请求权效力等。保障力通过知识产权法规定的诉前禁令、没收或销毁侵害物品等措施获得制度化实现。

就知识产权效力的类别划分而言，除可以依据效力所涵盖权利范围不同划分为一般效力和特别效力之外，还可将知识产权一般效力依效力内容不同划分为控制效力、排他效力、时间效力、地域效力、请求权效力；依效力产生的基础不同可划分为权利取得的效力、权利行使的效力、权利救济的效力。

本书并不寻求对知识产权效力涉及的问题进行"全景式"的研究，而只对知识产权一般效力涉及的基础理论问题、支撑知识产权效力体系建立的主要制度内容以及有争议和价值的具体效力构成内容进行分析和论证。在本书的结构安排方面主要围绕不同的知识产权效力的内容展开研究，即在研究知识产权效力一般理论问题的基础上，分别对控制效力、排他效力、时间效力、地域效力和请求权效力进行专门分析论证。

### 三、知识产权一般效力的特征

知识产权一般效力的特征是指知识产权效力的本质属性，也是指知识产权效力不同于其他民事权利效力的特点。知识产权效力究竟存在哪些特征，学者们对此进行专门研究的论述尚未发现，笔者依据上述法律效力及民事权利效力的基本理论，结合知识产权权利理论的特点，认为知识产权效力的特征主要体现在以下几方面。

  第一,知识产权效力基于知识产权而产生,是知识产权的作用力、约束力和保障力,既与知识产权权利内容密切联系,又不应等同于知识产权权利本体。知识产权是依法在特定创造性成果和工商业标志等知识产品上设定的专有权,知识产权权利取得后权利人依法通过对知识产权客体进行支配,获得知识产权的利益。知识产权作为支配权其权利主体是权利人及其受许可使用人,其义务主体是权利人及许可使用人以外的社会不特定人,其权利内容是利用、许可、收益和处分的权能,其客体是无形财产或知识产品。进而知识产权支配权的权能如何具体实现,此时需要其权利效力制度衔接或配套以达到权益实现的目的。具体而言,知识产权的支配力通过不同的效力制度得以体现或落实,控制效力直接解决哪些知识产品可以纳入知识产权支配的客体范围以及以什么方式进行支配控制是合法或合理正当的;排他效力直接解决哪些知识产权不得在同一客体之上同时设定以及排除哪些权利的同享与利用行为等,这是从消极方面保障支配力实现的效力形式;时间效力和地域效力分别界定了知识产权支配力有效发挥作用的时间范围和空间范围;请求权效力则解决了知识产权控制力受到侵害或存在受侵害之虞时的救济或保障途径。因此,也可以说知识产权效力是知识产权权利内容的延展,是为了保障知识产权权利实现的制度安排。

  第二,知识产权效力作为法律上的力具有显著的强制性。知识产权效力的强制性,一方面体现为相关法律规范的强行性规范特征,另一方面体现为对法律关系主体的一体强制性。前者是指知识产权法中存在大量的效力规范,其中许多规范的强行性特征比较明显,比如规定各种有期知识产权的保护期的法

第一章　知识产权一般效力的理论体系构建

律规范、规定不同种类知识产权控制利用方式的规范、规定知识产权请求权行使方式的规范等主要都属于强行性规范。后者是指知识产权效力规范不仅约束义务主体，也约束权利主体，比如专利法一般规定了专利权人控制利用专利技术成果的法定方式是制造产品、使用方法、销售、许诺销售、进口等，并有权禁止他人擅自实施上述控制利用行为。这种规定意味着专利权人一般也不得在法定的控制利用方式之外主张权利，比如主张专利的出租利用权，否则，法律将不予支持和保护；同时，专利权人以外的义务主体如在这几种法律禁止擅自利用的方式内进行控制利用，就构成侵权，必须承担侵权责任，但如在这几种法律禁止擅自利用的方式以外控制利用专利成果时，可能归入专利权用尽的范围或非自愿许可的范围，专利权人无权追究。

　　第三，知识产权效力具有法定性。其内容贯穿于知识产权法律制度的始终，是知识产权法体系的重要构成部分。知识产权效力的内容虽然没有如物权效力一样在各国物权法总则中进行确认和规范，但实际上仍然被分散规定在各国知识产权法律及国际条约之中。具体考察，在知识产权的权利授予、权利行使到权利限制、权利保护的整个制度体系中，知识产权效力的相关内容都包含其中。知识产权控制利用的客体范围、控制方式等包含在知识产权授权条件和权利内容的法律制度之中，知识产权排他享有、排他行使等内容一般包含在知识产权权利取得、权利行使与实现的法律制度之中，知识产权时间效力期间方面的内容一般包含在权利保护期制度之中，知识产权地域效力与域外效力的内容一般包含在授权制度、保护制度及法律涉外适用的制度之中，知识产权请求权效力一般包含于知识产权救济或侵权责任制度之中。因此，知识产权效力的理论不过是对效力制度的内容进行理论梳理、提炼、概括、抽象的结果。

  第四，知识产权效力实现具有较强的技术性。知识产权效力实现的技术性是指与物权效力实现相比，知识产权效力实现单纯依靠实物交付、服务行为提供等往往难以完成，通常必须借助特定的技术设备、技术工具、技术方法等手段才能完成。当然不可否认的是不同种类知识产权的效力实现的技术性存在一定的差异。专利权、集成电路布图设计专有权、商业秘密权、网络环境中的著作权、植物新品种权等权利的效力实现具有明显的技术性特征。比如专利权，专利权的客体本身就是必须符合新颖性、创造性、实用性条件的成熟的技术方案，当专利权获得后，专利成果的制造和转化、专利方法的使用、专利权效力的判定、专利请求权的行使等均需要借助技术设备、技术方法、技术资料等来实现；网络环境中著作权的取得、网络数字作品的利用、网络作品侵权的判定等都必须依托于网络技术、数字化技术手段来实现。另外，商标权、特殊标志权、传统空间中的著作权等知识产权的效力在实现过程中也具有一定的技术性，但比较上述几种权利，其实现手段的技术性较弱。比如商标权，权利取得后在商标标识制造、使用、传播、相同或相近似性商标的判定等方面仍然需要一定的技术性设备、技术性方法和技术性知识等。知识产权效力实现的这一特征主要是与物权效力的实现特征比较而言的，物权的支配效力、排他效力、优先效力、追及效力及物权请求权效力在实现的过程中一般仅需要有体物的简单交付、某种侵害之虞或侵害行为的停止等即可实现，并不特别需要专门的技术设备、技术方法、技术知识或资料等作为手段或条件。由此，也说明了知识产权效力的实现条件要求更高、难度更大。

## 四、知识产权特征与知识产权效力的关系

知识产权特征的研究，从广义上考察是要系统概括知识产权作为一种民事权利所具有的全部实质性特点，从狭义上考察是要准确抽象出知识产权与其他民事权利相比较所具有的独有特点。准确认知知识产权的特征，不仅是深入研究知识产权权利应有效力的基础，而且也是防止将两者相互混淆的要求。

知识产权的属性是私权，但知识产权的特征究竟如何概括？国内学界一直存在较大的认识分歧，这种分歧之大、观点之多样甚至超过了学界对知识产权概念的不同认知。对此国内有学者已经将这些不同观点总结为"一性说"、"二性说"、"三性说"、"四性说"、"五性说"、"六性说"与"其他观点"等[1]，甚为复杂。就国内一些知名学者的相关著作中的观点来看，表述也明显不一致。有将知识产权特点概括为无形性、专有性、地域性、时间性、可复制性等五方面[2]，有认为知识产权特征应为权利归属的专有性、权利保护的地域性、权利存续的时间性、权利客体的非物质性四方面[3]，有认为知识产权特征是地域性和权利的受限制性[4]，有认为知识产权特征只有一个即客体的无形性[5]，等等。总体考察，多数人认为专有性、

---

[1] 陶鑫良、袁真富：《知识产权法总论》，知识产权出版社2005年版，第75~76页。

[2] 郑成思：《知识产权论》，法律出版社2005年版，第63~77页。

[3] 吴汉东：《知识产权制度基础理论研究》，知识产权出版社2009年版，第15~26页。

[4] 刘春田："简论知识产权"，见郑成思：《知识产权研究》（第1卷），中国方正出版社1996年版，第41~50页。

[5] 程啸："知识产权法若干基本问题之反思"，载《中国人民大学学报》2001年第1期。

地域性、时间性、非物质性应属于知识产权的特征范围。

　　为什么在知识产权特征的研究方面会有如此多的不同观点，笔者认为原因主要是采用的判定标准的不统一、认识问题的视角多样、将知识产权特征与知识产权权利性质混同等。有学者反思后也认为研究权利特征的目的在于把握权利的特质和个性，揭示此权利与彼权利之区别。确定知识产权特征应当解决好几个问题：是否为知识产权本身的特征；是否为知识产权独有的特征；是否为全部知识产权的特征。据此，如果进行肯定回答，就应当将知识产权客体的特征（如客体的非物质性）、不是知识产权独有的特征（如专有性和地域性）、部分知识产权的特征（如时间性）等排除在知识产权特征范围之外。① 对此，笔者认为对知识产权特征进行抽象的依据尚不能简单地、绝对地归结为是否为知识产权独有的特征、是否为全部知识产权的特征。实际上影响知识产权特征抽象的要素还应当包括知识产权主要是与哪些其他民事权利进行区分、知识产权权利形成的历史演变的特定过程。比如知识产权的专有性（专有支配性）形式上考察似乎不是知识产权特有，物权作为支配权也具专有性，但实质上知识产权专有性产生原因、内涵与物权已明显不同，知识的控制利用天然具有共享性，知识产权法规定权利人以法定的专有垄断权对抗其他义务主体，是特别突出和强调知识产权的专属权利人对知识产品进行法律拟制控制或使用的法律状态（以弥补较弱的自然法的正当性）。进而与债权比较，知识产权专有性与债权相对性区别明显。再比如，时间性特征似乎没有涵盖所有的知识产权种类，但时间性

---

① 陶鑫良、袁真富：《知识产权法总论》，知识产权出版社2005年版，第76~79页。

第一章 知识产权一般效力的理论体系构建

特征较集中地反映了知识产权权利人与社会公众利益平衡的制度设计初衷，况且实际上目前各主要知识产权的时间性特征仍然显著存在，即使个别知识产权不适合设定权利的时间限制，也不应从根本上否定知识产权时间性特征存在的必要性。因此，专有性、时间性作为知识产权特征的理由仍是比较充分的。

在界定知识产权特征时是否应当与知识产权性质区分，对此多数学者没有专门论及，不过在多数学者论及知识产权特征时实际上是与知识产权根本属性进行了区分处理。知识产权的性质与物权基本相同，是私权中的财产权、支配权、绝对权、对世权，对此质疑的观点不多。研究知识产权特征一是应当以知识产权性质为基础，二是不应将知识产权性质直接列入知识产权特征之中。

基于以上分析，笔者认为知识产权的特征仍然应当是传统的"三性"：专有性、地域性、时间性。而且，这三个方面的特征分别与知识产权效力发生密切联系。专有性的保持必然派生出内在控制效力和外在排他效力，地域性与时间性实际上是将知识产权两种效力直接描述为知识产权的特征，虽然研究的目的和重点不同。

知识产权专有性主要体现为，权利有效期内知识财产为权利人独享支配、控制、收益、处分的权利，未经权利人许可、同意或法律规定他人不得染指权利范围；对同一项知识财产不允许有两个或两个以上同一属性的知识产权存在。① 知识产权专有性的内涵与物权、人身权的专有性区别明显。专有性是从权利人与知识财产的连接关系方面体现知识产权权利享有、行

---

① 吴汉东：《知识产权法》，法律出版社 2004 年版，第 12 页。

使、收益和处分方式方面的特点。知识产权专有性特征的保持与实现必然同时反映为知识产权的内在控制效力和外在排他效力。控制效力是指知识产权权利人以特定方式控制知识产品而享受权利利益的法律之力。知识产权的客体知识产品具有知识性、共享性、公用性,无法进行排他性的现实占有和管控,法律在专利、商标、著作等客体之上设定知识产权后,权利人对知识产品只能按法律规定的方式去自行利用知识产品和禁止他人利用知识产品。排他效力是从知识产权对权利人、义务人、知识产品、行为方式、救济手段等方面具体体现知识产权的强制作用力、约束力和保障力。

  知识产权地域性是基于知识产权法的地域性,知识产权法的地域性是基于法律的地域性。知识产权权利的地域性是知识产权诸多规则形成的基础。从知识产权地域性的内涵考察,包括了权利取得、行使、保护三方面的地域性。① 实质上知识产权地域性主要就是对知识产权地域效力或空间效力的概括。知识产权一般仅在被确认或被授权的主权国家的地域范围内有效(除签有国际公约或双边互惠条约外),超过特定法域范围,知识产权无效或不受保护。地域性作为知识产权的特征受到较多人质疑,理由是任何其他法律权利都有地域性。但实际情况是知识产权的地域性不仅是其权利效力的体现,而且是知识产权法律制度建立和运行的基石。物权、债权的地域性仅是权利行使和保护的应有效力,不会对物权、债权制度的建立和运行产生根本性影响。由此,也可说正是由于知识产权地域效力在整个知识产权制度中的重要价值,其才应当被列入知识产权特征之中。

---

  ① 齐爱民:《知识产权法总论》,北京大学出版社2010年版,第165页。

## 第一章 知识产权一般效力的理论体系构建

知识产权时间性一般是指知识产权取得后只在法定的期限内有效或有作用力[①],超过期限,知识产权丧失,知识产权原指向的知识产权财产进入公有领域,成为公有技术、公用作品,社会公众可以自由使用。知识产权时间性设定也是基于知识财产或知识产品天然共享性特点而从法律制度层面刻意对权利人利益与社会公众利益进行平衡的制度设计后果。知识产权时间性与自物权作为无期物权的特征明显不同,同时,知识产权时间性必须由法律明确规定,当事人无权约定知识产权权利存续的效力时间,这与某些他物权,如地役权、抵押权等约定的时间性、债权约定时间性也有明显区别。知识产权时间性是传统知识产权的重要特征,专利权、版权、商标权、集成电路布图设计权、特殊标志权等都具有法定的权利有效期。商业秘密等知识产权不适合进行权利的时间限制的现象应当理解为知识产权时间性特征的例外。这种一般之外的例外现象在法学理论研究的表述中和制度安排中并不少见。知识产权的时间性本质上也是知识产权权利一般效力的体现,在把其作为特征研究时一般只对时间性的概念、表现进行简单论述,很少进行更深入的系统探究,而把其作为知识产权时间效力研究时,需要对其所涉及内容进行更加系统全面的剖析,理论建构的意义、制度解释的价值更能够获得显现。

---

① 冯晓青:《知识产权法》,中国政法大学出版社 2008 年版,第 16 页。

## 第三节　知识产权一般效力的构成

### 一、知识产权一般效力的构成根据

知识产权效力的构成是指知识产权效力内容的具体组成架构。对于知识产权效力的内容构成，本章第二节已经介绍了相关研究观点，这些观点相互间的差别较大，远没有形成主流观点。对此，笔者认为要科学界定知识产权的效力构成，必须明确知识产权效力内容赖以产生的根据或基础要素。如果产生知识产权效力的根据能够清晰、确定，那么由此根据可以产生的知识产权效力内容问题就较容易获得解决。结合前文所述内容，笔者认为知识产权效力构成的根据直接体现在以下几方面。

（一）知识产权取得方式

知识产权的取得方式有两种，一是依申请授权方式取得，二是依特定事实行为取得（自动取得）。不同的取得方式对权利效力内容产生不同程度的影响。（1）依申请授权方式取得权利是指专利权、商标权、集成电路布图设计权、植物新品种权、特种标志权等权利，需要经过当事人申请和国家设置的审查部门审核后，授权的程序才能获得。在这一申请授权程序中将符合授权条件的知识产品保留于权利客体范围内，将不符合授权条件的知识产品排除于权利客体范围之外。这对于授权后的知识产权的控制效力、排他效力、请求权效力的内容构成产生直接影响。（2）依特定事实行为取得的权利是指著作权、商业秘密权等权利的取得仅依靠特定事实行为的完成即可取得。著作权的取得依靠具有独创性的作品的创作完成的事实存

第一章　知识产权一般效力的理论体系构建

在，商业秘密权的取得依靠具有实用性、保密性经营信息、技术信息的事实存在。这一类权利的取得过程对权利效力的内容不会产生直接的影响作用，但法定的可取得著作权的作品范围的划定、法定的商业秘密权取得条件的规定对这类权利的控制效力、排他效力、请求权效力的内容构成也会产生直接影响。

（二）知识产权行使方式

不同种类的知识产权的行使方式差异较大，但仍然可以将知识产权的行使方式概括为利用、许可、收益、处分及排除他人干涉和妨害等。利用是权利人自行制造专利产品、使用专利方法、将商标使用于产品上与服务中、复制发行作品、利用商业秘密开展经营活动等；许可是权利人自己不利用知识产品时或自己利用的同时，将知识产品许可他人利用的行为；收益是权利人通过自行利用、许可他人利用、转让而获得经济利益，主要是直接利用的经营利润、许可费、转让费等；处分是以转让、出资、质押、互换、赠与、抛弃等方式决定权利的命运的方式；排除他人干涉和妨害是指权利存在受侵害之虞或受侵害之时，权利人以行使各种请求权的方式来救济自己的权利。上述这些权利行使方式直接影响，甚至决定了控制效力、排他效力、请求权效力的内容的构成。

（三）知识产权保护制度与保护方式

知识产权权利保护是知识产权权利体系的重要内容，从保护方式方面分析一般分为自力救济保护和公力救济保护，其中公力救济保护又包括行政保护和司法保护；从保护制度方面分析一般包括保护期制度、权利无效制度、请求权制度、侵权赔偿制度等；从保护的空间范围分析一般分为国内保护与国际保护。知识产权保护期制度直接决定了知识产权时间效力的内容；知识产权无效制度直接限制了控制效力内容的边界；知识

39

产权请求权制度直接决定了请求权的内容构成；知识产权国内保护与国际保护的制度对知识产权地域效力内容的确定具有决定影响。

## 二、知识产权一般效力的构成内容

知识产权一般效力究竟应当由哪些具体的效力内容构成，如本章第二节所述学者的认识仍然有较大的差异，但总体上分析，时间效力、地域效力、内容上的效力、排他效力、支配效力等作为知识产权一般效力的内容较多被学者论及，而控制效力、优先效力、追及效力等作为知识产权一般效力的内容较少被学者论及。

对此，笔者结合前述的理论分析认为，知识产权一般效力的构成应当包括控制效力、排他效力、时间效力、地域效力和请求权效力。这几种效力形式较全面地体现了知识产权这种无形财产权的权利作用力、约束力和保障力。其中，控制效力是权利人以特定方式、在特定空间范围控制特定知识产品的作用力，包括控制客体的范围、控制方式、控制效力作用的空间范围等内容；排他效力是排除同一知识产品上内容相斥权利的同时存在或排除他人非法享有和利用其知识产品的约束力、保障力，主要包括权利取得阶段的排他力、权利行使阶段的排他力等内容；时间效力是知识产权取得、行使和保护的时间约束力，包括时间效力的起算与消灭、时间效力中的期限利益等内容；地域效力是知识产权权利取得、行使和保护的地域范围限制或空间约束力，包括权利取得的地域效力、权利行使的地域效力和权利保护的地域效力以及权利的域外效力等内容；请求权效力是知识产权受侵害之虞或受侵害之时，权利人得请求相对人为一定行为或不为一定行为的权利作用力、保障力，包括

第一章　知识产权一般效力的理论体系构建

停止侵害请求权、妨害防止请求权、废止妨害物品请求权、获取侵害信息请求权、消除影响和赔礼道歉请求权等内容。

之所以如此构建知识产权一般效力的内容，除前文已经论述的基本根据之外，再作以下特别说明。

（一）知识产权具有支配力，但不应将支配效力直接列为知识产权效力的内容

知识产权作为绝对权和支配权，必然具有支配力或支配效力，这一点不证自明，但知识产权支配效力与知识产权一般效力应当是同一位阶的范畴，几乎可以互换使用，如果将知识产权支配效力作为知识产权一般效力的内容之一，显然犯了最基本的概念层次不清的逻辑错误。实际上知识产权支配效力的具体内容表现为对知识产品客体的特殊控制性支配、对知识产权权利的排他性支配、在特定时间范围内的有效支配、在特定地域范围的有效支配、权利面临侵害危险或侵害之时的回复性支配等。也即控制效力、排他效力、时间效力、地域效力、请求权效力作为支配效力的低位阶范畴，从不同的方面直接或间接体现了知识产权的支配性。从逻辑层次上考察，支配效力只能与知识产权一般效力并列，而不能与下位范畴控制效力、排他效力、时间效力、地域效力、请求权效力并列。

（二）将控制效力作为知识产权效力内容之一的基本理由

控制效力作为知识产权一般效力的构成内容之一比较准确地表达了知识产权人对知识产品的特殊支配关系，同时又与物权人对物的支配关系进行了区分。具体而言，知识产品不以实物形态存在，而以知识、信息的形态存在，知识产品的无形性、非物质性决定了权利人取得知识产权后，对知识产品的支配并不是一种对有体物的占有性支配，而是一种法律拟制的相对的控制性支配。控制性支配意味着知识产品更容易被其他社

会主体同时支配或利用、更容易被他人侵害等。控制效力的内容体现为对知识产品客体的控制以及具体控制方式的多样性和控制行为作用的空间范围等。

（三）请求权效力属于知识产权效力的内容，但优先权不属于知识产权效力的内容

知识产权请求权是回复知识产权权利圆满状态的手段性权利，是知识产权权利内容的自然延伸，将其作为知识产权一般效力的构成内容理由较充分。然而，知识产权是否具有优先效力，对此有不同认识，有学者认为知识产权具有优先效力，具体是指知识产权优先于债权实现的效力（优先行使权）。然而，知识产权相互之间的优先效力其实是知识产权之间的排他效力问题，知识产权与物权不发生排他和优先效力问题等。[①] 这种观点所主张的知识产权优先权仅指优先行使权，但目前国内外法律中都没有这种法定的知识产权优先权。有学者认为知识产权的优先权是为解决权利冲突而设定的独立权利，是一种具备优先行使或优先实现效力的民事权利，包括优先申请权、优先受让权、优先归属权、优先使用权、优先救济权。[②] 这种观点主张的知识产权优先权为独立的民事权利，范围无限放大，其中知识产权申请优先权在国内外法律中有明确规定，但它是对申请利益冲突的解决，不涉及知识产权与其他权利的冲突协调解决问题；而优先受让权、优先归属权、优先使用权、优先救济仅仅是一种理论主张，说服力不强，也缺乏法律制度

---

[①] 齐爱民：《知识产权法总论》，北京大学出版社 2010 年版，第 181~182 页。

[②] 杨德齐：《知识产权优先权制度研究》，知识产权出版社 2010 年版，第 68~69 页。

第一章　知识产权一般效力的理论体系构建

依据。还有学者在把优先权理解为特种债权的债权人享有的优先受偿权的基础上，认为知识产权优先权应当统一规定在物权法中，建议知识产权优先权应当包括技术合同优先权、著作权优先权、商标和商标使用权优先权、职务发明人和职务作者的优先权。① 这种观点实际上是认为即使知识产权有优先权也不是知识产权独立的效力，仅是物权法中优先权的内容。

　　对此，笔者认为优先权首先具有法定性，法律制度中没有规定的优先权仅具有理论探讨意义，不适合直接列入知识产权优先权范围；其次优先权的本义是指与其他权利比较的优先行使和优先受偿性，不应无限扩大优先权的内涵。就知识产权而言，国内外知识产权法律仅规定了申请的国内优先权和国际优先权，知识产权优先行使、优先受偿都缺乏法律依据。进一步分析，知识产权申请的优先权是权利取得前的程序性权利，很难把申请优先权作为知识产权权利本身的优先作用力；同时在知识产权排他效力中已经将申请优先权作为排他取得权利的内容，被排他效力所包含。另外，知识产权与物权、债权比较也不存在比这些权利更优先行使或更优先受偿的必要，对此知识产权法中也没有对应的法定的内容。虽然我国 1995 年担保法和 2007 年物权法中都规定了知识产权中可以转让的财产权可以设立权利质权，但这与知识产权优先权基本没有直接关系。因此，笔者认为，知识产权一般效力中包括优先权效力内容的认识明显缺乏法律依据和理论依据。

　　为了清晰反映知识产权效力构成的内容体系，将其做以下构图，如图 1 所示。

---

①　王利明：《中国物权法草案建议稿》，中国法制出版社 2001 年版，第 522~523 页。

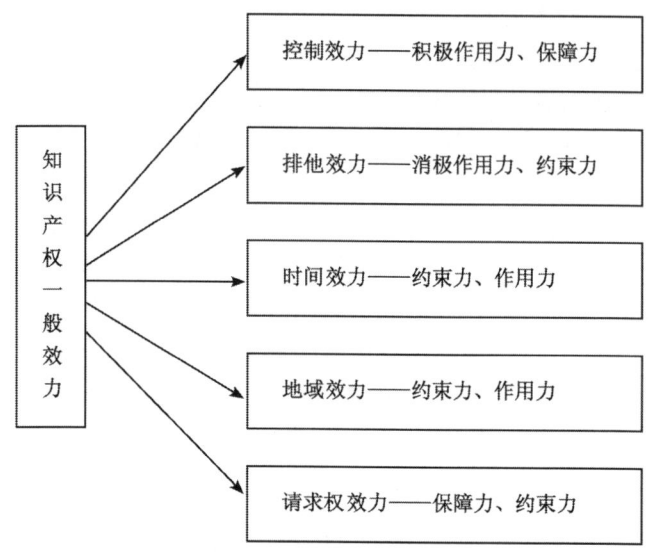

**图1 知识产权效力构成的内容体系**

## 三、知识产权权能与知识产权一般效力构成

民事权利的权能是指权利的具体作用或实现方式，是权利的内容。[①] 民事权利研究中通常对所有权的权能关注较多，一般认为所有权的权能是指所有人利用所有物以实现对所有物的利益，而在法律规定范围内可以采取的各种措施和手段。所有权的权能是所有权的作用方式，是构成所有权内容的组成部分。[②] 有学者还明确阐释所有权的内容就是所有权的权能，依

---

[①] 龙卫球：《民法总论》，中国法制出版社2001年版，第137页；张俊浩：《民法学原理》，中国政法大学出版社1997年版，第75页。

[②] 梁慧星：《中国物权法研究》（上），法律出版社1998年版，第258页。

## 第一章　知识产权一般效力的理论体系构建

据我国物权法规定所有权具有占有、使用、收益和处分权能,包括积极权能和消极权能。①

对知识产权的权能进行专门概括、分析、研究的资料几乎不存在。但参照民事权利上述权能定义和物权权能理论可知,知识产权权能就是指各种知识产权发挥作用的方式或实现权利、利益的方式,知识产权权能基本上等同于权利内容。而对各知识产权权利内容而言,我国知识产权法律对此已经有明确规定,知识产权教科书和论著也有较多的论述。具体而言,著作权的权利内容为著作人身权(精神权利)、著作财产权(经济权利),著作权人身权包括发表权、署名权、保护作品完整权和修改权,著作财产权包括复制权、发行权、出租权、展览权、表演权、放映权、广播权、信息网络传播权、摄制权、演绎权和汇编权等。这些财产权利的内容也可抽象地概括为使用权、许可权和转让权;关于专利权的内容,国内外专利法规定的权利内容没有著作权法那样明确,需要学理上的概括、总结。发明专利权和实用新型专利权的内容包括制造权、使用权、许诺销售权、销售权、进口权;外观设计专利权的内容包括制造权、销售权、进口权;商标法规定的商标权的内容一般包括商标使用权、禁止他人使用权、许可他人使用权、转让权、续展权。因此,概括而言,知识产权的权能一般包括利用、许可、收益、处分的积极权能和禁止他人擅自利用的消极权能。

知识产权权能,一方面与知识产权效力有明确的内在联系,权能基于权利存在而产生,权能的存在又为效力的产生提供依据,同时权能的实现也依靠效力制度来保障。从一定意义

---

① 王利明:《物权法论》,中国政法大学出版社 1998 年版,第 252~253 页。

上说，作为权利作用方式的权能也是权利作用力的体现。但权利效力中的作用力不仅包括以权能方式体现的作用力，还包括排他作用力、时间作用力、地域作用力、请求权作用力等。另一方面，知识产权效力与知识产权权能是不同理论层次的问题，研究的重点也不相同。知识产权效力是对知识产权权利所产生的法律上的力进行的基础性、系统性研究，研究的重点是知识产权权利的产生的作用力、约束力和保障力及其具体构成，一般不需要对知识产权权利内部的构成部分或具体内容进行重点研究。而知识产权权能的研究重点则是权利内部具体构成内容和行使方式，即研究每一种知识产权有哪些权能，每种权能的内涵等微观问题，并不从权利本身的效力层面的更宏观领域展开分析研究。

## 第四节 影响知识产权效力内容变化的要素

### 一、知识产权权利体系扩张的影响

知识产权体系的构建是按照某种原则和逻辑将多项权利组织成相互联系的整体。知识产权体系化就是基于知识产权产生的历史、知识产权的功能等因素首先确定知识产权的权利范围，然后揭示各权利的内在关联，再把各权利搭建成具有内在联系的整体的过程。知识产权体系化研究就是要一方面揭示各知识产权的共有属性和特有属性，另一方面回答为什么某种权利应当纳入知识产权权利类型。就像物权包括所有权、用益物权、担保物权一样，知识产权也由多项具体权利构成，包括专利权、商标权、著作权、商业秘密权等。而知识产权体系就是由这一系列知识产权构成的有机整体。

第一章　知识产权一般效力的理论体系构建

　　狭义的知识产权体系，包括著作权（含邻接权）、专利权、商标权三个主要部分组成。从渊源考察，这些权利最早由 17 世纪后的英国、法国、美国等国家国内单行法予以创设，后由 19 世纪末颁行的《巴黎公约》和《伯尔尼公约》加以确认。这三项权利可分为两类：一类是文学产权（literature property），包括著作权及与著作权有关的邻接权；另一类是工业产权（industrial property），包括专利权和商标权。文学产权是文学、艺术、科学作品的创作者和传播者所享有的权利，它将具有原创性的作品及传播这种作品的媒介纳入其保护范围，从而在创造者的"思想表达形式"领域内构造了知识产权保护的独特领域。工业产权是指工业、商业、农业、林业和其他产业中具有实用经济应用价值的无形财产权。以该词来概括产业领域的智力成果专有权，最初始于法国。[①] 我国的知识产权体系主要由系列单行法共同构建，即《著作权法》、《专利法》和《商标法》，它们确认了我国知识产权体系的主体架构：著作权（含邻接权）系列权利、专利权系列权利、商标权系列权利等。广义的知识产权体系，除狭义的知识产权体现内容外，还包括商号权、商业秘密权、产地标记权、集成电路布图设计权等权利。这一知识产权体系目前已为两个主要的知识产权国际公约所认可。1992 年《法国知识产权法典》以专门法典的形式构建了崭新的知识产权制度体系。它将知识产权分为两类：一是文学和艺术产权，规定有著作权、邻接权、数据库作者权等；二是工业产权，包括工业品外形设计权、发明专利权、技术秘密权、集成电路布图设计权、植物新品种权、商标

---

[①] 吴汉东：《知识产权基本问题研究》，中国人民大学出版社 2005 年版，第 115 页。

权以及其他标记权。① 2008年1月1日生效的《俄罗斯联邦民法典》第4编"智力活动成果和个别化手段的权利"规定，受法律保护的智力活动成果和个别化手段（知识产权）包括：科学、文学和艺术作品；电子计算机程序；数据库；表演；音像制品；无线和有线的广播；电视节目；发明；实用新型；外观设计；育种成果；集成电路布图设计；生产秘密；商业名称；商标和服务标志；商品原产地名称；商业标识。② 其中前13项为创作性成果权利，即"智力活动成果"的权利，后4项为识别性标记权利，即"个别化手段"的权利。

在学术研究领域，很多研究著述或直接或间接涉及知识产权体系的问题。法国学者马洛里等人依标的之不同，将知识产权分为两类：一类是经营垄断权，以智力创造成果与区别标记为标的，前者包括文学艺术产权（著作权与邻接权）、专利权、外观设计权、技术秘密（适用民法及反不正当竞争法保护）；后者包括商标、商业广告、商业名称、招牌（适用民法及反不正当竞争法保护）。另一类是顾客权利，即以顾客为营业资产的标的所享有的权利。③ 有学者指出，法国学者的上述概括是对知识产权制度系统的有益探索，但存在着很多不足，因为它对权利标的的分类有失精当，未能穷尽各类权利中的应有制度，而且对顾客权利定性不明，其知识产权特征未能明确

---

① 吴汉东：《知识产权基本问题研究》，中国人民大学出版社2005年版，第116~117页。

② 黄道秀译：《俄罗斯联邦民法典》（全译本），北京大学出版社2007年版，第427页。

③ 转引自尹田：《法国物权法》，法律出版社1998年版，第59~65页。

## 第一章 知识产权一般效力的理论体系构建

概括。① 在国内，很多法学教材、著述仍旧以著作权、专利权、商标权和反不正当竞争权作为知识产权体系的构成要素。但也有学者发现以知识产权名义统领的各项权利并非都来自于典型的知识产权领域，亦非都基于智力创造成果而产生，并且尝试对新产生的知识产权进行归类和体系化。有学者指出，知识产权分为以智力成果的创造性为基础的创造性成果权、以经营活动中标记的可识别性为基础的经营性标记权以及以经营活动中的资格、信誉等为基础的经营性资信权。创造性成果权、经营性标记权包括文学产权、工业产权和知识财产专有权；经营性资信权包括商誉权、信用权、商品化（形象）权。其中，知识财产专有权一般采取"专有权"的形式，包括植物新品种权、集成电路布图设计权、商业秘密权。② 有学者指出，该三分法既建立于权利特征基础上，又针对各种权利保护的基本原则，并尽量囊括了迄今产生的各类无形财产，无疑是一种非常科学的归纳和分类。③ 该分类是目前对知识产权体系进行的较全面、系统的概括。但该分类把经营性资信权包括在知识产权体系中是否理由充分，笔者认为仍然需要更进一步充分论证。此外，传统知识、遗传资源或生物多样性、域名、网络虚拟财产等可否列入知识产权保护体系，也是近年来专家学者探索较多的问题。郑成思教授起草的我国民法典知识产权篇稿件

---

① 吴汉东：《知识产权基本问题研究》，中国人民大学出版社2005年版，第117页。

② 同上书，第118~120页。

③ 宋慧献："走向体系化的知识产权——《无形财产权制度研究》读后感"，见吴汉东主编：《知识产权年刊》（创刊号），北京大学出版社2005年版，第346页。

中就建议将传统知识、生物多样性列入知识产权保护客体。[①]

上述论据充分证明知识产权的权利体系呈现出较快速的扩张趋势，直接体现为新型权利种类的增加和知识产权权利客体范围的扩大。知识产权权利体系的扩张导致：（1）知识产权支配或控制的客体种类从传统的发明、实用新型、外观设计、商标、各类作品、商业秘密扩展延及商号、植物新品种、集成电路布图设计、原产地标记、商业标记、数据库、软件，进而可能指向传统知识、生物多样性、域名、网络虚拟财产等。（2）知识产权作用力从传统空间延伸到网络空间，在网络空间中知识产权的约束力淡化或弱化，保障力实现更趋困难。（3）知识产权使用人的控制效力、超地域效力获得强化，而原权利人，即知识产权享有人的控制效力、排他效力、地域性效力受到较多限制。（4）不同种类知识产权以及知识产权与其他民事权利的权利效力冲突更加多样和频繁，需要新的协调规则的确立和适用。

## 二、知识产权客体属性的影响

知识产权客体应当是知识产权权利赖以建立的对象，知识产权客体与对象应当可以互换使用，虽然部分知识产权学者对此有不同观点，认为两者要严格区分[②]，但其论据有陷入烦琐论证和违反法律逻辑思维之嫌。实质上关于知识产权客体的界定应当依据民事权利基本原理进行分析，而依关于权利本质的民法通说，民事权利本质上是由利益与法律上之力构成，是法

---

① 郑成思：《知识产权论》，法律出版社2003年版，第77~81页。
② 刘春田：《知识产权法》，高等教育出版社、北京大学出版社2000年版，第4页。

律保护的特定利益。① 该特定利益之本体"即权利的客体,亦可称权利的标的,或权利的对象"。② 由此观之,知识产权的客体也即知识产权指向的特定利益。

考察知识产权制度的发展完善过程,可以发现知识产权的客体范围呈不断扩张之势。每一种知识产权都是设定在特定利益之上,目的也为享受、支配该特定利益。依据知识产权主要国际公约及国内法的规定,各种知识产权指向的客体包括:发明、实用新型、外观设计、商标、各类作品、商业秘密、商号、植物新品种、集成电路布图设计、原产地标记、其他商业标记、传统知识、生物多样性、域名、网络虚拟财产等等。如此多样的知识产权客体能否如物权一样从理论上寻找到一个上位的基本范畴来概括和反映它们的一般本质特征,进而穷究其固有属性?对此知识产权学者已经进行了积极的研究,提出了十分有趣的不同观点。统摄知识产权客体的统一称谓的代表性观点包括"精神产物论"、"知识论"、"智力成果论"、"知识产品论"、"知识财产论"、"知识资产论"、"信息论"、"符号论"等。③ 其中近年来被国内知识产权界较广泛接受的有知识论、知识产品论、知识财产论和信息论。笔者认为以"知识产品"一词概括知识产权客体的一般本质特点是相对较适合

---

① 陈华彬:《民法总论》,中国法制出版社2011年版,第194页。
② 梁慧星:《民法总论》,法律出版社2001年版,第63页。
③ 王太平:《知识产权客体的理论范畴》,知识产权出版社2008年版,第25~37页;陶鑫良、袁真富:《知识产权法总论》,知识产权出版社2005年版,第117~121页。

和贴切的。其理由国内相关学者已经进行过较充分论述。[①] 而以"知识"、"信息"、"符号"等词语去涵摄知识产权客体在逻辑学上犯了定义过宽的错误。此外,知识产品虽然属于知识财产,但知识产品直接体现了知识产权系列客体是创造性智力劳动的直接产出品,是第一性的客观存在,而知识财产体现的则是知识性产品的归属关系,属于意志的产物,为第二性存在。

知识产品是具有稀缺性、价值性、可支配性和合法性的知识性客观对象。与无垠的知识存在比较,知识产品只是知识海洋中有价值的几座绿洲。从法律范畴相互关系上分析,英语"intellectual property"翻译成汉语"知识产权"已为共识,但确定该权利客体对象时以"知识产品"称之恰好与权利的指向——知识一致;"知识产品"强调的是权利客体的存在形态,不像"智力成果"强调的是客体通过劳动生产的过程,因为知识产权设权时实际上看重的是知识客体的现实状态,而不问其生产过程;从与物权客体界定的相互协调关系考察,物权的客体是物,包括有体物及系列财产权利,那么,知识产权的客体定位为知识产品,包括专利、商标、作品等无体财产,这恰好与其建立起逻辑对应关系。

知识产品的特征或知识产权客体的特征属性究竟如何界定,学者从不同的认识角度出发也有较大的分歧。有学者认为知识产权客体的基本特点是创造性、非物质性、公开性;[②] 有

---

[①] 南振兴、刘春霖:《知识产权学术前沿问题研究》,中国书籍出版社2003年版,第53~63页;吴汉东:《知识产权制度基础理论研究》,知识产权出版社2009年版,第36页。

[②] 吴汉东:《知识产权制度基础理论研究》,知识产权出版社2009年版,第38~40页。

第一章　知识产权一般效力的理论体系构建

学者从经济分析层面认为知识产权客体的特点是永存性、公共性、排他性（可保密性）、易逝性；① 还有学者对知识产权客体的特征进行更细致的分析，认为首先具有财产的共有特征确定性、可控制性、独立性、价值性、稀缺性，其次具有财产的特有特征为创造性、无形性、可传播性、区别性。② 笔者基本同意后一种观点，但需对其进行一定的修正和补充。

作为知识产权客体的知识产品，其专有特征可以概括为创造性、无形性、易复制性、共享性四方面。（1）创造性。知识产品的创造性决定知识产权产品的可授权性及权利的稳定性，知识产品必须是与现有知识比较具有实质进步或显著进步，是基于创意进行创造性劳动或独创性劳动的结晶。（2）无形性。无形性是就知识产品的存在形态而言，知识产品不像有体财产一样可以用感官感知、具有一定体积、占据一定空间，而是体现为作品的表达形式、专利的技术方案、商标和其他商业标记、技术信息与经营信息等知识形态的客观存在。无形的知识产品为了能供人们控制使用必须存在于一定的物质载体，所以知识产品的无形性并不否认知识产品载体的有形性。（3）易复制性。易复制性是指相对于有体物而言知识产品更容易、更便利地再现于物质载体上，供权利人或其他主体控制、使用。知识产品作为创造性知识如果要获得社会价值和经济价值，就必须向社会公开，以供其他主体了解、掌握和利用。由于复制技术的迅速发展，导致知识产品的复制越来越低

---

① 刘茂林：《知识产权法的经济分析》，法律出版社1996年版，第70~73页。

② 齐爱民：《知识产权法总论》，北京大学出版社2010年版，第129~135页。

成本、高效率和便捷化。（4）共享性。知识产品作为知识形态信息通过自由传播与学习传承，天然具有社会共享性。知识产品的权利属于权利人垄断，知识产品的经济利益属于权利人专有支配，但构成知识产品的知识信息权利人无法垄断，反而在公开后由社会公众自由传播和共享，促进科技、文化、经济的发展。

知识产权的客体是知识产品，所以知识产品的特征必然影响知识产权效力的产生、内容构成等。具体而言，知识产品应具有法定的创造性条件，不具有创造性或创造性达不到法定要求的知识产品无法取得知识产权，不发生知识产权的效力，或发生效力后由于权利被无效或撤销而致知识产权终止效力。知识产品的无形性特征导致不同知识产权的权利效力易冲突，权利间界线划分标准的确定性较弱，还导致知识产品的价值难以评估，影响其融资担保效力的充分发挥。知识产品的易复制性特征不但有利于权利人充分发挥知识产权的支配力，充分运用自己的知识产权获取更充分的财产利益；而且也为侵权人实施不法制造、使用、收益行为提供了较大空间和便利；同时还为社会公众无过错情形下复制、使用权利人的知识产品提供了条件。知识产品的天然共享性使知识产权存在及效力扩张的正当性一直受到怀疑，并促使知识产权制度设计时应当充分考虑社会公众自由共享利益与权利人、传播人专有利益的动态平衡。

### 三、知识产权保护规则国际化的影响

17世纪前后，在知识产权保护规则产生之初主要是基于欧洲国家国内保护技术、出版等特权的需要，之后国内保护法律发展为双边保护协定，再发展为知识产权保护多边条约，直

第一章　知识产权一般效力的理论体系构建

至将知识产权保护规则与国际贸易规则密切联系,使知识产权国际保护力度空前强化。这一发展过程如果从1623年英国颁布世界上第一部现代意义的专利法——《英国垄断法》算起到1995年1月1日世界贸易组织的《与贸易有关的知识产权协定》(可简称为TRIPS协定或《知识产权协定》,本书以下简称《知识产权协定》)生效日,直至后TRIPS的现在,近400年。对此有学者将知识产权国际化的主要阶段概括为:1883年前的双边协定阶段、1883~1971年的"BIRPI"(the Bureaux Internationaux Reunis Pour la Protection de la Properiete Intectualle)阶段,即工业产权与版权联合国际局阶段、1971~1994年的《知识产权协定》阶段、1994年至现在的范式化阶段。①

知识产权保护规则国际化的过程从规则内容上考察就是知识产权保护标准不断一体化和不断提高的过程,也是知识产权国际保护规则从实体到程序全面覆盖的过程,更是与国际贸易体系融合发展的过程。知识产权规则的国际化对加入国际条约的成员国产生了实质性约束效力:必须修改国内知识产权规则以与国际条约的内容一致;必须遵守国际条约的规则,违反时有专门的争端解决程序加以处理,具有执行效力。具体分析,知识产权规则国际化对知识产权权利效力内容的变化产生了以下几方面明显影响。

第一,知识产权权利涵盖的客体效力范围不断扩张。早期的1883年《巴黎公约》、1886年《伯尔尼公约》保护的对象是专利技术、作品,后又签订的一系列单行国际公约将商标、

---

① 曹新明:"知识产权国际化所面临的挑战",见吴汉东:《知识产权国际保护制度研究》,知识产权出版社2007年版,第36~42页。

工业品外观设计原产地名称、植物新品种、科学发现、录音制品、视听制品、印刷字体、集成电路、计算机软件、数据库等列入国际知识产权权利保护客体范围。1993年制定的《知识产权协定》又明确将地理标志、商业秘密增列入知识产权保护的客体范围。① 不仅如此，具体知识产权权利的支配力也在不断拓展。如著作权的支配效力从传统范围发展到及于作品的技术保护措施、权利管理信息，信息网络传播也成为著作权权利的控制范围；外观设计权和专利权的权利内容中增加了进口权；将驰名商标的范围扩大到服务商标等。

第二，知识产权权利保护越来越具有跨地域性或国际性。(1) 知识产权国际条约坚持国民待遇原则、最惠国待遇原则，实际是要求国内法给予本国国民的知识产权法律待遇也应当同时给予其他成员国的国民、给予一成员国国民的知识产权法律待遇必须同时也给予其他成员国，实际上使国内知识产权法律因该国加入特定知识产权条约而对域外其他成员国国民的知识产权保护具有一定的适用效力。(2)《巴黎公约》、《知识产权协定》中规定的驰名商标的跨地域保护模式及专利、商标申请的国际优先权规则，均明显突破了国内法保护知识产权的地域效力限制。(3)《知识产权协定》第72条对成员国保留权的限制，意味着国际条约规定的知识产权权利、标准、制度在成员国国家有普适性效力，相应成员国知识产权的地域性效力受到明显限制。

第三，知识产权权利保护的时间期限趋于延长。知识产权国际条约在各种知识产权保护的期限方面规定了许多最低标准，导致成员国不能低于该标准设定国内法中的权利期限，而

---

① 曲三强：《现代知识产权法》，北京大学出版社2009年版，第600页。

在最低期限标准之上不断延长权利期限却不作限制。如《伯尔尼公约》、《知识产权协定》等规定作品经济权利的一般保护期是作者有生之年及其死后 50 年，但欧盟及美国先后将自然人作者的经济权利保护期限延长到作者有生之年及其死后 70 年。1998 年后，美国又将法人作品或雇用作品的保护期延长到自出版日起 95 年（之前是 75 年）或自创作之日 120 年（之前是 100 年）。① 因此，还在美国还引发了版权保护期延长是否符合美国宪法的合宪性之争。②

**四、信息技术应用与普及的影响**

技术的发展从来与知识产权制度的建立、发展密切相关，两者形成了密切的互动关系。从 18 世纪 60 年代第一次科技革命到到 20 世纪末第五次科技革命，科学技术呈现加速度发展态势。而这一时期恰好也是全球知识产权法律制度形成、发展和不断完善的时期，为什么会出现技术发展与法律制度发展的阶段重叠，毋庸讳言，就是因为科技发展需要知识产权制度进行产权配置和保护，知识产权制度为科技发展、创新活动的天才之火添加了利益之油，科技创新活动是经济基础，知识产权制度是上层建筑。因此，知识产权制度的内容发展和完善也不可能是法学家或立法机关的主观臆造，而必然受到每次科技革命浪潮的直接影响和推动。

信息技术的普及应用开启了第五次科技革命之门，随着互联网技术的普及和移动互联网的发展，全球正处于又一次重大

---

① 李明德：《美国知识产权法》，法律出版社 2003 年版，第 198 页。
② 赖洪川、赵瑞华："论版权保护与言论自由的平衡与冲突"，载《暨南大学学报》2005 年第 4 期。

技术周期之中。信息技术（information technology）是电子计算机、网络化、数字化等技术的总称，是围绕信息的开发、存储、传输而创造和发展起来的技术。信息技术应用成功的载体就是产生于 20 世纪 60 年代，普及于 20 世纪 90 年代后的国际互联网。到 2010 年 12 月，全球网民数量已达到 20.8 亿，而手机用户数量达到 52.8 亿；① 到 2011 年 9 月，中国互联网用户已突破 5 亿，互联网普及率接近 40%。② 网络已经如此深刻地影响了政治、经济、文化生态，同时也影响了法律，特别是知识产权法律的适用环境、条件。其中对知识产权一般效力的影响主要体现为以下几方面。

第一，知识产权作用空间从传统领域扩展到网络空间。首先，专利申请、商标申请等申请手续可以通过网络办理，改变了传统的申请递件模式，大大提高了效率，节约了时间，便利了权利取得。其次，权利行使的超地域扩散性。网络的特点是广域性或无地域限制性，因此一国有效的知识产权一旦通过网络行使，他国国民当然可能因为使用网络而与异国权利人发生法律关系，此时，该权利是否具有传统意义上的域外效力就成为问题。比如，一国的软件版权人开发出软件供人在网络上有偿下载，他国网民破解其技术保护措施，大量下载并复制有偿销售，是否侵害了软件著作权权人的权利。再次，知识产权的传统网络载体在网络空间都转换成数字化载体存在，如纸质载体商标转换为网络上的数字信息化载体商标，实物美术作品转

---

① "国际电联：全球网民数量达 20.8 亿"，http://it.sohu.com/20110126/n279105487.shtml，访问日期：2012 年 1 月 10 日。

② 孙奕、李硕："中国互联网用户已突破 5 亿"，http://www.chinacourt.org/html/article/201109/30/465937.shtml，访问日期：2012 年 1 月 10 日。

第一章　知识产权一般效力的理论体系构建

换成数字信息化载体的美术作品。如此权利的对象更加无形化，甚至完全虚拟化，权利本身是否仍然存在和有效。最后，如果发生网络侵权，当事人又在不同国家或法域，管辖权如何确定、准据法如何确定也成为问题。

第二，网络环境中的知识产权客体范围显著扩张。由于网络技术的应用，产生了一系列在传统知识产权法中不存在的新类型创造性成果或商业标志，这些客体是网络应用的结果，知识产权是否应当将其纳入调控范围，需要国际条约及国内法作出回应。比如计算机软件、数据库、多媒体作品、域名、虚拟财产、电子商务商业方法等新型客体出现后，知识产权法如何进行调控规制，20世纪90年代后，国际条约及多数国家国内法形成了较一致的调控模式，将计算机软件、独创性数据库、多媒体作品纳入著作权客体范围；将电子商务中的商业方法、融入技术方案的计算机软件纳入专利权客体范围；将发挥某种标识指示作用的域名以专门法形式调控，但域名具有显著性而又作为商标注册时，当然可以转换为商标权客体。网络虚拟财产情况比较特殊，目前对其是否可以纳入知识产权调控的客体范围仍然没有定论。

第三，网络环境中知识产权权利行使方式创新、行使效率提高。首先，网络为知识产权行使提供了全新的方式或赋予传统行使方式全新的内涵。如著作权人可以对网络作品数字添加技术保护措施、权利保护信息，这是两种全新的权利行使方式；以网络数字化方式发行作品、复制作品、传播作品、获得报酬等，赋予了传统发行权、复制权、传播权和获得报酬权行使方式以全新的内涵。其次，由于权利行使范围的无限扩展或超地域性，权利行使的效率极大提高，权利信息的传播范围极大扩展，影响力有效提高，权利许可、转让相对更加容易，权利收益回报更为可观。比如通过网络专利信息检索软件、专利技术交易网站、商标权交易网站、著作权有偿使用网站等方式了解知识产权权利信息、完成知识产权许可或转让、实现知识产权收益已经成为知识产权行使的重要方式。这样一来，产生了一个很有意思的问题：既然知识产权网络行使的效率大大提高，收益回报大大加速，那么与传统环境比较，是否权利的保护期或有效期设定就应当适当缩短？当然回答这一问题还应当与下列第四个因素结合起来考虑。

第四，网络环境中知识产权权利保护难度加大。网络一方面为知识产权权利扩散、收益提高提供了可能，但另一方面由于网络用户的跨地域性或多数情况下的匿名性，造成网络环境中著作权、商标权等知识产权侵权的成本更低、侵权的可能性更高以及侵权的取证更难、侵权的责任人更难确定或被追究。比如网络音乐与影视作品的盗版行为、网络环境的商标侵权、网络域名被恶意抢注、利用网络技术漏洞窃取商业秘密等行为已经成为较大面积发生、较大概率发生的常见侵权行为，而权利人面对这些网络侵权行为往往无处着力、难以追究或追究后实际效果不能令人满意。因此，考虑网络侵权较易发生和追责困难的现状，平衡了上述第三个因素给权利人带来的利益，知识产权保护期在网络环境下的缩短的必要性可能又打了折扣，即网络环境下的知识产权保护期不见得一定应当缩短。

## 本章小结

知识产权一般效力产生和存在的理论根据应当到法律效力理论、民法效力理论及知识产权权利内容中去寻找。知识产权一般效力作为知识产权的作用力、约束力、保障力，既是权利

第一章 知识产权一般效力的理论体系构建

法律之力的具体体现，又是权利所保护利益实现的保证或必要条件。知识产权一般效力的内容构成不同于其他民事权利的效力内容构成，其具体的内容构成体系由控制效力、排他效力、时间效力、地域效力、请求权效力以及这些具体效力的内在构成要素共同组成。知识产权一般效力的内容体系处于不断发展、变化的过程中，主要受到知识产权权利体系、知识产权客体属性、知识产权变化规则国际化、信息技术应用与普及等要素的影响。只有本章从理论体系上明晰和掌握了知识产权一般效力的基本构成，以后各章对各具体知识产权效力问题的论证才具备了扎实的理论基础。

# 第二章　知识产权控制效力

## 第一节　知识产权控制效力及其相关范畴

### 一、独占性支配与控制性支配

关于支配权的理论认识，在民法权利分类理论与物权性质理论中都有明确的论述。在此基础上，有学者对财产支配权进行了专门研究，认为"所谓财产支配权，即属于财产权的支配权或曰属于支配权的财产权，是财产权与支配权的'交集'。具体而言，它是指权利主体直接支配标的物以实现权利内容，并可排斥他人干涉的权利"。① 物权与知识产权同为财产支配权，但两者支配的客体或对象的性质明显不同。物权的客体从罗马法开始主要是指有体物，后随着社会发展的需要和法律制度的

---

① 温世扬："财产支配权论要"，载《中国法学》2005年第5期。

完善,一定的可控、可交易的自然力及特定的财产权利也被纳入物权的客体范围,对此,2007年《物权法》第2条第2款也予以确认:"本法所称物,包括不动产和动产。法律规定权利作为物权客体的,依照其规定。"而知识产权的客体是明显不同于有体物的无形财产,具体包括了专利技术成果、商业标志、各类作品、商业秘密、植物新品种、布图设计等,这些无形财产也可称为知识产品。正是由于两种支配权可支配客体性质的不同,造成两种权利的内容、权利的行使方式、保护方式的明显差异,进而导致两种权利的具体效力内容的差异。我们当然可以论断物权与知识产权作为支配权都具有支配效力,但这只表达了两种权利效力的共同点,而其更重要的权利效力相异的内容无法显现和表达。物权与知识产权支配力的差别主要是由权利人对客体的支配方式不同造成的,物权人对有体物的支配方式可称为占有性支配,知识产权人对知识产品的支配可称为控制性支配。

占有性支配是指物权人特别是所有权人在支配权利客体时一般需要对不动产、动产进行现实的占有或以现实占有为基础,否则,权利行使无法保障、利益的取得无法实现。而且,有体物的占有具有显著的排他性,无法由两个以上所有人分别同时实现支配利益。如所有权人对房屋的支配,需要对房屋实物的现实占有,获得居住、收益、融资等实益,实物不存在,则丧失占有,进而也丧失权利。因此,占有有体物是物权支配力存在、实现的基础、条件和保障。

然而,知识产权人对知识产品的支配并不需要现实占有知识产品,甚至知识产品本质上就无法像物一样被占有。知识产品以知识或信息的形态存在,往往附着在特定的物质载体之上,即使该物质载体灭失,也不意味着特定的创造性成果就不存在或灭失了，知识产品此时往往在其他复制件上继续存在、在创作者或创造者的大脑中继续存在，知识产权也不因为知识产品的实物灭失而权利灭失。当然，知识产权人也需要对知识产品进行支配，这里的支配往往是对包括创新成果的知识或信息的控制性支配，对登记的知识产权，如专利权、商标权，权利人只需要控制授权证书，就可控制权利行使、权利收益，进而进行权利保护；对无需登记的知识产权，如著作权、商业秘密权等，权利人只需要控制原创资料、保密措施的证据等，就可主张权利独享，行使权利，取得收益等。控制性支配是权利人与客体之间存在一种法律拟制的联结关系，不强调对知识产品的现实占有或管领。

因此，在研究知识产权效力的内容构成时，从知识产权权利客体本身的特征出发，从知识产权人与知识产品的实际联系的特点考察，将基于控制性支配特点的知识产权效力称为控制效力应当是较为准确的表述。

### 二、知识产权控制效力的内涵

知识产权控制效力是基于知识产权绝对权和支配权属性而产生和存在的效力。知识产权作为具有绝对效力的权利，权利人在行使权利、享受利益时得一人对抗不特定的多数人，知识产权作为具有支配作用样态的权利，是权利人对知识产权客体进行明显不同于物权人对有体物的独占——实际为法律拟制的控制，而享受知识产品利益的权利。正是由于知识产权的支配方式明显不同于物权，而且知识产权的作用范围、方式的变动性更强，因此，有必要对基于知识产权的控制方式、控制范围、控制程度及控制限制问题进行专门化研究。

知识产权控制效力能否作为独立的效力形式存在，相关研究成果甚为少见，目前仅有个别学者提出应将知识产权控制效力作为知识产权独立的效力表现之一，并对知识产权控制效力的概念、程度、内容、与知识产权利益实现的关系进行了简要论述。该学者认为知识产权控制效力是指知识产权所具有的保障知识产权人对知识产权财产依法控制并享受其利益的作用力；不同种类的知识产权控制效力的程度和内容也不同；知识产权人对利益的享有，有赖于知识产权的控制效力。[1] 这些分析虽然没有具体展开，但较准确地概括了知识产权控制效力是知识产权作用力的具体体现；不足之处是没有将知识产权效力与相关范畴的关系进行揭示和区分，没有对知识产权效力的多方面内容构成要素进行分析，没有将知识产权效力的限制问题纳入效力内容。另外也有学者论述了知识产权效力问题[2]，但既没有将控制效力单列在效力的内容之中，也没有对控制效力涉及的问题进行专门论述。

笔者认为知识产权控制效力是知识产权作用力的直接体现，具体是指知识产权权利人以特定方式控制知识产品而享受权利、利益的作用力。在物权效力中物权人（主要指所有权人）基于人对物的现实占有、管控而享受物之利益，丧失现实的占有和管控，要么所有权消灭，要么派生出他物权人的用益权或担保权。知识产权的客体——知识产品具有知识性、共享性、公用性等不同于物的属性，无法进行排他性的、现实的占有和管控，在特定专利、商标、作品等客体之上设定知识产权后，权利人对知识产品实际只能按法律规定的方式去自行利

---

[1] 齐爱民：《知识产权法总论》，北京大学出版社2010年版，第179页。
[2] 陶鑫良、袁真富：《知识产权法总论》，知识产权出版社2005年版，第206~212页。

用知识产品和禁止他人利用知识产品。因此，物权的设定及行使建立在权利人对有体物的自然占有或排他支配基础之上，而知识产权的权利设定与行使建立在权利人对知识产品进行法律拟制、控制或排他性利用的基础之上。只要知识产权人通过利用和禁用方式可以享受到知识产品的利益即可，至于是否能够现实占有知识产品对于知识产权人并不重要。知识产权的利用包括制造、使用、许可、复制、传播、销售、进口、标记等方式，非权利人擅自利用时，权利人有权予以禁止。

知识产权控制效力根据知识产权权利客体的不同可以分为创造性知识产品的控制效力、商业标记性知识产品的控制效力和其他知识产品的控制效力；根据控制主体不同可分为权利人控制效力、非权利人控制效力；根据知识产权存在的环境范围不同可分为传统知识产权的控制效力与网络环境中知识产权控制效力；根据控制方式不同可分为利用式控制和禁用式控制；根据控制程度可分为完全控制和定限控制等。

### 三、知识产权专有性与控制效力

对知识产权控制效力进行专门研究的成果很少，而对知识产权专有性论述的成果则较丰富。专有与控制单从词意上看有某种相近性，但实际研究的视角差异较大。知识产权专有性是权利人自专其权、自专其利，排除他人非法共享。对此有学者认为强调知识产权专有性有几个必要之处，一是侵害知识产权的方式与侵害有体物的方式不同，二是知识产权专有具有不同于有形物的复杂性，三是专有性把知识产权与公有领域的人类智力成果相区分；[①] 也有学者更明确解释知识产权具有极强的

---

① 郑成思：《知识产权论》，法律出版社 2003 年版，第 68~69 页。

专有性，一是知识产权权利人对其智力成果享有独占、垄断和排他的权利，二是对同一项智力成果不允许有两个以上的同一知识产权并存。① 可见知识产权专有是从知识产权与其他权利相区别的视角解释知识产品在归属方面必须与特定发明人、创造人或申请人相对应，回答的是知识产权权利和利益应当归谁享有和为什么如此规定的问题。比如对于一项发明技术成果而言，如果 A、B 两个发明人都研发完成了该项成果，根据专利法的先申请原则，专利权授予先申请人 B，不能对同一发明进行两次授权；授权后该项发明技术成果的实施权利和实施利益也归属于权利人 B 享有。这里强调的是该项发明的专利权已经由 B 独立获得，进而独享实施权、收益权等。因此，知识产权专有性更多关注和强调的是知识产权的静态权益归属。

知识产权控制效力的获得以知识产权专有性的取得为基础，即权利归属问题解决后才能涉及权利的控制效力问题。具体而言，知识产权控制效力是从权利的作用力视角对知识产权的研究，重点关注知识产权专有问题解决后，权利人控制或利用知识产权产品的类别、方式、环境以及相关的限制方式等。知识产权控制效力研究的主要目的是通过抽丝剥茧的理论分析，促进权利人更有效地行使权利、实现权利和保护权利，同时也在理论上进一步区分知识产权与物权效力运行机制的差异。如对一部文学作品的著作权人，在著作权已经归其专有的问题解决后，该权利控制效力是什么？权利人可以依法通过发行、复制、出版、出租、改编、广播、翻译等方式利用其作品，并依法禁止和限制他人对作品的发行、复制、出版、出租、改编、广播、翻译；权利人可以对丰富多样的作品形式进

---

① 刘春茂：《知识产权原理》，知识产权出版社 2002 年版，第 14 页。

行控制性支配；权利人应当在特定的时间范围和地域范围对知识产品进行控制性支配，否则不产生权利效力等。

## 第二节 知识产权控制效力的内容

### 一、知识产权控制效力作用的客体范围

知识产权控制效力作用的客体范围是知识产权理论研究的主要内容，也是知识产权法律制度中的重要构成部分。知识产权客体范围的划定不仅决定了知识产权的权利取得结果，也决定了权利行使的方式和权利保护的结果。从知识产权制度发展和研究成果方面考察，知识产权权利人控制的客体范围具有相对的稳定性和绝对的变动性的双重特征。

（一）知识产权客体范围与扩张趋势

知识产权控制效力所及的客体范围与知识产权权利指向的客体范围大体相当。知识产权客体的研究重点是对客体的一般特征、客体的类型化分析、特定客体可设权性理由的论证，但知识产权控制效力的客体范围的研究是在对法定的客体范围进行归类研究的基础上，重点对知识产权控制效力所及的知识产权客体范围的外向扩张原因、过程与趋势以及各具体客体外延内向扩张的范围进行深入考察分析。

关于知识产权控制效力涵盖的客体的类型，学者们进行了相关的研究，但认识仍有较大分歧，对此在本书第一章第四节已经进行过分析。这里再补充一些相关研究观点，有学者根据知识产权权利种类的不同，简单地把知识产权客体分为专利权客体、商标权客体、版权客体及反不正当竞争保护的客体。对每种权利客体进行具体罗列分析，指出新技术发展对权利客体

扩张的影响。① 这种观点是对国内外法定权利客体范围的基本重述。有学者认为知识产权客体可分为两类，一类是智力成果，另一类是经营标记。② 这种观点是在传统智力成果客体中再分类出经营性标记，对此国内学界多数人已经予以接受。有学者建议建立一个有别于传统客体范围的新的知识财产体系，即把知识产品具体分为三类：一是创造性成果；二是经营性标记；三是经营性资信，包括特许专营资格、特许交易资格、信用以及商誉等。③ 此观点的不同之处在于增加了一类经营性资信的客体，将其列入知识产权客体范围是十分值得商榷的。这些客体既没有创造性、标记性，也没有可复制性，它们作为非知识产权的无形财产权的客体是有较充分理由和法律依据的，但作为知识产权的客体尚缺乏基本的法理依据和法律规范依据。在上述研究观点的基础上，有学者提出了更复杂的分类：以知识财产内容为标准，分为一般知识财产和具体知识财产；以是否具备可分割性为标准，分为可分知识财产与不可分知识财产；以是否具有公开性为标准，分为公开知识财产与隐秘知识财产；以主体特点不同为标准，分为个体知识财产与社区知识财产；以知识的存在形态不同为标准，分为创造性知识财产与传承性知识财产。④ 这种分类不一定都依据充分，仍然需要进一步论证。但对知识产权客体范围进行理论分析的深度已经超过了前述学者，"一般知识财产"、"不可分知识财产"、"社

---

① 郑成思：《知识产权论》，法律出版社 2003 年版，第 184~265 页。
② 刘春田：《知识产权法教程》，中国人民大学出版社 1995 年版，第 1 页。
③ 吴汉东：《知识产权制度基础理论研究》，知识产权出版社 2009 年版，第 37 页。
④ 齐爱民：《知识产权法总论》，北京大学出版社 2010 年版，第 146~150 页。

区知识财产"、"传承性知识财产"等范畴的提出和界定具有启发意义。

　　笔者认为无论从知识产权法律制度产生发展的历史过程分析，还是从技术进步推动知识产权法律制度的内容变化的情况分析，知识产权权利人因具体权利种类的增加和权利内容的充实，可控制的知识产权客体范围处于不断扩张过程之中，基于此项基本判断并吸收已有的研究观点，可以将知识产权客体范围进行如下简明分类：（1）以知识产权客体即知识产品的形态为标准，可分为创造性知识产品、标记性知识产品及其他知识产品。创造性知识产品主要包括各种专利技术成果以及技术发展后加入专利客体范围的商业方法、生物技术等；各种文学、艺术、科学作品以及网络应用后进入版权客体范围的软件、数据库、多媒体等。标记性知识产品主要包括商标、原产地名称、地理标志、商号、知名产品的特有包装与装潢等。其他知识产品是指无法直接归入前两类知识产品范围的知识产品，如植物新品种、传统知识、遗传资源、域名等。（2）以知识产品存在的空间范围为标准，可分为传统空间知识产品与网络空间知识产品。由于知识产权的作用效力范围从传统空间扩展到网络空间，导致知识产品的存在载体发生了根本性改变——物理性载体转化为数字化载体，由此知识产品的存在样态也实现了数字化。网络空间知识产品包括数字化知识产品和数字知识产品。数字化知识产品是将传统空间知识产品进行数字转换后产生的知识产品样态，如将已注册的一件图形商标上载于某网站进行展示、转让，将一部著作扫描后上载于某网站存放和展示等。数字知识产品是直接利用电脑、网络制作完成的知识产品，如创作完成一部网络小说，设计完成一件文字与图形结合的商标等。传统空间知识产品依传统知识产权法律调整保护，网络空间的数字化知识产品的知识产权权利授权判定条件、使用方式、利益关系主体、侵权判定标准都发生了明显变化，需要建立起专门的法律规则。

知识产权权利人可控客体范围的扩张存在两个发展方向，即外向扩张和内向扩张。知识产权控制效力所及的客体范围实际就是知识产权权利人可控客体的范围。可控客体范围扩展变化包括了知识产权客体范围的外向扩张和各具体知识产权客体范围的内向扩张。知识产权客体范围的外向扩张主要是指随着知识产权保护意识的增强、知识产权种类的增加，一些新型知识产品不断被列入知识产权设权与保护的客体范围之中的过程。各具体知识产权客体范围的内向扩张是指每一具体种类的知识产权客体扩大覆盖范围的过程。对上述扩张过程可从知识产权国际保护制度与国内保护制度两方面进行分析。

（二）国际保护制度中规定的客体范围及其扩张

知识产权控制效力所及客体范围在国际知识产权保护制度中的发展变化。知识产权国际保护制度主要通过一系列国际条约加以体现。以下以已经生效并具有国际广泛影响力的国际公约为分析素材，按制定时间先后排列：（1）1883年法国等11国签署《巴黎公约》，这是最早、最重要、最基本的国际公约，后经多次修改，现适用1967年的斯德哥尔摩文本。《巴黎公约》第2条确定工业产权的保护对象是专利、实用新型、工业品外观设计、商标、服务标记、厂商名称、货源标记或原产地名称、制止不正当竞争。但这里的专利仅指发明专利，对于实用新型、工业品外观设计，该公约没有具体规定如何保护；商标不包括服务商标。（2）《伯尔尼公约》。1886年英国等10国签订该公约，之后进行了多次修订，1971年形成巴黎文本。该公约保护的文学艺术作品指文学、科学和艺术领域内的一切成果,不论表现形式如何。包括图书类作品,讲课、演讲、讲道类作品,戏剧、哑剧类作品,舞蹈、乐曲作品,电影作品和类似作品,图画、油画、建筑、雕塑、雕刻和版画作品,摄影作品或类似作品,实用艺术品,地理学、解剖学、建筑学或科学方面的图表、图示及立体作品等,以及演绎作品、汇编作品。(3)《罗马公约》。该公约于1961年缔结,是世界上第一个保护邻接权的国际公约。邻接权指向的作品范围是表演者的表演作品、录音制品制作者制作的录音制品作品、广播组织的广播节目。这实际上是对《伯尔尼公约》保护作品范围的扩展,因录音技术与广播技术广泛运用,推动了新的作品表现样式的版权保护需要。(4)《建立世界知识产权组织公约》。该公约于1967年通过,该公约罗列的知识产权客体包括文学、艺术和科学著作或作品,表演艺术家的演出、唱片或录音片或广播,人类经过努力在各个领域的发明,科学发现,工业品外观设计,商标、服务标志和商号名称及标识,以及所有其他在工业、科学、文学或艺术领域中的智能活动产生的客体。比较特别的是将科学发现、商号名称及标识作为知识产权客体进行保护。(5)《知识产权协定》。世界贸易组织于1993年通过《知识产权协定》,该协定是支撑世贸组织建立和运作的三大支柱协定之一。该协定吸收了以前主要知识产权国际公约的实质内容。依该协定,知识产权客体范围包括文学、科学和艺术领域内的一切作品(不论其表现形式或方式),计算机程序及数据的汇编,产品商标和服务商标,地理标记,工业品外观设计,专利,集成电路布图,未披露信息,限制竞争行为以及植物新品种。与之前的国际条约比较,在世界贸易组织的框架下,将计算机程序及数据的汇编、地理标记、集成电路布图、植物新品种、未披露信息及限制竞争行为明确列入知识产权客体范围。(6)"互联网条约"。互联网条约实际是由1996年世界知识产权组织通过的《版权条约》和《表演和录音制品条约》及两个条约分别所附的"议定声明"构成。由于该条约是为解决互联网环境中数字技术应用而产生的版权保护新问题而制定,因此习惯称"互联网条约"。这两个条约将版权保护的作品明确扩展到计算机程序及数据汇编,计算机程序作为文学作品保护;数据或其他资料汇编无论采何种形式,只要构成智力创作,其本身即受保护;同时,两条约明确将著作权人或邻接权人采取的技术措施和设置的权利管理信息也列入权利保护的客体范围中,作品的技术措施和权利管理信息实质是为保护版权而附加于作品之中,可以视为是特定作品的一个构成部分或一种表达形式,互联网上的数字作品习惯采取技术保护措施、附加权利保护信息,将作品技术措施和权利管理信息列入版权保护范围实质是特定数字作品保护客体外延范围的扩张。(7)《生物多样性公约》及其相关条约。1992年环境与发展大会上签署了《生物多样性公约》,该公约明确提出对生物遗传资源、传统知识列入法律保护客体。世界知识产权组织2000年专门成立了"知识产权与传统知识、遗传资源、民间文艺政府间委员会",推动对传统知识、遗传资源、民间文艺的保护条约签订。2003年联合国联合国教科文组织通过《保护非物质文化遗产公约》,确定对各国非物质文化遗产进行专门保护。这些条约规定的传统知识、遗传资源、非物质文化遗产等客体形式,学界认为是知识产权客体范围的新一轮扩张,虽然对它们各自内涵及相互关系仍有争议[①],但不影响对这些

---

① 丁丽瑛:《传统知识保护的权利设计与制度构建——以知识产权为中心》,法律出版社2009年版,第23~35页。

客体开展相应的法律保护。

（三）国内保护制度中规定的客体范围及其扩张

国内法中知识产权控制效力的客体范围一方面与各国所加入的国际条约内容变化相同步，另一方面各国根据本国经济、社会发展的需求对知识产权客体范围也进行了必要的细化规定。对此，主要以我国或相关国家国内法的立法与实施情况为例进行分析。

1. 专利客体范围的变化

就新中国成立后的情况考察，1950年颁布《保障发明权与专利权暂行条例》，规定对发明进行发明证书或专利证书的双轨保护。发明包括方法发明和产品发明；1963年颁布《发明奖励条例》，奖励发明，保留发明证书，取消专利证书。1985年颁布《专利法》，明确把发明、实用新型、外观设计作为可授专利权的客体。与多数国家将工业品外观设计进行单行立法保护不同，我国将外观设计直接列入专利法，与发明、实用新型进行一体保护。1992年第一次修改专利法，扩大了专利权授权客体或主体的范围，即对食品、饮料、调味品、药品和化学方法获得的物质方面的发明创造可授予专利权。2000年《专利法》进行第二次修改，没有涉及专利客体范围的内容。2008年《专利法》第三次修改涉及专利客体范围变化的内容主要有两处：一是《专利法》第25条规定对平面印刷品的图案、色彩或者两者的结合作出的主要起标识作用的外观设计，不再授予外观设计专利权，缩小了外观设计专利的客体范围，理由是为了提高外观设计专利质量、防止垃圾专利；二是基于对遗传资源保护的需要，《专利法》第26条规定，依赖遗传资源完成的发明创造，申请专利时需说明遗传资源的直接来源和原始来源，来源违法不授予专利权。这里的变化是对专利客体范围进行的微调。此外，由于受发达国家可专利主体不断扩张的影响以及技术发展的现实推动，我国在专利审查过程中授予专利权的技术主体范围或客体范围近年来也呈现出不断扩大的趋势，主要体现在：将生物技术、计算机软件、商业方法列入可授予专利权的客体范围。① 对此理论界虽然有争议，但国家知识产权局已经开展实实在在的审查授权工作。

2. 著作权客体范围的变化

著作权保护的客体概括说是作品。作品是思想的表达，作品应当具有独创性和可复制性。从英国版权法修改情况来看，作品的范围不断扩大。1709年《英国安娜法》保护的作品是书籍——印刷的文字作品，之后增订的客体为：1735年雕塑；1777年地图；1798年雕刻；1833年戏剧作品的表演；1835年演讲及口述作品；1842年音乐作品的表演权。1886年英国成为《伯尔尼公约》签订国后，作品的范围随公约规定进一步扩大。② 从美国版权法修改过程考察，作品的扩展依两条线索，一是技术发展产生新的表述形式，二是原有的不为版权法承认但又逐渐被认可的表述形式。美国1790年版权法只规定地图、图表和书籍为保护客体，1802年增加印刷字体，1831年增加音乐作品，1865年增加摄影和底片，1879年增加绘画、素描、彩色石印图画和雕塑，1912年增加电影，1971年增加录音制品，1980年增加了计算机软件，1990年增加建筑作品。1998年美国在"数字时代版权法"中又规定对作品网络传播

---

① 徐棣枫：《专利权的扩张与限制》，知识产权出版社2007年版，第134～165页。

② 汤宗舜：《著作权法原理》，知识产权出版社2005年版，第30页。

和技术措施、权利管理信息进行保护。[①] 我国 1991 年制定《著作权法》时充分吸收了外国法及国际条约对作品范围界定的经验,2001 年修改的《著作权法》涉及作品范围的扩大。1991 年我国《著作权法》规定作品包括:文字作品;口述作品;音乐、戏剧、曲艺、舞蹈作品;美术、摄影作品;电影、电视、录像作品;工程设计、产品设计图纸及其说明;地图、示意图等图形作品;计算机软件;法律、行政法规规定的其他作品。2001 年经过修订后,《著作权法》就作品种类增加了杂技艺术作品、建筑作品、以类似摄制电影的方法创作的作品、模型作品,同时明确规定对特定作品表达形式中的技术措施、权利管理信息也给予保护,以期与我国加入的《知识产权协定》及"互联网条约"的内容相一致。

3. 商标客体范围的变化

商标权的客体是商标,商标是商业标志。1946 年《美国商标法》也称《兰哈姆法》颁布后经历了多次修订,根据该法第 45 条,商品商标、服务商标、集体商标和证明商标可以由"文字、姓氏、象征、设计或以上组合"构成,"象征与设计"的含义十分宽泛,可以包括数字、颜色、气味、声音、产品的包装和外观设计等,美国进一步通过商标判例把商标客体范围逐步扩大。[②]《英国商标法》第 1 条规定:"商标是指任何能够以图像表示的、能够将某一企业的商品或服务与其他企业的商品或服务区分开来的标记。商标可以,尤其是,由文字

---

[①] 李明德:《美国知识产权法》,法律出版社 2003 年版,第 134~135 页。
[②] 同上书,第 268 页。

（包括人名）、图形、字母、数字或商品形状或商品包装构成。"[1] 我国《商标法》1982 年颁布后，经历了 1993 年、2001 年两次修订，2003 年后启动第三次修订。1982 年《商标法》第 7 条规定："商标使用的文字、图形或者其组合，应当有显著特征，便于识别……"这里规定的商标客体范围明显过于狭窄。1993 年《商标法》修改时没有涉及该条内容。到 2001 年《商标法》修改时，大大扩展了商标权指向的客体范围，以与《知识产权协定》内容相符合。2001 年《商标法》第 8 条规定："任何能够将自然人、法人或者其他组织的商品与他人的商品区别开的可视性标志，包括文字、图形、字母、数字、三维标志和颜色组合，以及上述要素的组合，均可以作为商标申请注册。"与 1982 年《商标法》比较，增加了字母、数字、三维标志、颜色组合及上述要素的组合的商标类型。但我国仍然没有将气味、声音等列入商标客体的范围。

## 二、知识产权客体的控制方式

在民法的权利理论中，根据权利的作用方式不同将民事权利分为支配权、请求权、形成权及抗辩权。支配权者，即直接支配权利标的之权利也。物权、无体财产权、亲属权等皆属之。[2] 支配权是指直接支配客体，并享受一定的利益的权利。知识产权在性质上也可称为支配权。[3] 许多权利的首要功能在于支配某种客体或某种其他的、无体的财产，如所有权旨在支

---

[1] 中国商标注册在线网："英国商标法（一）"，http://www.tmchn.com/law/n/2831.htm，访问日期：2011 年 10 月 7 日。
[2] 史尚宽：《民法总论》，中国政法大学出版社 2000 年版，第 25 页。
[3] 王利明：《民法总论》，中国人民大学出版社 2010 年版，第 96 页。

配某物，专利权旨在支配某项发明。① 这些观点基本为学界通说。知识产权是支配权，但知识产权权利人支配客体的基础和方式不仅明显不同于作为典型支配权的物权，而且现有知识产权研究领域对知识产权权利人如何支配客体较少有专门的研究成果。为了与物权支配客体方式相区别，本书一方面将知识产权权利人对具体客体的支配称为"控制"；另一方面将专门对知识产权权利人控制客体的方式进行分析探讨。

知识产权控制效力重要内容之一是知识产权权利人如何控制权利客体。从知识产权效力视角分析，知识产权控制方式实际上是指知识产权人取得权利后通过什么途径、采取什么方式控制权利客体，从而落实权利内容，实现权利利益。

知识产权权利人控制知识产权客体——知识产品的方式受知识产品的特征和法律制度的影响。脱离知识产品的特征和法律制度的规定无法对知识产权权利人控制知识产品的方式作出合理的界定。关于知识产品的特征本书第一章已将其概括为创造性、无形性、易复制性、共享性四个方面，具有如此特征的知识产品的控制方式必然不同于对物权客体的物、人身权客体的人身利益的支配方式。同时，不同国家知识产权法律制度的具体规范也直接决定知识产品的控制方式的异同。本书认为，知识产品的控制方式依控制主体的不同可分为自主控制与他主控制；依控制内容可分为利用性控制与禁用性控制；依控制的依据不同可分为法定控制与意定控制。对不同的控制方式，法律调控的方式、原则及责任设置均有所不同。以下将对不同类型的控制方式分别进行分析。

---

① ［德］梅迪库斯：《德国民法总论》，邵建东译，法律出版社 2001 年版，第 61 页。

## 第二章 知识产权控制效力

（一）自主控制与他主控制

自主控制就是知识产权权利人对自己知识产品的拟制管领、直接利用的行为状态。他主控制是指经知识产权权利人许可或法律规定的由知识产权权利人以外的主体对他人知识产品的拟制占有、利用的行为状态。现行知识产权法律制度中重点规定的是权利人如何利用知识产品而获取权利的利益，而较少规定权利人如何控制管领知识产品。法理上的理由可能是知识产权权利人既然能够利用知识产品，那么对知识产品的管领就是不证自明的道理。但笔者认为，对知识产权权利人对客体的管领方式、利用方式进行专门研究，有利于促进知识产权基础理论体系的建立，有利于促进知识产权权利人以更合理的方式行使权利。拟制管领是由于知识产品无法像有体物一样可以由权利人事实上独占而直接管控支配，而只能依据法律规定而推定属于权利人独占而控制支配的状态。拟制管领通常需要通过对各种专利技术资料、商标设计资料、作品底稿或初稿、商业秘密资料、权利证书等有形载体的持有来得以实现。知识产品的利用方式通常包括：专利的实施、许可、转让、标记、质押、入股；商标的使用、许可、转让、质押、入股；著作基于经济权利的利用和基于人身权的利用[1]等等。例如一项发明的专利权属于 A，则 A 在专利有效期内可以依法通过占有该发明的技术资料、持有专利证书而拟制性地"占有"该发明，但却不能排除他人对该发明产品的同时的、合法的占有及利用，这包括了：（1）在该发明申请日前已由他人 B 研发成功，制造相同产品、使用相同方法或已作好制造、使用的必要准备，并在原有范围内继续制造使用的，则他人 B 实际对该项发明

---

[1] 2010 年《著作权法》第 9 条、第 10 条的规定。

也可以实际"占有"和利用;(2)允许他人 C 在临时过境运输工具因自身需要而在其装置和设备中使用该发明专利,该他人 C 实际对该项发明也可以实际"占有"和利用;(3)允许他人 D 为提供行政审批所需信息,制造、使用、进口专利药品或者专利医疗器械,以及允许他人 E 为 D 需要而制造、进口专利药品或者专利医疗器械,实际上他人 D、他人 E 对该项发明又可以实际"占有"和利用;(4)允许他人 F 在 A 的发明专利取得后为科学研究和实验需要而使用 A 的发明专利,这里他人 F 对该项发明还可以实际"占有"和利用;商标制度中的集体商标、证明商标的注册就是为了让更多符合使用条件的主体分别管领和使用商标;作为著作权客体的软件在许可使用的条件下同时可以被数个主体分别管领和利用。① 其他知识产权一般也都具有这样的特点。

(二)利用性控制与禁用性控制

利用性控制是指知识产权权利人享有权利的主要方式是通过对知识产品的使用价值、交换价值的全面利用来实现权利的利益,包括专利权人实施专利、许可他人实施专利、投资入股、质押融资等;商标权人使用商标、许可他人使用商标、投资入股、质押融资等;著作权人通过发表、发行、复制、出版、翻译、信息网络传播等方式使用作品,许可他人以前述方式使用作品以及投资入股、质押融资等等。知识产权权利保护制度建立的重要目的也正是为权利人充分利用知识产品提供法律依据和保障,利用性控制知识产品是实现权利人独占利益和社会公共利益的共同路径。禁用性控制是权利人禁止未经许可或没有法定依据情况下的非权利人对知识产品的利用,包括专

---

① 2008 年《专利法》第 69 条的规定。

利权人禁止他人对专利技术的擅自实施利用、商标权人禁止他人对特定商标的相同或相近似的使用、著作权人禁止他人对作品通过发表、发行、复制、出版、翻译、信息网络传播等方式使用作品的使用等。

(三) 法定控制与意定控制

法定控制是知识产权权利人或受许可人、合理使用人、在先权人等依法对知识产品的利用控制。权利人对知识产品的利用控制与前述的利用性控制内涵一致,受许可人、合理使用人、在先权人对知识产品的利用控制则是指根据法律的规定,知识产权权利人以外的受许可人、合理使用人、在先权人可以基于法定的许可制度、合理使用制度、在先使用制度等对知识产品进行合法的利用控制,而不考虑权利人的意愿。法定控制往往通过事实行为而达成。意定控制是指经与知识产权权利人合意一致,经许可之后的他人即受许可人对知识产品的利用控制。意定控制往往通过实施法律行为、享有约定权利和履行约定义务而实现。

### 三、知识产权控制效力作用的空间范围

从知识产权权利设立后权利人与权利客体的关系状态考察,存在静态关系与动态关系两种表现。就静态关系而言,知识产权控制效力在空间范围上一般受地域空间限制,权利人只对特定国家地域、地区地域、区域地域的知识产权客体具有控制权、利用权、禁用权,超出特定地域空间的客体,权利人丧失控制力。就动态关系而言,从知识产权制度产生、发展、完善的历史过程分析,知识产权权利人控制效力经历了从国内到国际、从传统空间到网络空间的扩张过程。关于知识产权的地域效力问题将在本书第五章专门讨论,这里只对知识产权控制

效力的动态扩张问题进行分析。

（一）控制效力范围从国内扩张到国际

18~19世纪是知识产权制度在欧美各国创立和实施的时期，英、法、美等国的知识产权权利人对权利客体的控制力只限于各国国内，对他国的同样存在的知识产品没有控制权、支配权，任由其在公有领域被公众自由使用。如1623年英国制定《英国垄断法》，1640~1776年专利法等英国法律被介绍到英国殖民地统一前的美国各州，18世纪纺织业的机械化发明创造几乎都在英国，英国对这些机械技术给予专利保护，为了防止流失国外，还实行严格的海关保护，防止先进机械设备出口外国。但美国人总想仿制英国机器，其中纺原棉为纱线的机器是英国人发明和使用的，20年后的1789年有一位了解该机器技术特征的英国青年斯赖特听说美国急需该新机器，就来到美国，凭记忆成功设计出棉纺机，在美国大规模生产使用，而英国发明人也无可奈何。① 商标也是如此，如果商标权人只在本国控制商标的使用，那么该商标在外国被注册使用或抢注使用则超出了商标权人控制范围。一国的作品仅受本国著作权法保护，就意味着他国公众可以任意使用这些作品，而不需经权利人许可、不需支付报酬。

因此，随着国际贸易的开展，技术、商业标志、作品等知识产品的国际流动性不断增强，知识产权权利人对流入外国的自己的特定知识产品也要求享有控制权，同时，各国为了在国际科技、文化、经济竞争中保持技术、文化、经济的优势，也要求对本国知识产品进行跨国境保护。19世纪80年代《巴黎

---

① 金海军：《知识产权私权论》，中国人民大学出版社2004年版，第94~95页。

公约》、《伯尔尼公约》的签订，标志着知识产权的保护从国内扩展到国际；而随着知识产权国际条约数量的不断增加，标志知识产权客体受国际保护的范围、程度逐步提升到了新的水平。知识产权保护国际化的过程同时就是知识产权权利人控制知识产品的效力范围在空间上从国内到国际的不断扩张过程。如 1883 年的《巴黎公约》规定，对产品商标的驰名商标应当给予跨国的特别保护；1994 年的《知识产权协定》中进一步规定，对产品商标和服务商标的驰名商标都应当给予特别保护，即一国的特定商标（包括注册商标和未注册商标）如果被认定为驰名商标，他国公众则不能在相同或相类似的商品或服务上抢注该商标，否则应承担相应的法律责任，即使该特定商标没有在国外注册也受外国法保护。就作品著作权保护而言，根据目前主要国际公约规定的国民待遇和最惠国待遇原则，一国的特定作品即使没有在外国创作、发表、发行等，也可以受到所参加共同国际条约的其他所有成员国的同等保护，而这也体现了著作权人控制作品的范围从国内扩展到国际。在是否给外国作品著作权保护方面，美国的版权法经历了较长时期的摇摆，最后不仅接受了作品版权应给予国际保护的观点，而且成为作品版权应当给予国际强制保护的积极倡导者。美国建国之初，文化产业不发达，书籍大多数依靠进口，因此美国 1790 年版权法仅保护本国作者利益，外国作者的作品在美国得不到法律保护。允许出版商"不分青红皂白地翻印外国作者的著作，甚至连句假装感谢的话都没有"[1]，1800～1860 年

---

[1] B. Zorina Khan: Intellectual Property and Economic Development: Lessons from American and European History, http://www.iprcommission.org/papers/text/study_papers/spla_khan_study.txt. last visited on Dec. 3, 2012.

几乎半数英国最畅销的小说都遭美国出版商盗版。对此，受到美国盗版影响的国家也不承认美国作品的版权。1891 年美国新版权法通过后，开始对外国人作品给予有限保护——外国人作品必须在美国印刷才受美国版权法保护。这即恶名远扬的"印刷条款"。① 1976 年美国再次修改版权法，才取消了"印刷条款"，给予外国人作品与本国人作品一样的保护。随着美国成为世界版权产业大国，美国录音、录影制品、动画片、电视片、计算机软件；报刊书籍等成为美国出口的主要产业，给美国版权人带来巨大财富，同时伴随大量版权产品的出口，将美国文化影响力或"软实力"扩散全球，所以从 20 世纪 90 年代之后美国一反往常，成为一个要求其他国家对美国版权人作品给予越来越高保护水平的积极倡导者。

（二）控制效力的范围从传统空间扩张到网络空间

传统空间是与网络数字化空间比较而言的传统知识产权制度建立、运行的环境或空间，在传统空间中知识产品作为一种知识信息的无形财产，客观存在于具有可复制性的某种物理载体之上，如专利技术图纸、专利机器设备、各种商标标识、一部 500 页的文字作品、一幅画在宣纸上的国画等。传统空间知识产品的范围也一直呈现扩张态势，对此问题前文已进行了分析。这里需要特别注意的是，传统空间知识产品的利用、许可、禁止他人利用等方式自然受到知识产品物理存在样态的直接影响。比如作品的批量复制在传统空间需要专门的印刷设备、技术人员，复印件发明使用后至少需要一台复印机，而且这种复制必然发生在特定的地理空间，如将复制品再行扩散使

---

① 胡开忠："版权的国际保护"，见吴汉东：《知识产权国际保护制度研究》，知识产权出版社 2007 年版，第 308 页。

用还需要运输或邮寄以完成不同地域间的扩散。

网络空间是知识产品的数字化存在空间,知识产品存储于磁盘、光盘等介质中,网络空间的构建运行依靠主服务器、传输线路、计算机终端设备以及各种驱动应用软件,网络空间包括国际互联网、无线通信网等。20 世纪 80 年代后知识产权的作用空间从传统空间扩张到网络空间,这是技术发展推动知识产权制度发展的直接结果。在网络空间中,知识产品的存在形态具有数字化样态的一般特征,具体体现在以下几个方面。

1. 专利权的客体扩张至网络空间

专利权的客体扩张至网络空间中的计算机程序、商业方法,而且网络应用推动了电子信息技术、网络互联技术的快速进步,产生了大量与互联网相关的技术专利,促进了专利法律体系的扩张与完善。美国是互联网的发源地,也是计算机程序开发和商业方法创造的强国。就计算机程序的可专利性而言,美国 1972 年在 Gottschalk v. Benson 一案和 1978 年 Parker v. Flook 一案都拒绝对计算机程序授予专利权,但到 1981 年 Dimond v. Diehr 一案中,Diehr 提出了一项"合成橡胶在铸模中硫化生物工艺方法"的专利申请,其中包含一个计算机监控系统。美国专利商标局拒绝了该专利申请,美国联邦巡回法院驳回了美国专利商标局的决定,认为涉案发明整体上是一个物理化学过程而不是数学公式。联邦最高法院肯定了联邦巡回法院的判决,认为当一项包含数字公式的权利要求是将该公式应用于某种结构或者过程,而该结构或者过程作为整体,起着专利法旨在保护的功能时,该权利要求就符合了专利法的规定。① 此后，在美国，与计算机程序有关的发明的专利申请量和授权量开始大量增加。美国开了先河以后，目前欧盟、日本及我国也对计算机软件符合特定技术组合条件时给予专利保护。就商业方法专利而言，1998年美国在 State Street Bank & Trust Co. v. Signature Financial Group, Inc. 案中确认给予专利保护之后②，从美国专利商标局的统计数据看，1981~1997年第705类专利权（绝大部分商业方法专利都包括在第705类中）的年均授予量为156.3件，1998~2002年年均授予量升至914.2件；1995年专利商标局受理的第705类专利申请为170件，2000年增加到7800多件，2001年达10 000多件。③ 单纯的商业方法应当不属于可专利客体，仅是智力活动规则。但当商业方法以计算机程序方式实现时，商业方法的技术性、非显著性、实用性的特点才可以得到凸显，为了鼓励电子商务中的创新成果涌现、防止无序模仿，有条件授予使用方法专利是专利客体扩张的合理选择。

2. 著作权客体在网络空间发生了显著变化

这种变化主要体现为网络空间作品形式的统一化与多样化、作品利用方式的技术化与便利化。网络空间作品形式的统一化与多样化是指：一方面，网络空间的作品统一体现为数字化信息作品，作品载体同质化，这就为传统作品形式数字化转换和作品在网络空间的自由传播流动提供了通衢大道；另一方

---

① 徐家力：《知识产权在网络及电子商务中的保护》，人民法院出版社2006年版，第186~189页。

② 吴伟光："商业方法发明可专利性研究"，见张平：《网络法律评论》（第11卷），北京大学出版社2010年版，第89~90页。

③ 戴志敏、陈立毅："美国金融类商业方法专利及其启示"，载《外国经济与管理》2003年第11期。

面，就数字化作品而言，其表现形式比传统空间作品的形式更多样化，比如由文字、图形、声音等构成的多媒体作品①，由数据的独创性汇编形成的数据库作品，驱动网络运行的系统软件、应用软件作品（计算机软件作品）等等。作品利用方式的技术化与便利化是指：一方面，作品数字化的构成和制作数字作品的过程就是利用技术设备的过程，而且为了防止作品被非法复制、使用，许可著作权人对作品设置技术保护措施、添加权利管理信息，实际上使得数字作品的构成因素发生了具有技术特点的变化，对此也可理解为数字作品形式多样化的表现形式；另一方面，数字作品的技术性特征和载体的同质化，必然导致作品在网络空间复制、发行、传播及其他利用形式比传统空间作品具有突出的便利性、快捷性和广域性。当然也为网络作品的大规模、大范围盗版提供了技术便利。

3. 网络空间出现了域名等新的客体类型

这些新类型客体主要是指不能列入传统知识产权保护客体范围的知识产品，包括域名、网络虚拟财产等。（1）域名。知识产权域名完全是互联网应用的产物。根据"国际互联网协议"在互联网上每台上网的计算机都有一个协议地址（IP地址），该地址以四组用圆点隔开的 0~255 中的任意一组阿拉伯数字的整数构成。这四组数字作为网址很难记忆，为方便网民使用和记忆网址，就又设计了一套由文字组成的域名（domain name），每台上网计算机的域名与相应的 IP（"internet

---

① 胡开忠："版权的国际保护"，见吴汉东：《知识产权国际保护制度研究》，知识产权出版社 2007 年版，第 290 页。

protocol"——"网络之间互连的协议"的缩写）地址对应[①]，通过域名解析系统将域名转换成 IP 地址登录相应的网站。一个域名对应一个 IP 地址，一个 IP 地址可以对应多个域名。域名从功能上看发挥了识别、标示、宣传的作用。域名往往与企业名称、企业商标密切相关，甚至是企业的"网上商标"；具有显著性的域名，其构思、设计具有一定的创造性成分；域名的价值是经营者的品牌价值的构成部分。域名是否可以成为知识产权的客体，学界一直有争议，存在"否认说"和"肯定说"两种观点。[②] 笔者认为域名是网络空间的全新产物，根据域名的特点难以将其简单归入商标权、商号权、企业名称权的保护客体范围，域名设计的智力创造性、使用的网络空间性、流转的财产价值性等特征决定了把域名作为独立的知识产权保护客体是比较合适的选择。恶意把他人的商标、商号注册成域名构成不正当竞争行为；恶意把他人的商标在电子商务中使用而造成他人误认的，属于侵害他人商标专用权行为。（2）网络虚拟财产（以下简称虚拟财产）。虚拟财产是伴随着网络的发展出现的一种新型财产类型。虚拟财产是指仅在网络空间中存在的，并且与客观现实之间存在一定隔离性的网络实名、账号、游戏装备等"数据"或"电磁记录"形式的虚拟物品。虽然虚拟财产是否为财产、是否属于知识产权保护的客体等问题学界一直有争议[③]，但司法实务中已经将虚拟物品当做财产

---

① 鲍永正：《电子商务知识产权法律制度研究》，知识产权出版社 2003 年版，第 131 页。

② 徐家力：《知识产权在网络及电子商务中的保护》，人民法院出版社 2006 年版，第 144~148 页。

③ 黄宏生："网络虚拟财产的性质与法律保护"，载《东南学术》2009 年第 6 期。

并加以保护了。如 2006 年兰州市城关区法院开庭审理了一起网络盗窃案件，侯某利用给张某等五位客户维修电脑的机会，盗得客户的上网账号和密码，造成了五位客户 3000 余元的经济损失。法院审理后认为，被告人侯某构成了盗窃罪，判处侯某有期徒刑 8 个月、缓刑 1 年，并处罚金 1000 元。另外，2005 年浙江金华市婺城区法院判处了一个"网络大盗"。一网络盗窃团伙利用黑客手段盗取玩家游戏账号、密码，非法侵入游戏系统，出售玩家游戏装备，涉案金额达到上百万元。最终以"破坏计算机系统罪"判处有期徒刑 1 年 6 个月。① 虚拟财产在社会上有对其需求的市场，通过交易可以将其转化为现实的金钱价值，拥有其的玩家可以对其进行处分来实现经济上的利益。因此，虚拟财产权是一种具有经济内容的民事权利，可归为财产权的范畴。由于虚拟财产具有设计形成过程的智力创造性、存在空间和存在形式的虚拟性、控制与交易的现实性、虚拟物品的稀缺性与价值性，把虚拟财产作为物权客体保护显然不符合物权客体范围划定的基本理论，而把虚拟财产作为知识产权保护的新客体对待，基本符合知识产权是保护知识产品客体的一般要求。虚拟财产的获得主要是通过个人劳动和实际购买点数的方式获得，现实中也已存在虚拟财产与真实财产之间的市场交易，以及虚拟财产与真实货币的固定兑换方式，甚至还出现职业游戏人和游戏产业，可见，虚拟财产有其自身的价值，应受到知识产权法律保护。

---

① 李亮："虚拟财产三大法律困惑待解"，载《法制日报》2007 年 10 月 21 日，第 007 版。

## 第三节 知识产权控制效力的限制

### 一、控制效力限制与权利限制的理论

知识产权控制效力的发挥应当符合知识产权制度建立与实施的原则、目的，知识产权控制效力的内容应当包含于知识产权具体法律制度规定的框架范围之内。知识产权权利体系的设计和权利内容的确定实质上是将知识产品带来的经济利益、精神利益在权利人、使用人与社会公众之间进行合理分配的结果。知识产权法就是利益平衡法。利益平衡的过程也即需要确定知识产权控制效力的合理范围或界线的过程。而要确定知识产权控制效力的合理范围和界线，其一是依法和依理确定知识产权控制效力的客体范围、控制方式、控制的空间范围，对此已在本章第二节进行了论证；其二是确定知识产权控制效力发挥的范围边界，即知识产权控制效力发挥应当受到的理念限制、制度限制等。

要深入分析知识产权控制效力的限制问题，应当首先对权利限制和知识产权限制的一般理论有所了解。凡私权在设定和保护权利人自由活动的范围和利益的同时亦必然对权利的边界进行划定，对权利的行使进行限制，进而使权利的效力受到法律的制约。民事权利的限制直接由各国民事基本法或单行法进行明确规范，广义的权利限制包括：（1）基本原则的限制。主要是受诚实信用原则、公序良俗原则、权利不得滥用原则的限制。（2）权利内容或权能的限制。《德国民法典》中规定"限制物权也仅仅给权利人以一种有限制的法律权利，如动产

质权仅赋予权利人一项占有权和一项变卖权"。① （3）时间的限制。主要指受除斥期间和消灭时效的限制。对于知识产权而言，由于知识产权的客体是知识产品形式的无形财产，法律在将特定知识产品的专有权赋予特定民事主体的同时更应为社会公众自由接触和使用这些知识产品保留必需的空间，因此，较有形财产权而言，知识产权限制的制度性规定更加具体和细密，限制制度的内容更加丰富。

有学者从无形财产权限制角度入手，认为广义无形财产权限制包括地域限制、时间限制、权能限制。权能限制是权利行使所受的限制。与有形财产比较，无形财产限制属于法定限制，仅涉及财产权利的限制，对知识产权使用人而言是一项法定利益。无形财产限制分为：基于知识产品使用的限制，包括合理使用、法定许可使用、强制许可使用等；基于知识产品流通的限制，主要指权利穷竭制度；基于在先权利的限制；基于公有素材的限制。② 有学者直接对知识产权限制的概念、特征、表现形式进行揭示，认为知识产权限制是对知识产权人的专有权利进行限制，此种限制的特征是：限制仅针对财产权、具有法定性、具有有限性、是使用者的法定利益、是对权利人消极权利的限制、不同的权利限制有差异等。③ 也有学者认为知识产权权利限制是指法律对知识产权人享有知识产权的内容以及权利行使进行的约束。旨在维护权利人与社会公众之间的

---

① ［德］梅迪库斯：《德国民法总论》第 2 版，邵建东译，法律出版社 2001年版，第 107 页。

② 吴汉东、胡开忠：《无形财产权制度研究》（修订版），法律出版社 2005年版，第 111～122 页。

③ 冯晓青：《知识产权法利益平衡理论》，中国政法大学出版社 2006 年版，第 545～554 页。

利益平衡,可分为动态限制与静态限制,前者指对知识产权权利内容的限制,后者指对知识产权行使的限制。① 这些论述有其合理成分,但对所提出论点的合理性、科学性的论证深度不够,说服力不强,各种认识间的差异也较大。但知识产权应当受到必要的法律限制却是大家的共识。

对知识产权控制效力的限制主要是基于知识产权的权利限制理论和制度而存在,具体而言,对知识产权控制效力发生限制作用的因素主要包括认识观念的限制和制度性限制。认识观念的限制主要是指国内外一直存在对知识产权合理性的各种质疑的思潮或观念,这种观点必然以不同的方式影响知识产权制度的制定、完善及制度的实施,客观上会导致控制效力的扩张受到一定的限制;制度性限制主要指知识产权法律制度的内容对知识产权控制效力划定了基本范围,从各方面构建了控制效力的边界,主要包括效力范围的限制、效力方式的限制、效力时间的限制等。以下将分别进行分析。

## 二、控制效力受到的认识理念限制

知识产权制度出现后,存在两种相反的观点:一方面,对知识产权制度促进科技、经济发展和文化繁荣的作用极力肯定、认可;另一方面,学界、社会公众及发展中国家一直有一种对知识产权制度存在与运行的合理性、正当性、适度性持高度质疑的认识或概念。

对知识产权制度的质疑观点与理由从积极意义上分析是认识和揭示了知识产权制度存在不足之处及可能产生的不利后

---

① 齐爱民:《知识产权法总论》,北京大学出版社 2010 年版,第 420~423 页。

果，警醒推崇知识产权制度的国家、团体、学者及社会公众保持头脑清醒。同时，质疑知识产权制度合理性的理念或认识必然会影响知识产权国际条约和国内法的制定，并间接对知识产权控制客体范围的过度扩展、控制方式的滥用及控制空间范围的过度扩张发挥限制作用。

支持知识产权制度创立和适用的学者为知识产权制度存在的正当性、合理性寻找了许多理论依据。比较有代表性的观点是：罗马法的无体物理论、无主物先占理论、公共物理论、无体物买卖理论、无形侵害理论，这些理论为知识产权制度提供了罗马法理论依据；洛克、斯密的劳动价值理论、萨伊的"无形产品"理论、考特和尤伦的"知识产品"理论等为知识产权制度提供了经济理论依据；卢梭的"社会公意"理论、康德的"自由意志"理论、黑格尔的"财产人格"理论等为知识产权制度提供了法哲学依据。进而知识产权在激励创新、配置资源、平衡利益、规范市场方面发挥了不可替代的重要作用。[1] 权利人对知识产品的垄断性专有控制，客观上对技术、文化等知识的传播和利用会产生某种短期的阻碍的弊端，但知识产权制度对科技创新、文化繁荣、经济增长的长期促进作用和效果远远大于前述的弊端。这一结论不仅在采取历史研究方法和归纳分析研究方法所获得的研究成果中获得证明[2]，而且也在采取经济定量分析的实证研究成果中获得证明。[3]

---

[1] 吴汉东：《知识产权基本问题研究》，中国人民大学出版社2005年版，第80～114页。

[2] 金海军：《知识产权私权论》，中国人民大学出版社2004年版，第93～114页。

[3] 许春明：《知识产权制度与经济增长关系的实证研究》，知识产权出版社2009年版，第179～194页。

然而，国内外仍然存在从不同方面对知识产权制度存在及作用的正当性、合理性的种种质疑，特别是20世纪80年代后，随着知识产权保护力度的加强和知识产权控制范围向网络空间扩张，质疑知识产权合理性的声音又日渐增多。主要包括以下几种观点。

（一）反知识产权论

英国知识产权委员会在《整合知识产权与发展政策》报告中指出："知识产权制度加剧了社会不公，扭曲了正常运行的社会秩序。在国际层面上如果发展中国家或者不发达国家与发达国家按同样的标准来保护智慧创造物，其唯一可能的结果就是发展中国家或不发达国家将永远处在发达国家的掠夺之下。"[①] 国内有学者明确指出版权法和专利法是不道德的，其原因是它们限制人们对已经发表信息的自由复制、使用、销售或修改。为什么应当自由利用信息？信息都是在前人信息基础上产生的，信息被自由利用不会造成成果减损，也是人类发展的需要。[②] 1986年有外国学者也提出了一种反知识产权理论——"静态实效理论"。该理论认为，知识产权制度导致商品价格上涨，从而导致社会资源与财富的无效配置。根据规范经济理论，生产的边际成本与产品的价格相等（MC = P）。但是由于产品的制造商也要给其所生产之产品的发明人支付报酬，所以商品的价格就必然超过生产的边际成本（MC + R = P）。这种情形好像是无效益且造成了社会福利的减少，但该

---

[①] 英国知识产权委员会："整合知识产权与发展政策"，载《信息空间》2004年第4期。

[②] 赵万一："论民法的伦理性价值"，http://www.jcrb.com/zyw/n210/ca230578.htm，访问日期：2011年10月15日。

项制度的推崇者认为,要想建立一个使资源得到更有效配置的财产权制度,税赋是必要的,而且税赋正好是该制度成本的反映。这就好像两个农户之间需要垒上篱笆将两家的牲畜分开一样,需要付出代价。但是该项制度否定者的答案是:该项制度的社会成本将远远超过"静态实效理论"所列举的税赋。①

(二) 知识产权怀疑论

该理论对知识产权制度的合理性提出了十大疑问,第一个问题就是:知识产权保护使人们的创作机械化、智慧创作物商品化以及传播商业化,这样的结果能够促进社会的进步吗?这些疑问归根结底,就是知识产权制度对社会、教育、文化和经济等并没有产生积极的推动作用,而是产生了阻碍或者妨碍效果,与建立知识产权制度的初衷大相径庭。② 信息封建时代,知识财产的产权分配高度向垄断企业集中,使私有垄断权达到了全球化的高度,削弱了国家保护国民免受私有垄断权影响的能力。③ 联合国贸发大会国际贸易与可持续发展委员会也认为,科学研究和技术进步取决于知识在各国的自由流动,由于发达国家通过知识产权和有关法规加强其竞争性,其他国家获取相关知识的渠道日趋狭窄。④

(三) 知识产权僵化论

任何知识产品要取得知识产权保护必须符合专利法、商标

---

①② 曹新明:"知识产权法哲学理论反思",载《法制与社会发展》2004年第6期。

③ [澳] 彼得·达沃豪斯等:《信息封建主义》,刘雪涛译,知识产权出版社2005年版,第3~4页。

④ 联合国贸发大会国家贸易与可持续发展委员会:"知识产权保护对发展之启示",http://ictsd.net/downloads/2008/06/overview-policypaper-chinese.pdf,访问日期:2011年10月15日。

法、版权法等的法定条件，否则即使是对社会文化发展、经济发展有明显促进作用的智力成果也无法得到知识产权保护，如传统知识、民间文学艺术、遗产资源等，其结果是对利用这些智力成果进行技术、商业、文化再开发的成果反而可以获得知识产权保护，这显然是不公平、非正义的。[①] 因此，僵化的传统知识产权制度是无法适应知识经济、网络时代发展需求的。

上述的反知识产权理念虽然只是少部分人的认识，但从知识产权制度产生至今就一直不绝于耳，从一定程度上证明其理论观点中也包含了一些合理的成分，从思想认识上对无限夸大知识产权制度功能、过度扩大知识产权控制效力的发达国家、跨国企业及相关学者产生了某种制衡作用，同时也促使发展中国家的政府、企业及社会公众全面了解知识产权制度的积极效应与消极后果，进而间接影响到知识产权国际条约的修改或制定、各国国内知识产权法的内容构建。在这一过程中，知识产权控制效力在客体范围、控制方式或程度、控制空间范围的扩张方面必然受到一定的限制，使其相对处于合理的区间。

### 三、控制客体范围的制度限制

知识产权是设立于智力成果、商标标志或其他知识产品之上的专有权，知识产品的专有特征如前文论述可概括为创造性、无形性、易复制性、知识信息共享性。因此，不具备该四项特征不能成为知识产权客体，具有了该四项特征但被知识产权国际条约、国内法所禁止授权的客体也不能成为知识产权的客体。以下主要以我国法律制度的相关内容为依据，分析被禁

---

[①] 许颖辉：《备受争议的知识产权》，世界知识出版社 2010 年版，第 234～235 页。

止列入知识产权控制客体范围的知识产品。

(一) 专利权控制客体范围的限制——不授予专利权的发明创造

专利技术应当是具有创造性、新颖性、实用性的新的技术方案或具有新颖性、实用性的工业品新设计,但依《专利法》第5条和第25条规定下列科技成果不授予专利权:(1) 违反法律、社会公德或者妨害公共利益的创造。如以国旗、国徽作为图案内容的外观设计、用于赌博、吸毒、色情的器具或方法等。① (2) 违反法律、行政法规获取或利用遗传资源,并依赖该遗传资源完成的发明创造。这是我国2008年修改《专利法》后新增加的内容,以与《生物多样性公约》的规定相符合。(3) 科学发现、智力活动的规则和方法、疾病的诊断和治疗方法、动物和植物品种(但其生产方法可以授予专利权)、用原子核变换方法获得的物质、对平面印刷品的图案、色彩或者两者的结合作出的主要起标识作用的设计。2008年修改《专利法》时将"对平面印刷品的图案、色彩或者二者的结合作出的主要起标识作用的设计"首次列入不授予专利权的对象范围,主要是为了提高外观设计专利质量,减少与商标权、著作权的权利冲突。这里的"平面印刷品"主要指平面包装袋、瓶贴、标贴等用于装入被销售的商品或者主要用于附着于其他产品之上、不单独向消费者出售的二维印刷品。床单、窗帘、布匹等纺织品不属于平面印刷品,可授予外观设计专利权。②

---

① 王凌红:《专利法学》,北京大学出版社2007年版,第38页。
② 国家知识产权局条法司:《〈专利法〉第三次修改导读》,知识产权出版社2009年版,第56~57页。

(二) 商标权控制客体范围的限制——不可设定商标权的标志

可注册为商标的商业标志应当具有显著性、区别性、可复制性,但符合这些条件时也不一定能够获得商标注册,因为国际条约及国内法普遍有特定标志不得注册为商标的制度安排。根据《巴黎公约》及我国 2001 年《商标法》的规定,下列几类标志不得作为商标使用和注册：缺少法定构成要素或违反法律禁止性规定的标志；缺乏显著性的标记或通用商品情况的表述、通用符号、通用语言等；违反公共秩序和道德的标志；与他人在先权冲突的标志。就 2001 年《商标法》的具体规定分析[①],不列入商标权控制客体的商业标志有：(1) 气味、声音及全息标志。(2) 违反公共秩序的标志。包括同中华人民共和国的国家名称、国旗、国徽、军旗、勋章相同或者近似的,以及同中央国家机关所在地特定地点的名称或者标志性建筑物的名称、图形相同的；同外国的国家名称、国旗、国徽、军旗相同或者近似的,但该国政府同意的除外；同政府间国际组织的名称、旗帜、徽记相同或者近似的,但经该组织同意或者不易误导公众的除外；与表明实施控制、予以保证的官方标志、检验印记相同或者近似的,但经授权的除外。(3) 带有民族歧视性的标志。(4) 夸大宣传并带有欺骗性的标志。(5) 县级以上行政区划的地名或者公众知晓的外国地名。主要指本国的地理名称,外国为国人普遍熟知的地理名称不可以作商标注册。例外的是地理名称可以注册为集体商标、证明商标；历史原因已经注册使用的地名商标继续有效；中国乡、镇、街道、胡同等地名,国内山、川、河流等地名仍然可以作商标注册；

---

① 2001 年《商标法》第 8 条、第 10~14 条。

外国不为国人普遍熟知的地理名称仍然可以作商标注册。(6) 缺乏显著性的标志。包括仅有本商品的通用名称、图形、型号的；仅仅直接表示商品的质量、主要原料、功能、用途、重量、数量及其他特点的。但这些标志经过使用取得显著特征，并便于识别的，可以作为商标注册。此外，以三维标志申请注册商标的，仅由商品自身的性质产生的形状、为获得技术效果而需有的商品形状或者使商品具有实质性价值的形状，也不得注册。(7) 复制、摹仿或者翻译驰名商标的标志。上述禁止注册的标志的范围设定是否合理，理论界有一定的争议，注册审查时有时具体标准掌握也有一定难度，但就法律制度的内容而言，商标权客体的范围已经受到了立法的限制。

(三) 著作权控制客体范围的限制——违法作品与不保护作品

著作权保护的客体或对象是文学、科学与艺术类作品，作品取得著作权的实质性条件是独创性。由于多数国家法律规定作品是自创作完成时取得著作权，不需要国家的专门授权程序，因此是否有些作品根本就不应当取得著作权的问题一直争议较大，相关规定的内容也不是很清楚。(1) 有独创性但违反法律和损害公共利益的作品是否排除于著作权客体范围。《伯尔尼公约》第5条第1款规定："就享有本公约保护的作品而论，作者在作品起源国以外的本同盟成员国中享有各该国法律现在给予和今后可能给予其国民的权利，以及本公约特别授予的权利。"该条第2款规定："享有和行使这些权利不需要履行任何手续，也不论作品起源国是否存在保护。因此，除本公约条款外，保护的程度以及为保护作者权利而向其提供的补救方法完全由被要求给以保护的国家的法律规定。"《知识产权协定》第9.1条规定："全体成员均应遵守伯尔尼公约

1971年文本第一条至第二十一条及公约附录。但对于伯尔尼公约第六条之2规定之权利或对于从该条引申的权利,成员应依本协议而免除权利或义务。"这里只从正面规定作品应当给予著作权保护,保护程度可以由国内法具体规定,没有规定哪些作品可不给予著作权保护。2001年《著作权法》第4条第1款规定:"依法禁止出版、传播的作品,不受本法保护。"美国认为中国这一规定违反《知识产权协定》,应当对禁止出版、传播的作品也给予保护,2007年启动了世界贸易组织争端解决程序,2009年"专家组"认为,中国著作权法未将"审阅后不得出版"或"正在审阅过程中的作品"作为保护对象,其违反了《伯尔尼公约》以及《知识产权协定》的规定,等于中国败诉。① 2010年我国将《著作权法》第4条修改为"著作权人行使著作权,不得违反宪法和法律,不得损害公共利益。国家对作品的出版、传播依法进行监督管理。"实际上承认依法禁止出版、传播的作品不再列入著作权不保护的限制客体范围。但违反宪法、法律和损害公共利益的作品的著作权行使受到严格的限制,如色情作品不准传播、复制、出版等,该作品的著作权实际被虚化。(2)不适合著作权法保护的作品。依2010年《著作权法》第5条规定,不适合著作权法保护的作品包括法律、法规,国家机关的决议、决定、命令和其他具有立法、行政、司法性质的文件,及其官方正式译文;时事新闻(不包括新闻评论);历法、通用数表、通用表格和公式。(3)侵权的作品排除于著作权保护客体。根据著作权法的侵权责任条款的规定可知,侵权作品包括剽窃的作品,侵犯

---

① 丛立先:"违禁作品著作权问题辨析",载《法学》2011年第2期。

他人署名权、修改权等的作品,侵犯他人演绎权的作品等。①但当作品内容涉嫌侵犯他人名誉权、肖像权等一般民事权利时,作者并不丧失该作品的著作权。

**四、知识产权控制方式的制度限制**

对知识产权权利人控制客体方式的限制是知识产权法律制度的重要组成部分。依法对知识产权控制方式的限制一方面为知识产品的自由传播、自由贸易、再创新、言论自由保留了必要的空间,另一方面也使知识产权的权利内容更具确定性、权利行使的边界更具明晰性,进而为知识产权滥用的认定提供了依据。对知识产权控制方式的限制一般通过以下制度性安排得以实现。

(一) 以合理使用制度进行限制

知识产权合理使用制度最早在美国判例中得到确认,主要适用于版权,后随着知识产权基本理论问题研究的开展,合理使用制度实际上完全可以涵盖专利法、商标法等法律制度的相关内容,具有了普适的价值。合理使用是指将特定的知识产品专有权赋予权利人享有期间,又依法规定权利人外的社会公众可以不经权利人许可、也无须向权利人支付报酬而对该知识产品进行自由使用的制度。合理使用本质上是对权利人控制知识产品的方式或范围进行的限制。合理使用制度的建立是知识产品具有天然的知识信息流动性、共享性特性在知识产权法律制度中的体现,是为满足社会公众对发明创造成果、文学艺术科学作品、商业标志最基本需求的法律确认,也是在权利人与社会公众之间对知识利益进行平衡分享的结果。合理使用制度的

---

① 杨延超:"违法作品之著作权探讨",载《法学论坛》2010年第3期。

特点为：依据法定性；无须权利人同意；无须支付使用费；一般基于非商业或经营性目的；使用方式或数量具有合理性。

1. 作品的合理使用

《伯尔尼公约》对合理使用进行了总地限定，即允许以合理的目的使用他人的作品，但"必须符合公平惯例"；①《罗马公约》第15条列举了合理利用他人有邻接权的表演、录音制品及广播的四种情形——私人使用；在时事报道中有限地使用；广播组织为编排本组织的节目，利用本组织的设备暂时录制；仅仅为教学或科学研究目的而使用。② 而到《知识产权协定》第13条却是对作品合理使用限制内容的反限制规定。③ 在英国，19世纪时，英国法院已普遍采用合理使用原则，以此作为版权侵权的例外。1911年英国版权法令始以成文法的形式明确规定了合理使用制度，该法第2条第1款第（1）项规定"用于个人研究、探讨、批评、评论、报纸登载等目的时，对原作品的合理使用不构成版权侵犯。"英国1956年版权法和1988年版权法都保留了这一规定，不过却将以个人欣赏为目的无偿而自由利用他人作品的情形，排斥在个人使用的范围外。④ 在美国，1841年法官在Joseph Story在Folsom v. Marsh一案判决中第一次对合理使用原则进行表述，提出判断合理使用的三要素：使用作品的性质和目的；引用作品的数量和价值；引用对原作市场销售及存在价值的影响程度。⑤ 到美

---

① 《伯尔尼公约》第9条第2款。
② 《罗马公约》第15条第1款。
③ 《知识产权协定》第13条。
④ 彭秀坤："论知识产权合理使用的范围"，载《湘潭师范学院学报（社科版）》2006年第1期。
⑤ Folsom V. Marsh, 9F. Cas. 342 (C. C. D. Mass. 1841) (No. 4901).

国1976年版权法,开始对合理使用进行了法典化处理,归纳了四条判定合理使用的准则,即使用的目的和特点;享有版权作品的特性;与原作品比较,使用的数量和质量;对原作品潜在市场或价值的影响。① 我国2010年《著作权法》第22条规定了在12种情况下使用作品,"可以不经著作权人许可,不向其支付报酬,但应当指明作者姓名、作品名称,并且不得侵犯著作权人依照本法享有的其他权利"。② 这里的合理使用范围涵盖了个人学习研究使用、公共利益使用、非经营使用等情况。对作品的合理使用一般针对作品的财产权益,但也有学者提出对著作人身权益也存在合理使用的问题,需要在法律中明确规定。③ 作品合理使用具有法定性,不需要著作权人同意,但也有例外情况,即如作者已经声明不许刊登、播放的,特定媒体不得使用其他媒体的已发表的时事文章,特定媒体不得刊登、播放公众集会上发表的讲话。另外,我国2001年《计算机软件保护条例》也规定了软件作品的合理使用④,不过范围比《著作权法》规定大为缩窄。我国2006年《信息网络传播权保护条例》对数字作品的合理使用进行了专门规定,合理使用的范围比《著作权法》规定有所放宽⑤,以为网络空间信息的自由传播提供较宽松的法律环境。

2. 发明创造专利的合理使用

专利合理使用是指在法定情形下非专利权人可以无须取得

---

① 李明德:《美国知识产权法》,法律出版社2003年版,第224~225页。
② 2010年《著作权法》第22条。
③ 何炼红、阳东辉:"著作人身权合理使用制度研究",载《法学评论》2004年第1期。
④ 2001年《计算机软件保护条例》第17条。
⑤ 2006年《信息网络传播权保护条例》第6~7条。

许可、无须支付报酬而对专利技术的自由使用行为。在专利权不断扩张的背景下，以合理使用制度限制专利权效力的过度延伸，对维护公共利益具有更突出的价值。虽然有人对专利法中是否存在合理使用制度持怀疑态度，但从国内外"专利法"的内容考察，专利的合理使用制度是专利法重要构成部分，难以否定。《知识产权协定》第 30 条对发明专利的限制作出了原则性规定："成员可对所授的专利权规定有限的例外，只要在顾及第三方合法利益的前提下，该例外并未与专利的正常利用不合理的冲突，也并未不合理地损害专利所有人的合法利益。"该协定第 26 条第 2 款对工业品外观设计保护的限制也作了类似的原则性规定。① 外国专利法规定的专利合理使用方式通常包括四种情形：在科学研究、实验和教学中使用他人专利；在先使用权人的使用；在临时过境运输工具上使用；个人或私人使用。② 就我国《专利法》内容分析，下列三种情形可列入合理使用范围：（1）运输工具临时过境使用；（2）专为科学研究和实验而使用有关专利；（3）为提供行政审批信息而使用，为提供行政审批所需要的信息，制造、使用、进口专利药品或者专利医疗器械的，以及专门为其制造、进口专利药品或者专利医疗器械的。③

3. 商标的合理使用

学界对商标的合理使用制度存在不持异见，但对商标合理使用的范围有不同认识。有学者认为商标的合理使用是指在一

---

① 郑成思：《WTO 知识产权协议逐条讲解》，中国方正出版社 2002 年版，第 206 页、第 204 页。

② 高华、焦洪涛："专利权合理使用制度研究"，载《科技与法律》2002 年第 2 期。

③ 2008 年《专利法》第 69 条第（3）~（5）项。

定条件下使用他人注册商标,不视为侵犯商标权的一种行为①,但此观点未指明使用的范围;有学者认为"所谓商标合理使用是指,在顾及商标所有人及第三方的合法利益的情况下,允许对叙述性词汇进行合理使用"②,这一定义把合理使用的范围界定得过窄。也有学者认为只要是基于正当目的、以善意方式为之、没有对商标权人利益造成不合理损害的使用就是商标合理使用,广义的商标合理使用包括商业性合理使用和非商业性合理使用。③ 这一界定相对更具合理性。

从国际条约及外国法的制度内容考察,对商标权合理使用多有明确规定。《知识产权协定》第17条规定:"成员可规定商标权的有限例外,诸如对说明性词汇的合理使用之类,只要这种例外顾及了商标权人及第三方的合法利益。"该协定只是列举"说明性词汇的合理使用",但绝不仅限于此一种合理使用方式。另外,《美国商标法》第33条、《欧洲共同体商标条例》第12条、《日本商标法》第26条、《德国商标法》第23条、《澳大利亚商标法》第122条、《法国知识产权法典》第L.713-6条等都规定了商标的合理使用内容。从国内商标法的内容考察,我国台湾地区"商标法"第23条规定:"凡以普通使用之方法,表示自己之姓名、商号或其商品之名称、形式、品质、功用、产地或其他有关商品本身之说明,附记于商品之上者,不为他人商标专用权之效力所拘束。但以恶意而使用其姓名或商号时,不在此限。"这里规定的是对他人商标的

---

① 王莲峰:《商标法学》,北京大学出版社2007年版,第118页。
② 武敏:"商标合理使用制度初探",载《中华商标》2002年第7期。
③ 刘明江:《商标效力及其限制研究》,知识产权出版社2010年版,第169~170页。

说明性、描述性的善意合理使用。① 我国 2001 年修改前的《商标法》没有对商标合理使用进行规定，国家工商行政管理总局 1999 年发布的《关于商标行政执法中若干问题的意见》第 9 条规定："下列使用与注册商标相同或者近似的文字、图形的行为，不属于商标侵权行为：（一）善意地使用自己的名称或者地址；（二）善意地说明商品或者服务的特征或者属性，尤其是说明商品或者服务的质量、用途、地理来源、种类、价值及提供日期。"② 2004 年该意见被废止。2002 年《商标法实施条例》第 49 条规定："注册商标中含有的本商品的通用名称、图形、型号，或者直接表示商品的质量、主要原料、功能、用途、重量、数量及其他特点，或者含有地名，注册商标专用权人无权禁止他人正当使用。"这里规定的使用范围不仅比上述意见的规定少了"善意地使用自己的名称或者地址"的内容，而且没有包括非商业性的合理使用，商标合理使用范围显然偏窄。

实际上，商标的合理使用范围包括了商业性使用和非商业性使用，商业性使用又分为叙述性合理使用、指示性合理使用。叙述性合理使用是第三人为说明其商品的名称、型号、功能、品质、产地等特征，善意正当使用他人的注册商标的行为；指示性合理使用则是为了向消费者说明其商品或服务与他人之商品或服务的关联性，善意正当使用他人注册商标的行为，如为产品销售、维修、组装、零配件制造、兼容等目的对

---

① 百度文库："台湾商标法"第 23 条，http://wenku.baidu.com/view/9567d9bff121dd36a32d8246.html，访问日期：2011 年 10 月 23 日。

② 华律网："《关于商标行政执法中若干问题的意见》第 9 条"，http://laws.66law.cn/law-82163.aspx，访问日期：2011 年 10 月 23 日。

他人商标的使用。非商业性使用，如以滑稽模仿①、新闻报道及评论、词典编纂等非营利为目的的合理使用行为。

除上述知识产权的合理使用制度之外，我国《集成电路布图设计保护条例》第23条、《植物新品种保护条例》第10条也分别规定了各自权利的合理使用制度。特别是在2011年颁布并实施的我国《非物质文化遗产法》第37条也对非物质文化遗产的合理利用进行了专条规定。② 这些内容设计具有创新性和可行性。

（二）以非自愿许可制度进行限制

知识产权非自愿许可实际是与自愿许可或意定许可相对应的概念，主要是指不需经知识产权权利人自愿许可，即可依法对知识产品进行控制和利用，但仍应当支付适当许可费的法律制度。非自愿许可体现的是法律的公共价值追求，是对知识产权权利人对知识产品享有独占利用权设置的又一条权利边界或权利限制，是国家利益和公共利益的集中体现，是社会公众依法强行有偿控制使用他人知识产品的制度安排。有学者认为非自愿许可的特征为：需有直接法律的依据；不需权利人同意；非自愿许可的受许可人没有独占实施或使用权；应支付适当的

---

① 李明德："美国商标法中的侵权与救济"，见郑成思：《知识产权文丛》（第10卷），中国方正出版社2004年版，第46页。

② 2011年《非物质文化遗产法》第37条的内容是："国家鼓励和支持发挥非物质文化遗产资源的特殊优势，在有效保护的基础上，合理利用非物质文化遗产代表性项目开发具有地方、民族特色和市场潜力的文化产品和文化服务。开发利用非物质文化遗产代表性项目的，应当支持代表性传承人开展传承活动，保护属于该项目组成部分的实物和场所。县级以上地方人民政府应当对合理利用非物质文化遗产代表性项目的单位予以扶持。单位合理利用非物质文化遗产代表性项目的，依法享受国家规定的税收优惠。"

使用费。① 这些概括较为准确。笔者认为在这四个特征基础上还可增加一个特征，即非自愿许可的实施后果是知识产品的控制使用权全部或部分暂时分离被他人控制行使——知识产品控制使用权的暂时分离性。当实施非自愿许可的法定条件丧失，知识产品的控制使用权要么回归于权利人，要么转化为自愿许可基础上的继续分离。与其他民事权利比较，物权法中的财产征用制度是带有某种强制性的，国家向权利人依法支付补偿使用费后，可以对物权人的动产进行征用。但物权征用的客体、条件、程序等与知识产权非自愿许可比较大异旨趣，几乎没有交集。而债权、继承权等则根本没有相近似的制度。

知识产权非自愿许可在各知识产权单行法的规范体系中得以制度化实现，主要包括：专利权的强制许可、指定许可；著作权的法定许可、强制许可；集成电路布图设计权的强制许可；植物新品种权的强制许可等。商标权行使过程更多关乎私益的增进，较少与科技发展、文化繁荣、公众健康保障等国家、公众的根本利益发生冲突，因此，一般无须对商标进行非自愿许可的限制。

1. 专利权的强制许可与指定许可

专利权强制许可，也称专利强制许可，是在法律规定的情形出现时，专利行政部门根据当事人申请或依职权作出的允许他人在不经专利权人同意的情况下使用其发明或实用新型专利的制度。专利强制许可在国际条约中一直有相关的规定，而且是国际条约修改时通常争议较大的一部分内容。1883年《巴黎公约》签订前的多次巴黎会议中各国对是否应当对工业产

---

① 陶鑫良、袁真富：《知识产权法总论》，知识产权出版社2005年版，第231页。

权设置强制许可的限制就存在很大争议,1878年巴黎大会经过讨论认为工业产权是自然权利,应当保护,但为了公共利益也应当对专利权进行限制,所以"为了社会公共利益需要征收财产的原则"应该适用于专利权。该次会议后成立的《巴黎公约》起草委员会吸收各国国内专利法的规定,将专利的"当地实施要求"列入新草案,在1880年巴黎正式大会讨论时,该条内容引起激烈争论,比利时、英国、俄罗斯、土耳其等国强烈反对,但是,瑞士、法国等大多数国家则支持"当地实施要求"。[①]结果是在大会上增补了《巴黎公约》第5条第A款第(1)项,该项规定:"专利权人将在本联盟任何成员国的专利产品进口到授予其专利的国家不应导致对其专利权的撤销。"即当专利权人将专利产品从他国进口到授予专利权的国家时,该进口行为不构成撤销专利的理由;但是,专利权人有义务按照授予其专利的国家的法律实施其专利。待1883《巴黎公约》签订后,各国仍多次在修订会议上围绕该问题发生争议[②],到1967年在斯德哥尔摩对《巴黎公约》进行第六次修订时,形成对专利强制许可的较全面表述:《巴黎公约》规定专利强制许可主要为防止专利权人"不实施"专利而给

---

[①] 陈晓东:《强制许可之国际法律制度研究》,中国海洋大学2007硕士研究生论文,第5页。

[②] 这些会议主要有:1886年罗马会议;1890年马德里会议;1897年和1900年布鲁塞尔会议;1911年华盛顿会议;1925年海牙会议;1934年伦敦会议;1958年里斯本会议;1967年斯德哥尔摩会议。

公共利益造成妨碍。① 及至《知识产权协定》签署,在第31条中对专利强制许可进行了更详细的规范,明确了强制许可实施的条件,强调对强制许可也应当进行必要限制。主要反映了发达国家的诉求。

2001年,在卡塔多哈召开的世界贸易组织第四届部长级会议上,与会代表就《知识产权协定》与公共健康问题进行了两天的谈判,达成《关于〈知识产权协定〉与公共健康的多哈宣言》,明确了WTO成员政府采取措施(包括强制许可)维护公共健康的主权权利;2003年WTO成员政府又达成《关于实施多哈宣言第六条款的理事会决议》,规定对于缺乏药品生产能力或药品生产能力有限的贫穷国家,可以进口其他成员方通过强制许可而生产的廉价仿制药品。这一规定实际上豁免了出口方实施强制许可只能主要满足国内市场需要的义务,从而有利于贫穷国家在必要时更容易进口用于治疗艾滋病等重大传染性疾病的廉价仿制药品,从条款内容方面上解决了缺乏或没有药品生产能力的国家的公共健康危机。为巩固《关于

---

① 参见《巴黎公约》1967年文本第5条第A项,该条的内容是:(1)专利权人将在本联盟任何国家内制造的物品进口到对该物品授予专利的国家,不应导致该项专利的取消。(2)本联盟各国都有权采取立法措施规定授予强制许可,以防止由于行使专利所赋予的专有权而可能产生的滥用,例如:不实施专利。(3)除非强制许可的授予不足以防止上述滥用行为,不应规定专利的撤销。在强制许可颁发之日起两年内不得提起请求撤销专利的程序。(4)自专利权人提出专利申请之日起四年内,或自授予专利之日起两年内,以较长者为准,不得以不实施或不充分实施专利为理由颁发强制许可。如果专利权人的不实施或不充分实施专利有正当理由,应拒绝强制许可的请求。强制许可不得是独占性的,也不得转让,即使以签发次许可的方式,也不准许。但与利用强制许可的企业的一部分或者商誉一起转让时除外。(5)上述各项规定准用于实用新型专利。http://www.people.com.cn/zixun/flfgk/item/dwjjf/falv/10/10-2-07.html,访问日期:2011年10月24日。

《知识产权协定》与公共健康的多哈宣言》促进保护公共健康的成果，2005年12月，WTO总理事会通过了《修改〈与贸易有关的知识产权协定〉议定书》，规定在符合有关条件的前提下，各成员可以授予其企业生产并出口特定专利药品的强制许可，突破了《知识产权协定》关于强制许可的使用应主要供应国内市场的规定。① 另外，世界多数国家国内专利法中对专利强制许可制度都有相关规定。

我国除《专利法》对强制许可有明确规定外，《专利法实施细则》、《专利实施强制许可办法》、《涉及公共健康问题的专利实施强制许可办法》等行政法规、规章都对强制许可进行了细化。我国2008年《专利法》第6章规定的专利强制许可原因或类型包括：未实施或未充分实施专利的强制许可；因垄断行为的强制许可；因公共健康需要的强制许可；因专利存在从属关系的强制许可等。专利强制许可只及于发明专利和实用新型专利，专利强制许可应当符合法定的条件和程序，强制许可的受许可人应当向专利人支付合理的使用费，专利强制许可条件不存在或不具备时应当终止强制许可的实施。此外，2008年《专利法》第14条还规定了专利的"指定许可"，即针对国有企业事业单位的发明专利因对国家利益或公共利益具有重大意义时，经国务院批准可决定在批准的范围内推广应用，由指定单位实施，并按国家规定支付使用费。专利指定许可在专利权人范围、批准机关、许可的专利对象等与强制许可存在一定区别，具有中国特色。

---

① 2007年10月28日我国全国人大常委会批准《修改〈与贸易有关的知识产权协定〉议定书》，以平衡知识产权与公共健康之间的关系。

2. 著作权的法定许可与强制许可

著作权的法定许可是世界各国著作权法普遍采用的一项制度，也称"法定许可证"制度，是指在法律规定的情形下，社会公众或非著作权人可以不经著作权人的同意使用其已经发表的作品，同时需向著作权人支付报酬的制度。法定许可不同于合理使用之处在于使用著作权人作品时需要支付合理的使用费。法定许可只能是普通许可，不属于独占许可。法定许可一般限于已经发表的作品。另外，法定许可也不同于苏联和东欧国家法律中规定的法定免费使用制度，这些国家当时规定凡是以广播、电视等途径传播已经发表的作品均无须经权利人许可，也不必支付报酬。这种使用方式主要由于这些国家的公共媒体都是国营非商业机构，支付报酬难以承担。但非市场经济国家的著作权法中没有这些规定，一般也认为这种使用方式不合理。1971年修订后的《世界版权公约》已经杜绝法定免费使用制度。[①] 我国2001年修订后的《著作权法》也不再规定法定许可制度。

美国、日本等国家没有实施法定许可制度，但《匈牙利版权法》第22~23条，《加拿大版权法》第7条、第48~50条，《德国版权法》第49~50条都对著作权法定许可制度进行了明确规定。我国《著作权法》第23条规定了教科书编写的法定许可、第33条第2款规定了报刊转载和摘编的法定许可、第40条第3款规定了录音制品制作者的法定许可、第43条第2款和第44条规定了广播组织播放的法定许可，《最高人民法院关于审理涉及计算机网络著作权纠纷案件适用法律若干

---

① 吴汉东：《知识产权基本问题研究》，中国人民大学出版社2005年版，第314页。

第二章　知识产权控制效力

问题的解释》第 3 条还规定了一种"网络服务商的法定许可"。① 这几种法定许可主要是邻接权人对他人已发表作品可以进行法定许可，而且除广播组织播放的法定许可外，其他三种法定许可都附加一个"作者声明保留权利除外"的限制条件，这与国际上一般规定有较大区别，如此规定，一方面体现了我国著作权法的法定许可制度更具体考虑到保护作者权利的价值取向，另一方面也反映对法定许可这种对著作权限制的制度也要进行必要的反限制。同时，在《著作权法实施条例》中规定法定许可使用他人作品应当自使用该作品之日两个月内向著作权人支付报酬。

著作权的强制许可是指在特定条件下，由著作权主管机关根据情况将已经发表的作品进行特殊使用的权利授予申请获得此项权利的使用人的制度，在国际条约中又称著作权"强制许可证"。著作权强制许可在没有实施法定许可的国家，如美国、日本，发挥了替代法定许可的功能，在实施法定许可的国家，强制许可对合理使用、法定许可发挥了补充作用。《伯尔尼公约》和《世界版权公约》有强制许可的规定，允许发展中国家著作权主管机关拥有向申请人颁发翻译或复制外国作品的强制许可证的权力，这些国家必须是因为其经济状况及社会或文化需要而不能在当前采取恰当安排以确保对公约文本规定

---

① 《最高人民法院关于审理涉及计算机网络著作权纠纷案件适用法律若干问题的解释》第 3 条规定：" 已在报刊上刊登或者网络上传播的作品，除著作权人声明或者报刊、期刊社、网络服务提供者受著作权人委托声明不得转载、摘编的以外，在网络进行转载、摘编并按有关规定支付报酬、注明出处的，不构成侵权。但转载、摘编作品超过有关报刊转载作品范围的，应当认定为侵权。" 2003 年该解释修正后该条内容进行了一定修改但继续保留，2006 年该解释第二次修正后删除了该条内容。

的全部权利进行保护,获得实施强制许可优惠制度的国家需要向世界知识产权组织或联合国教科文组织递交通知书,自1971年,仅有墨西哥、几内亚、突尼斯等少数国家曾要求享有强制许可优惠。① 另外,《日本著作权法》第8节规定了"根据裁决使用著作物",日本学者认为包括三方面:一是著作权人不明或经联系仍不能与其取得联系;二是对作品的广播无法与作者达成协议或无法进行协议时;三是对于将过去已经录制在商业用唱片上的音乐作品录制成其他商业用唱片,无法与作者达成协议或无法进行协议时。② 《德国版权法》第61条规定了"制作音响载体的强制许可证",允许对音乐作品进行强制许可使用——录制使用,这里的范围更狭小。《美国版权法》第111~118条规定了强制许可使用,包括制作录音制品、卫星电视转播、点唱机、非商业性广播。还规定了强制许可费的费率、收取和分发方法。先后成立了"版权使用费法庭"、"版权使用费仲裁庭"。③ 美国强制许可以音乐作品为主要对象,强制许可使用方式主要为广播与录制。我国著作权法中没有著作权强制许可的具体规定,但如需要可根据所参加版权国际条约规定适用强制许可制度。不过,我国著作权法第三次修改时可以考虑将著作权强制许可制度的内容增加进入法律条款之中。

3. 其他知识产权权利的强制许可

集成电路布图设计权的强制许可,在1989年制定的《集

---

① 曲三强:《现代知识产权法》,北京大学出版社2009年版,第201页。
② 吴汉东:《知识产权基本问题研究》,中国人民大学出版社2005年版,第320页。
③ 李明德:《美国知识产权法》,法律出版社2003年版,第189页。

成电路知识产权条约》中有明确规定,当"第三者按商业惯例经过努力而未能取得权利持有人许可"时,国家主管机关根据第三者的申请,"认为授予非自愿许可对于维护其视为重大的国家利益是必要的","该非自愿许可仅供在该国领土上实施并应以第三者向权利持有人支付公平的补偿费为条件"。①在《知识产权协定》中,集成电路布图设计权的非自愿许可条件与专利非自愿许可的条件相同。② 条件限制较严格。我国《集成电路布图设计保护条例》规定在国家出现紧急状态、为了公共利益及权利人有不正当竞争行为时国家有关主管机关可以给予布图设计的非自愿许可。布图设计的非自愿许可人无权允许他人使用,并应当向权利人支付合理报酬。③ 此外,植物新品种权也存在强制许可制度,植物新品种权与国家农业生产、林业生产及公共利益联系更密切,需要建立必要的强制许可使用制度,对此,我国《植物新品种保护条例》第11条第1~2款规定:"为了国家利益或者公共利益,审批机关可以作出实施植物新品种强制许可的决定,并予以登记和公告。取得实施强制许可的单位或者个人应当付给品种权人合理的使用费,其数额由双方商定;双方不能达成协议的,由审批机关裁决。"《植物新品种保护条例实施细则(农业部分)》规定品种权的强制许可条件,同时规定了强制许可的申请程序和调查论

---

① 《集成电路知识产权条约》第6条第3款。
② 《知识产权协定》第37条第2款、第31条第(a)~(k)项。
③ 《集成电路布图设计保护条例》第25条、第27条、第28条。

证、通知公告程序。① 《植物新品种保护条例实施细则（林业部分）》也有类似的规定内容。②

（三）权利穷竭的限制

权利穷竭原则（或制度）也称"权利用尽原则"或"首次销售原则"，由德国法学家 Kohler 最早提出。有学者认为权利穷竭也就是"当含有知识产权的商品以合法方式销售或分发出去后，无论该商品辗转落到何人之手，知识产权人均无权再控制该商品的流转"。③ 还有学者认为权利穷竭"是指享有某种知识产权保护的产品，由知识产权人或其所许可的人首次销售或通过其他方式转移给他人以后，知识产权人即无权干涉该产品的使用和流通"。④ 权利穷竭一般对专利、商标、版权及集成电路布图设计的权利行使都适用。权利穷竭实际上是对知识产权权利人在知识产品进入流通环节时权利行使界线的限制，即将知识产权控制效力在知识产品流通环节限定在合理的限度内。权利穷竭解决了有形商品的所有权与商品负载的知识产权之间的利益冲突，最终实现增进知识产权权利人利益和促进知识产品自由贸易顺利进行的双重目的。知识产权权利人通过首次销售推定其应当获得的经济利益已经实现，首次销售进

---

① 《植物新品种保护条例实施细则（农业部分）》第 12 条第 1 款规定："有下列情形之一的，农业部可以作出实施品种权的强制许可决定：（一）为了国家利益或者公共利益的需要；（二）品种权人无正当理由自己不实施，又不许可他人以合理条件实施的；（三）对重要农作物品种，品种权人虽已实施，但明显不能满足国内市场需求，又不许可他人以合理条件实施的。"

② 《植物新品种保护条例实施细则（林业部分）》第 9 条。

③ 郑成思：《版权法（修订版）》，中国人民大学出版社 2003 年版，第 280 页。

④ 陶鑫良、袁真富：《知识产权法总论》，知识产权出版社 2005 年版，第 247 页。

入市场后的包含知识产权的知识产品的再次销售、使用、获酬已经属于知识产品的所有权人享有，与知识产权权利人无关，不得进行控制、干涉和获酬。如此设计，为平衡知识产品的利益关系、为保障知识产品的传播使用效率、为后续创新提供基本便利条件，易言之，权利穷竭制度体现了知识产权的公平价值、效率价值和创新价值。

首次销售的知识产品一般必须基于合法的来源，要么是由知识产权权利人自行通过制造、复制等方式产出的产品，要么是受许可人通过制造、复制等方式产出的产品，没有合法权源的侵权制造、复制的产品不能适用权利穷竭原则。还需要特别强调的是：（1）知识产权权利穷竭只是部分权利的用尽，即销售权、使用权、报酬权的用尽，而不是全部权利的用尽。（2）知识产权权利穷竭一般只限于特定国家国内地域范围之内，而不包括跨境效力的延伸。即平行进口仍然需要经过知识产权权利人的特别许可。

1. 著作权的权利穷竭

著作权的权利穷竭是指作品的原件或复制件经著作权人同意或许可，首次向公众销售或赠与之后，著作权人就无权控制该原件或复制件的再次流转或使用。著作权的权利穷竭主要指发行权、展览权、出租权部分的穷竭，其他人身权利和财产权利不存在用尽问题。《美国版权法》第109条第（a）项规定："根据本法合法制作的复制件或唱片的所有人，或任何经该所有人授权的人都有权不经版权人许可而销售或以其他方式处分对复制件或唱片的占有。"《英国版权法》第18条第2款规定："发行权不适用于首次销售之后散发、销售或出租作品复制件的行为。"《日本著作权法》第26条第（b）项第（2）目规定："如作品原件或复制件的所有权经发行权人或其授权的人许可已向公众转让，则发行权不再适用于该原件或复制件。"我国《著作权法》第18条规定："美术等作品原件所有权的转移，不视为作品著作权的转移，但美术作品原件的展览权由原件所有人享有。"这是展览权的穷竭。我国著作权法对发行权、出租权的权利用尽问题没有规定，但实际上作品首次发行、出租后的再次发行、出租将不再受权利人控制。

2. 商标权的权利穷竭

商标权的权利穷竭是指经商标权人许可或以其他方式合法投放市场的商品，无须经过商标权人许可，可以将该附着商标的商品再次售出或以其他方式提供给公众。《英国商标法》第12条规定："注册商标所赋予的权利的穷尽：（1）由注册商标所有人或经注册商标所有人同意在已经投放欧洲经济地区市场的有关市场上使用该商标的，不构成侵权。（2）对注册商标所有人有法律依据不同意进一步处理这些商品的（尤其是在商品投放市场后，商品的条件已发生变化或发生损害），本条第（1）款不适用。"我国台湾地区"商标法"第23条第3款规定："附有商标之商品由商标专用权人或经其同意之人于市场上交易流通者，商标专用权人不得就该商品主张商标专用权。但为防止商品变质、受损或有其他正当事由者，不在限此。"把商标权权利穷竭和对权利穷竭的限制同时在立法中加以规定，体现了对商标权权利穷竭适用的慎重态度。我国商标法对商标权权利穷竭没有专条规定，但实际上实务界、学术界一般认可该项原则。

3. 专利权的权利穷竭

专利权的权利穷竭是指经专利权人许可或以其他方式合法投放市场后的专利产品或者依据专利方法直接获得的产品，无须经过专利权人许可，他人就可以使用、许诺销售、销售。这里穷竭的是专利权人的使用权、销售权。体现了进入流通市场后，专利产品包括的专利权与专利产品所有人的物权应当分别行使，互不干涉，以确保专利产品在市场中的自由流动性。《法国知识产权法典》第 L.613-6 条规定，在专利权人或经专利权人明确同意将受保护的产品投放到法国市场后，在法国领土上完成的涉及该产品的行为，不属于专利权的范围之内；我国 2008 年《专利法》第 69 规定，不视为侵犯专利权情形之一的为：专利产品或者依照专利方法直接获得的产品，由专利权人或者经其许可的单位、个人售出后，使用、许诺销售、销售、进口该产品的。这是对专利权穷竭的明确规定。但有两个问题应当特别注意：（1）如何理解"由专利权人或者经其许可的单位、个人售出后"，即"首次销售"的内涵，是仅限"专利权人或者经其许可的单位、个人"，还是应扩大解释，对此有学者认为"首次销售"应当包括：专利权人或者经其许可的单位、个人的首次销售，在先权人的首次销售，强制许可受许可人的首次销售以及政府指定许可受许可人的首次销售。① 笔者认为这样的解释符合专利权权利穷竭原则适用的目的，也与我国专利法的基本价值取向相一致。（2）我国专利权权利穷竭是"国内穷竭"还是"国际穷竭"，对此 2008 年我国专利法修改前争议较大，但 2008 年《专利法》第 69 条将专利产品的进口列入专利权穷竭的对象中，实际上是承认专利产品首次销售后的进口不再属于专利权人控制的范围，因此，从立法内容上分析，我国专利权的穷竭应当为"国际穷竭"。

---

① 汤宗舜：《专利法教程》第 3 版，法律出版社 2003 年版，第 187 页。

## 本章小结

　　知识产权控制效力是知识产权这种无形财产权的权利人控制权利客体的范围、控制的方式与控制效力作用的空间范围的综合。知识产权控制效力基于权利支配力而产生，是支配力的表现形式之一，但不能等同于权利支配力本身。知识产权控制效力因权利构成因素的特殊性而与物权等其他民事支配权的支配力内容大异其趣。知识产权控制效力是知识产权的积极作用力，它体现为知识产权控制的客体范围的快速扩张、控制方式的复杂多样、控制空间范围的不断拓展。同时，基于保护公共利益的需要，知识产权控制效力的范围也受到了比其他传统民事权利更全面和更严格的限制，这些限制即反映为对知识产权作用力存在的正当性、合理性的质疑，也更体现为对知识产权控制效力进行系统的法律制度化限制。合理界定知识产权控制效力的内容对以后各章研究其他效力形式具有重要意义。

# 第三章 知识产权排他效力

## 第一节 知识产权排他效力与理论价值

### 一、物权排他效力理论及其启示

物权的排他效力是物权的主要效力表现之一,也是物权法基本理论体系中的重要内容。在民法学研究中,物权的效力问题一直受到民法学者的较大关注,研究成果比较丰富。物权究竟有何种效力,如本书第一章第一节所述,学者提出了"二效力说"、"三效力说"及"四效力说"[1],在这些学说中排他效力的地位如何?"二效力说"包括优先效力、物上请求权效力,否认排他性、追及性分别为独立之效力。之所以否认排他效力是认为物权本质

---

[1] 靳宝兰、徐武生:《民事法律制度比较研究》,中国人民公安大学出版社2001年版,第165页。

中已经具有排他性，排他性为任何权利具有的共同特征，非为一项具体的效力。① 或认为物权的排他效力已由优先效力所包容。② "三效力说"包括排他效力、优先效力、物上请求权效力，否认追及效力为物权独立之效力。"四效力说"为通说，即排他效力、优先效力、请求权效力及追及效力。物权排他性从何而来，系因物权经过公示而具有对抗他人的表征而生，并不是因物权的本质而自然产生。③ 承认物权的排他效力有助于物权与债权的区分。④ 有学者进一步分析认为，物权的排他效力具有防御性的特点，其约束力指向任何人，排除他人重叠设权。⑤

一般认为物权的排他效力是指同一标的物上不得成立两项以上所有权或两个以上不相容的物权。⑥ 所有权的基本功能在于解决物的归属，明晰财产的"主人"，为达此目的，所有权应当有绝对的排他效力或强排他效力，一物之上不得设定两项以上所有权，也不得设定"主人"不明确的所有权。而他物权是解决物的利用问题，因此，在妨碍物的使用价值、交换价值利用的情形下，一物之上不得设定两项以上内容相互冲突的物权，如两项以上质权、两项以上留置权等，但应当允许在不妨碍物的使用价值、交换价值利用的情形下，一物之上得设定

---

① 郑玉波：《民法物权》，台湾三民书局1995版，第4页。

② ［日］我妻荣：《日本民法物权》，台湾五南图书出版公司1999年版，第17~18页。

③ 姚瑞光：《民法物权论（上册）》，台湾三民书局1988版，第4页。

④ 王利明：《物权法论》，中国政法大学出版社1998年版，第25页。

⑤ 尹田：《物权法理论评析与思考》，中国人民大学出版社2004年版，第145页。

⑥ 温世扬、廖焕国：《物权法通论》，人民法院出版社2005年版，第50页；谢在全：《民法物权论（上册）》，中国政法大学出版社1999年版，第31页。

两项以上内容不相互冲突的物权，如两项以上抵押权、一项建设用地使用权和一项抵押权等。因此，他物权具有相对的排他效力或弱排他效力。

物权的排他效力基于物权的支配力而生，为保障支配力实现而存在，但又与支配力不同。支配力基于物的独占性而生，支配力直接反映了权利人与物的管领、控制关系，如支配物的使用价值就需要占有、使用该物，支配物权的交换价值就需要以物设质或进行抵押。支配力是一种对物进行依法管控之力。而排他效力是为保障对特定标的物支配力的实现而赋予特定物权的对外约束力、拒止力，即排除权利人以外的其他人对同一标的物再设定所有权，又排除权利人以外的其他人对同一标的物再设内容相互冲突的他物权，否则权利人就无法享有标的物的所有权、他物权及物之利益，物权制度的解决权利归属利用、定纷止争的制度价值将不复存在。物权的排他效力产生于权利本身，是权利所包含利益的实现的要求，也是权利行使、保护过程中的伴随内容。

物权排他效力理论内容对知识产权排他效力理论或制度的建立具有下述启示价值。（1）物权的排他效力基于物权客体（有体物）的排他独占性与物权支配力而生，那么知识产权的排他效力因何而产生？知识产权客体（无形财产）不具有独占性，相反知识产品具有同时分属不同主体的共享性，但知识产权作为民事绝对权，也具有权利人对知识产品的特定支配力，知识产权的排他性应当主要基于知识产权的支配力而产生。（2）物权的排他效力是物权权利对外约束力、保障力的体现，那么知识产权排他效力与知识产权权利本身的关系如何？知识产权权利保护利益的实现必须以知识产权排他效力制度的适用进行保障，即知识产权的权利因子中必然包含了排他效力的内容，排他效力也是知识产权权利对外约束力、保障力的体现。（3）物权的排他效力具体表现为所有权的绝对排他力和部分他物权的相对弱排他力，那么知识产权排他效力是否也存在如此的区别？知识产权具体权利分类体系理论尚不成熟，虽然也有学者参考物权的分类方法将知识产权分为完全知识产权和定限知识产权，但仅为一家之论。① 就专利权、商标权、著作权、商业秘密权等具体权利的内容考察，不同知识产权的排他效力并无强弱之分，但相对于物权的排他效力，基于保护公共利益、公共健康、人权等原因，知识产权排他效力受到了更多的约束和限制，因此，是一种相对物权排他效力而言的弱排他效力。

## 二、知识产权排他效力的内涵

排他效力属于知识产权权利的一般效力。各国知识产权立法中未明示知识产权排他效力内涵之条款。对排他效力的内涵专门关注的学者虽然较少，但就"知识产权具有排他性"的认识却争议不大。有学者认为："商标权、商号权及专利权等绝对权，亦有排他性。"② 也有学者从知识产权特征视角认为知识产权排他性是知识产权专有性的内容③或专有性就是排他性④，但这种排他性与所有权比较受法定限制较多，是非绝对

---

① 齐爱民：《知识产权法总论》，北京大学出版社2010年版，第214～217页。
② 史尚宽：《物权法论》，中国政法大学出版社2001年版，第10页。
③ 刘茂林：《知识产权原理》，知识产权出版社2002年版，第14页。
④ 齐爱民、朱谢群：《知识产权法新论》，北京大学出版社2008年版，第14页。

的排他性。① 也有个别学者直接从知识产权效力理论构建视角研究知识产权的排他效力,认为知识产权的排他效力是指同一知识财产上不能有两个以上同一内容或性质不相容的知识产权同时存在。包括成立上的排他效力、实现上的排他效力。② 这一界定明显受物权排他效力内涵界定方式的影响。

基于知识产权作为私权的支配权、绝对权的本质属性,必然产生知识产权排他效力。从知识产权排他效力制度建立的目的考察,是为确保知识产权的权能得以实现,即确保知识产权独占的支配力得以圆满实现。因此,知识产权排他效力是指排除同一知识产品上内容相斥权利的同时存在或排除他人非法享有、使用其知识产品的约束力、保障力,也可称为"排他力"或"排他性"。知识产权排他效力有广义和狭义之分,前者是指知识产权与其他所有私权间的相互排他力和知识产权权利之间的相互排他力;后者仅指知识产权权利之间的相互排他力。本书主要研究狭义的排他效力。

狭义的知识产权排他力至少包含以下内容:(1)权利取得(或授权)的排他性,也即权利客体在设定知识产权时的排他性。一项知识产品一般只能授予一项知识产权,排除一项知识产品上同时存在两项以上内容互不相容的知识产权。(2)权利主体享有知识产权方面的排他性。享有不同于行使,是指权利人独享其权利行使或不行使带来的后果。即知识产权权利人得依法独占其知识产权带来的经济利益和精神利益,排除其他主体平行共享。如独享专利权许可他人行使后带来的许

---

① 阳平:"论知识产权特征",见刘春田:《中国知识产权评论(第2卷)》,商务印书馆2006年版,第282~283页。
② 齐爱民:《知识产权法总论》,北京大学出版社2010年版,第179页。

可受益，或独享专利权"储备"带来的对竞争对手的市场优势的消极抵销利益。再如防御性商标权获得后，虽然权利人不准备行使该权利或不许可他人使用该商标，但商标权人享受了防止他人注册和保护了主商标权的利益。知识产权作为绝对权，是一人对世人的权利，所以知识产权的法律保障力就必然体现为对知识产权权利人以外的一切人的约束力。（3）权利行使的排他性。权利人得排他地对知识产品进行利用，任何人未经许可或法律特别规定不得行使其知识产权。

### 三、知识产权排他效力揭示之理论价值

知识产权排他效力属于知识产权权利理论的重要内容，是知识产权专有性或支配性特征得以实现的保障，排他效力一方面来源于对国内外知识产权法律制度的归纳概括，是一种理论构建；另一方面通过理论研究推进知识产权排他效力制度的不断健全与完善。易言之，知识产权排他效力揭示之价值至少体现在下述方面。

（一）有助于从法律效力层面厘清知识产权与物权的关系

从客体角度区分知识产权与物权的研究早已为学界关注。知识产权的客体"是人们在科学、技术、文化等知识形态领域中所创造的精神产品"。[①] 这种精神产品是与物质产品相并存的一种民事权利的客体，也称知识产品（或知识财产）。知识产品具有创造性、非物质性、公开性、共享性等基本特点，而非物质性是知识产品区别于物权客体——有体物——的关键，这一点容易理解。但是从法律效力层面来区分知识产权与物权，两者同属绝对权，均具有因支配性而获客体利益的法律

---

[①] 吴汉东：《无形财产权制度研究》，法律出版社2005年版，第60页。

效果力。从支配性这一点上很难区分知识产权与物权。但是，就排他效力来看，两者的区别显而易见。知识产权排他效力较之物权排他效力是一种法律拟制和相对的排他效力。从知识产权的来源来看，知识产权并不是一种自然权利的法定化，它起源于封建"特权"，这是一种特许的排他效力；从知识产权的取得方式考察，一般必须具备三个基本条件：存在合法的知识产品，公开该知识产品（或范式信息），经过国家公权力机关的确认（著作权取得是例外）。这是一种基于特定的立法目的而源于拟制的排他效力。知识产权排他效力也是一种相对的排他效力。知识产权排他效力从它产生之日起就肩负着平衡私人利益和公共利益的重任，受到更多方面的限制，如地域性、时间性、强制许可制度、合理使用制度、权利穷竭制度等；物权的排他效力早在罗马法上就获得承认①，是基于物权客体的客观实在性和独占性。物权客体有体物只能存在于一个时空，物权客体上利益通过自然占有来实现，物权制度的设计也着重于"对客体物的支配、控制"上，这种支配控制的核心是对物的物理形态的独占，物权是以占有为方式自然排他地实现物上利益。因此，物权的排他效力是物独占力的自然延伸。物权排他效力受到诸如诚实信用原则、权利不得滥用等原则的限制，但较之知识产权而言，物权的排他效力更具绝对性。

（二）有助于准确把握知识产权控制力的范围界限

"支配权者，直接对于权利之标的，得为法律所许范围内之行为的权利也。支配权概有排他性，即使他人不得为同一行

---

① 韩松："论物权的排他效力与优先效力"，载《政法论坛》2003年第2期。

为也"。① 知识产权是一种支配权,这一点与物权无异。对物权来说,支配是权利的积极效能,排他是权利的消极效能,对权利进行积极的支配必然蕴含着该权利可以消极的排他。对物权客体的占有、支配一般就能够顺理成章地排除他人的干涉而实现物权利益,即物权的积极支配效力和消极排他效力能够和谐一致。而知识产权则不然,知识产权的排他效力虽然源于支配力,但又超越支配力,属于控制性支配力。(1)有些知识产权有完整的排他效力,却无完整的支配效力。如演绎作品的著作权,从支配效力来看,演绎作者尽管享有该演绎作品的著作权,但此时他并不能单独发出许可,或者即使其单独发出许可也不具备实际意义;从排他效力来看,演绎作者可单独阻止他人对演绎作品的生产经营性支配。因此,其针对演绎作品享有的排他权是完整的,但在行使支配权时则是不完整的,或者说要和原作者共同分享对该演绎作品的支配权。②（2）某些知识产权排他效力范围远远大于支配效力范围。如商标权,商标权的支配效力表现为注册商标权人有权在核定使用的商品或服务类别上使用该核准注册的商标,不能自行扩大该商标的使用范围,也不能擅自改变该注册商标的构成要素;商标权的排他效力则非常宽泛,根据《商标法》第52条的规定,商标权人可以排斥他人在同一种商品和类似商品上使用与其注册商标相同或近似的商标,还可以排斥他人销售侵犯注册商标专用权的商品等。(3)知识产权支配效力的利益实现需要严格的物质和法律条件,而排他效力的利益实现则相对简单。要想通过知识产权支配效力获得知识产品利益,获得知识产权只是前提,

---

① 史尚宽:《民法总论》,中国政法大学出版社2000版,第25页。
② 吴汉东:《无形财产权制度研究》,法律出版社2005年版,第60页。

还需要严格的物质和法律条件。"智力成果或说知识财产属于'准财产',是有待于'添附'才能最终形成的财产"。①

(三)有助于认识知识产品的控制与使用特征

知识产品具有无形性或非物质性、可无限复制使用性等不同于物质性产品的特征,但知识产品的存在却必须依存于某种有形的载体。由于知识产品可以物化在多个载体之上,知识产权人对知识产品不可能像物权人那样对"物"进行实际的独占控制,而只能是虚拟"占有"或控制。同一知识产品可以在同一时空范围内被许多的民事主体同时使用或反复多次使用。正是由于知识产品控制和使用的这种特点,决定对知识产品本身很难完全排他地支配,但为了知识产品创造者的利益,知识产权制度就从设置权利的排他性方面入手来保障知识产权权利人利益的实现。知识产权权利间的排他效力制度协调了相同种类知识产权之间的取得、行使、享有的关系,也协调了不同种类知识产权之间的取得、行使、享有的关系。知识产权权利的排他效力不是来源于知识产品本身的"天然"排他独占性,而是法律在知识产品"天然"共有、共享基础上进行的直接的意志拟制的结果。

## 第二节 知识产权排他效力内容的类型化

知识产权排他效力发挥作用的情形主要包括:(1)排除其他指向同一客体而内容相斥的权利设定,一般发生于权利内容相斥的情形;(2)知识产权得排除他人违反其对权利人的义务或行使权利超越一定范围而实施的行为,一般发生在权利

---

① 龙文懋:《知识产权法哲学初探》,人民出版社2003年版,第63页。

主体相斥的情形。据此可将知识产权的排他效力具体区分为以下三种类型。

## 一、同类权利取得或设定的排他力

同类知识产权之间的排他效力是指同一知识产品客体在特定时限中依知识产权单行法只得授予或取得一项知识产权，即同一知识产品之上不能同时获得两项以上内容相冲突的专利权、商标权、著作权、集成电路布图设计权、植物新品种权等。以专利权为例，可以授予专利权的发明或实用新型必须具有新颖性、创造性和实用性，而新颖性的判断标准多数国家专利法规定的标准是与现有技术相比较，必须在申请日前没有在全球范围内被以发表或使用等方式公开过的技术方案（绝对新颖性标准）；① 创造性的判断标准是指与现有技术相比，发明具有突出的实质性特点和显著的进步，实用新型具有实质性特点和进步。新颖性是从形式上保证发明、实用新型的全球唯一性，创造性是从实质内容上保证发明、实用新型的全球唯一性。质言之，意味着全球范围内具有唯一性的特定技术内容的发明或实用新型只可能在一个法域内被授予一项发明专利权或实用新型专利权，不可能也不能够被授予两项以上的专利权。我国 2008 年修改后的《专利法》对发明、实用新型的新颖性判断标准也采用绝对新颖性标准。② 再以商标权的取得为例，商标权的取得最先采用使用在先原则，即特定的商业标志如果被某一当事人首先使用于商业活动中，发挥了标识和区分功

---

① 吴汉东：《知识产权基本问题研究》，中国人民大学出版社 2005 年版，第 407 页。
② 2008 年《专利法》第 22 条。

能，则可注册为商标，获得商标权。如 1857 年的《法国商标法》、现行《美国商标法》等采用使用在先原则。根据使用在先原则，特定商业标志的最先商业化使用人可以经注册宣告而取得确定的排他性专有权利；后又产生了注册在先原则，即商标权必须经过注册才能取得，未注册商标一般不受法律保护。如 1964 年修改后的《法国商标法》及世界大多数国家现行的《商标法》均采用注册取得原则。我国 2001 年《商标法》采用注册在先原则，只在特定标志被两个以上申请人同一天提出注册申请时，可辅以使用在先原则来确定唯一的申请人。根据注册在先原则，特定商业标志最先申请人就可以排他地取得注册商标权。又以著作权取得为例，多数国家根据国际条约对著作权的取得采用了作品创作完成自动取得原则，对于特定表达形式的独创性作品一般也具有唯一性，其上设定的著作权也排他地由独创者取得。同一表达形式的作品如果恰好被两个以上的作者分别独创完成，当然可以分别取得著作权，但这种完全的巧合极其罕见。另外。域名权、集成电路布图设计专有权及植物新品种权在取得阶段也都具备排他性效力。

当然不排除以下例外的情形：（1）同一商业标记可以通过跨类申请可能获得多种商标权，这是商标注册制度设计的特殊性造成的后果，不过相同商业标记获得不同类别的商标权，商标权的内容并不相互冲突；（2）同一内容的商业秘密也可能由不同主体分别合法取得而分享商业秘密权，但这种完全相同商业秘密由不同主体拥有的情形也极其罕见。

## 二、不同种类权利取得或设定环节的排他力

这是指基于公共利益原则和各知识产权单行法内容的协调需要，同一知识产品客体已经根据某一单行法设定了某一项知

识产权后（如专利权），就排除在该客体上再行设定他项知识产权（如商业秘密权）。如此即可防止各知识产权相互间的权利冲突，又尽量降低知识产品的价值发挥所受到的影响。如"武松打虎图"案件纠纷中权利冲突对相关关系人的干扰与影响。① 国内外知识产权法中通常确认的"保护在先权利原则"及相关法律规范即是该类排他力的具体体现。而且对大多数知识产品而言，一旦获得了某种知识产权，自然就不能或不应再就同一知识产品再获得其他种类的知识产权。如发明专利技术、实用新型专利技术、多数商标标识、多数类型的作品一般只能获得单一种类的知识产权保护，无法同时或相继获得多种知识产权授权与保护。理由主要表现在以下几个方面。

第一，从知识产权制度产生的过程考察，专利权、商标权、著作权及其他知识产权都有各自的制度创设背景，各种知识产权保护的对象及侧重点基本一开始就是完全独立或相对独立的，比如一种发明技术方案就只能够获得专利权保护，而排除对其作为外观设计、商标或作品等客体进行授权保护的可能。如著作权作为文学产权只保护文学、艺术或科学作品，而排除将具有技术内容的发明作为作品授权保护。

第二，从国际条约及各国国内法的立法内容考察，不同的知识产权具有不同的客体、不同的授权条件、不同的权利内容、不同的保护期期限等，如各种知识产权的法定授权条件具有先天的本质性差异，符合一种知识产权授权条件的知识产品往往难以同时符合其他种类知识产权的授权条件，当然也就不可能获得双重或多重授权了。因此，权利间相互平行或独立也

---

① 刘春田："'在先权利'与工业产权——武松打虎案引起的法律思考"，载《中华商标》1997年第4期。

是立法所要求或追求的价值目标。

第三,从公共利益保护视角考察,知识产权权利间如果没有基本的排他效力,同一知识产品如果允许相互交叉授权、重叠保护,如外观设计以专利权保护,同时又允许以著作权保护,则实际保护期将极大延长。那么,将明显违反各种知识产权授权保护时所追求的私人利益与公共利益的平衡,不正当的扩展了私人利益的空间,而大大压缩了公众及时自由享受和使用知识产品的利益空间。

第四,从预防权利冲突或协调权利间关系考察,特定知识产品一般不允许多重授权,取得多种知识产权保护,可以从制度设计发明或立法技术方面预防同一客体上存在多种知识产权造成的大量的权利行使、权利保护等方面的矛盾、冲突。反之,也即是说,让不同知识产权取得时具有相互排他效力,则可以最大限度协调不同权利保护的利益关系处于最"和谐"共处状态。

当然该类排他力也有例外适用的情形:(1)同一主体拥有的同一知识产品在符合相应条件时,可以分别取得不同的知识产权,如一种设计精美的图案,与产品结合在一起经申请可能被授予外观设计专利权,而作为产品的商标使用时经申请注册可获得商标权,同时按照著作权法的规定又可作为美术作品而享有著作权。(2)特定主体就某一符合相关法定的授权条件的知识产品获得一种知识产权后,其他主体经该权利人合法使用许可后,可以另行申请取得他项知识产权。

**三、各类权利行使时具有的排他力**

知识产权行使环节的排他效力是权利人享有知识产权及行使知识产权过程中,基于权利的专有支配性而排除他人非法干涉、妨害的法效。该类型效力的存在是知识产权作为绝对权的必然体现，与物权排他效力相似。但知识产权行使环节的排他效力因公共利益维护之需要受到了比物权更严格和普遍的限制，因此，知识产权排他力强度较弱于物权排他力。

知识产权行使环节的排他效力主要体现在：（1）权利人因享有知识产权得对知识产品自行利用、许可、收益、处分等，同时排除他人的干涉与妨碍。即知识产权权利人对知识产品独享自行利用权而具有的排他效力。具体是指权利人依法自行使用、制造、复制、许诺销售、销售知识产品，排除他人对知识产品的非法使用、制造、复制、许诺销售、销售等。（2）非权利人既未经许可又不在合理使用范围则不得享有或行使知识产权。即知识产权权利人享有禁用权而体现出权利的排他效力。权利人以外的主体是知识产权法律关系中的义务人，一般未经权利人许可、法定许可、强制许可，也不属于合理使用时，不得使用、制造、复制、许诺销售、销售知识产品，否则构成侵害行为。

但基于对公共利益维护需要，在著作权、商标权合理使用情形中，非权利人未经许可可以使用知识产品，并无须支付使用费；在著作权、专利权法定许可使用和专利权强制许可情形中，非权利人未经许可可以使用知识产品，同时应当支付许可使用费；在知识产权权利用尽的情形出现后，知识产品拥有人可以对知识产品自由使用和收益，无须再经许可、无须再付费用，当然也不属侵权行为。这些规定体现了对知识产权权利排他效力的限制和对公众利益的保护。

## 第三节　知识产权排他效力的制度化实现

### 一、专利权排他效力的制度化实现

专利权取得上的排他效力主要体现在《专利法》的"一发明一专利"原则、先申请原则和先使用原则上。专利权属于一项排他性权利，对于同样的发明创造原则上只能授予一个专利权。"一发明一专利"原则和先申请原则规定在《专利法》第9条："同样的发明创造只能授予一项专利权……两个以上的申请人分别就同样的发明创造申请专利的，专利权授予最先申请的人。"先申请原则是"一发明一专利"原则的深化，这两个专利权取得的基本原则是专利权在取得环节排他效力的集中体现。"一发明一专利"原则明确了一个专利权客观上只能申请一个专利权，排除了其他专利权获得的可能。而先申请原则进一步解决了两个以上发明人均合法对同一技术成果申请专利时如何处置的问题，确定了先申请人排除了后申请人而取得专利权。先使用原则作为先申请原则例外而存在，先使用原则指的是对于在专利申请日前已经制造相同产品、使用相同方法或者已经做好制造、使用的必要准备的发明人，法律上予以适当保护，授予其先用权，准许其在原有范围内继续制造、使用该发明。这是以先用权排除专利权的体现。

专利权行使和保护中的排他效力主要是指在获得专利权后排除他人非法使用的情形，主要体现在以下几点：（1）专利侵权责任制度。专利侵权责任主要有停止侵害（知识产权请求权效力的内容）和赔偿损失（损害赔偿请求权的内容）。停止侵害是指当专利侵权行为发生后，根据专利管理机关的决定和人民法院的判决，受害人有权请求侵权人立即停止正在实施的专利侵权行为。停止侵害与本书第六章论述的知识产权请求权效力的内容有竞合，在此不展开论述。请求权赔偿损失是指在发生专利侵权后，依法判令侵权人赔偿受害人因侵权行为而遭受的实际经济损失，以使被破坏的专利权行使状态回复正常。（2）专利权与商标权之间的排他效力。专利权与商标权之间的排他效力主要体现在外观设计专利权和商标权之间。外观设计专利权的客体是产品的形状、图案、色彩或其组合，与商业标识可能重叠，如果两者重合，权利主体又不是同一主体时，两者就会发生冲突。在此情况下，排他效力体现在"保护在先权利"原则之中。如果外观设计专利权在先，而商标权在后，在先外观设计专利权排除在后的商标权，除非获得外观设计专利权人的许可，否则，商标权应当予以撤销。但同时也要看到，外观设计专利权由于是形式审查，权利获得期限较短，往往只需几个月，而商标权的获得要经过较长的核准期和3个月的异议期。所以要防止恶意外观设计专利权人利用这个"时间差"早于商标申请人获得专利权。（3）专利权与著作权之间的排他效力。专利权与著作权之间的排他效力主要发生在外观设计专利权与著作权之间。即当作品，特别是美术、摄影作品与外观设计专利权的客体——形状、图案、色彩或其组合可能产生交叉重叠时，由于著作权采用自动取得原则，一般来说，著作权取得在先，外观设计专利权取得在后，在先著作权排除在后外观设计专利权行使的正当性。

专利权在行使过程中，其客体还可能与在先商号权、知名商品特有包装或者装潢使用权、在先商业秘密权、集成电路布图设计权等权利客体之间存在交叉重叠，这些权利之间也会产生排他力。处理冲突的规则仍然是保护在先权利原则，同时兼顾利益平衡原则。

## 二、商标权排他效力的制度化实现

商标权排他效力主要体现在《商标法》的注册在先原则和使用在先原则上。(1)注册在先原则。注册在先原则又称申请在先原则，是指两个或两个以上申请人，在相同或类似的商品上以相同或者类似的商标申请注册时，申请在先的商标其申请人可获得商标专用权，申请在后的商标则予以驳回。[①]商标注册在先原则是一商标一权原则和商标注册原则的延伸。(2)使用在先原则。商标使用在先原则由来已久，但是由于使用范围难以界定、使用先后不易查明等弊端导致其在多数国家商标法中为注册在先原则所取代，使用在先原则成为注册在先原则的补充。使用在先原则是以使用的先后顺序来确定商标权的归属，我国商标法中有三处体现了使用在先原则：一是同日申请人之间先使用者排除后使用者；二是使用商标权排除抢注的商标权；三是驰名商标权排除注册商标权。

商标权行使过程中的排他效力在商标法中也有对应的规范。商标权包括使用权和禁止权两个方面，商标权的禁止权就是指商标权行使中的排他权，它排除了以下几种情况：(1)在同一种商品上使用相同商标；(2)在同一种商品上使用近似商标；(3)在类似商品上使用相同商标；(4)在类似商品上使用近似商标。具体来说，商标权行使中的排他力主要体现在：第一，商标权侵权责任制度中。商标侵权责任主要有停止侵权和赔偿损失。停止侵权由权利人通过行使禁止使用请求权

---

[①] 吴汉东：《知识产权基本问题研究（分论）》，中国人民大学出版社2009年版，第381页。

实现。禁止使用请求权是商标权人及利害关系人拥有的知识产权请求权，该请求权行使的前提是发生了商标侵权行为或有可能发生商标侵权行为，行使该项权利之目的在于制止侵权行为的继续或从可能转化为现实，以使商标专有权回复至正常之专有状态。① 赔偿损失是保障商标权排他效力实现的救济措施，体现为一种债权请求权的行使，权利行使之目的是使侵权行为造成的损害获得经济补偿。第二，商标权与著作权之间的冲突关系中。这种排他效力主要发生在当某著作权客体"作品"兼具"独创性"和"识别性"时，它就可能同时成为此两种权利的客体，如美术、摄影、建筑、图形等作品。在处理在先著作权和在后商标权之间的排他效力时，既要遵循保护在先权原则，还要遵循利益平衡原则，兼顾商标权人和著作权人利益，不可只是简单地撤销在后商标权。实际上，《商标法》既赋予了在先著作权人排除在后商标权人的权利，同时又用五年期限来限制在先著作权人行使该权利。即五年中在先著作权人如果没有提出撤销在后注册商标的请求，则五年一过，在先著作权人的撤销权除斥期间届满，该在后注册商标依法得以维持。②

商标权在行使过程中，其客体还可能与商号权、域名权、商品化权、地理标志权以及知名商品特有包装或者装潢使用权等权利客体之间存在交叉重叠或冲突，这些权力之间也会产生排他效力，运用排他效力的基本原则仍然是"保护在先权利原则"，同时兼顾"利益平衡原则"。

---

① 吴汉东：《知识产权基本问题研究（分论）》，中国人民大学出版社2009年版，第458页。

② 2001年《商标法》第31条、第41条第2款。

### 三、著作权排他效力的制度化实现

首先,著作权取得环节具有弱排他力。如果在专利权、商标权取得环节中体现了该两种权利具有强排他力的话,比较而言,著作权取得制度中则体现了较弱的排他力。由于国际条约和绝大多数国家法律都规定了著作权的自动取得原则,一件作品只要具有独创性,就可以在创作完成的同时取得著作权,此时,与该件作品比较的另一件作品内容即使具有高度重叠性、表达即使具有高度一致性或完全相同性,但只要该两件作品都是作者分别独立完成的,则两种作品都可获得合法的著作权,不存在相互排他力。只有在一件作品已经取得著作权,作者以外的其他主体未经许可才不得将该作品另行注册获得商标权或外观设计专利权。此一情形也是著作权法中的保护在先著作权原则的体现。

其次,著作权行使中的排他力。著作权行使中的排他力是指在获得著作权后排除他人非法使用的情形,主要对应体现在以下两个方面:(1)著作权侵权责任制度。著作侵权责任主要有停止侵害、赔偿损失、没收和销毁侵权复制品及没收制造侵权复制品的材料、工具、设备等。著作权停止侵害主要指《著作权法》第50条规定的"诉前禁令"制度。赔偿损失是指当著作权人和邻接权人的合法利益受到损害时,由侵权人向受害人支付金钱予以赔偿的救济方式。没收和销毁侵权复制品和没收制造侵权复制品的材料、工具、设备等规定在《著作权法》第48条有明确规定。(2)著作权与著作权、著作权与邻接权之间的排他力。著作权与著作权或邻接权之间的排他力体现在:第一,在先作品著作权对衍生作品著作权部分权能的限制或排除。如汇编作品著作权,《著作权法》第14条规定:

汇编人享有汇编作品著作权，但行使著作权时，不得侵犯原作品的著作权。第二，著作权对邻接权排他力。《著作权法》第29条规定："出版者、表演者、录音录像制作者、广播电台、电视台等依照本法有关规定使用他人作品的，不得侵犯作者的署名权、修改权、保护作品完整权和获得报酬的权利。"《著作权法实施条例》第27条也明确了："出版者、表演者、录音录像制作者、广播电台、电视台行使权利，不得损害被使用作品和原作品著作权人的权利。"另外该实施细则第29～30条、第34条、第36条、第39条、第42条进一步具体规定了著作权对邻接权排他力内容。第三，邻接权之间的排他力。邻接权之间的排他效力主要体现为表演者权与录音录像制作者权之间的部分权能的排他力、录音录像制作者权与广播电视节目制作者权之间的部分权能的排他力。

## 本章小结

知识产权排他效力是基于知识产权支配性和绝对性而产生的知识产权的消极作用力，也是知识产权人为实现对权利客体的支配利益而在权利取得、享有和行使等阶段的排他作用力。知识产权的排他力包括了知识产权同类权利取得或设定的排他力、不同种类权利取得或设定环节的相互排他力、权利行使阶段的排他力等。知识产权排他力通过具体知识产权法律制度内容获得制度化实现，但排他效力也存在许多例外情形，比如在知识产权权利分法域或地域授权、跨国行使以及在重叠授权等情况出现时，知识产权排他效力就显著弱化。

# 第四章 知识产权时间效力

## 第一节 知识产权时间效力的理论分析

### 一、民法中的时间效力理论

将民法之实施、作用与特定时间相联系，赋予时间以法律效果力，此谓民法的时间效力。在民法中关于时间效力的内容包括了时间的一般理论、民法适用的时间效力理论、附期限法律行为理论、时效理论及除斥期间理论等。简要介绍这些理论，以为知识产权时间效力的论证分析提供根据。

（一）民法上时间的一般理论

时间的本原就是事物的存在过程，时间是人类用以描述物质运动过程或事件发生过程的一个参数。当把时间与特定民事法律效果或法律事实相联系进行规范时，就产生了民法中的时间规范。民法的时间规范涉及的内容十分宽泛，依作用方式可分为两类。① 一类为法律事实的构成要素，时间的经过可以导致法律关系的发生、变动、消灭，如取得时效中的时间；另一类为简单的时间点要素，与法律事实或法律关系的过程联系，作为确定特定法律关系起始、消灭或存续的法律标志，如自然人出生、死亡的时间。对民法时间的性质有不同认识，是法律事实的构成者或法律事实，或是一独立之要素，谓法律事实或法律关系的属性。② 民法上的时间在形式上可分期日与期间。期日是时间点，期间是时间段（期限），民法的期日和期间可分为法定、约定和裁定三类。期日不可分或视为不可分，如年、月、日、时、分、秒等。期间的时间段是以一定时间点为起点，以达于另一时点为终点，所持续进行的时间跨度。③ 期间的计算单位可以是时、分、秒、日、星期、月、年，以季度、半个月、旬来做计算单位也可以，但需要在法律规范中明确这些单位的长度。期间的计算方法一般采用自然计算法和历法计算法。期间在民法上的意义表现为：对主体资格的存在产生一定影响；可成为一个重要法律事实；可作为民事权利的存续期限等。④

（二）民法适用的时间效力理论

民法适用的时间效力就是民法在时间上的适用范围，包括在民法适用范围的制度内容之中。民法适用的时间效力具体是指民法规范何时开始生效、何时失效以及对其生效前的民事关系是否适用，因此包括了民法生效时间、失效时间和有无追溯

---

① 龙卫球：《民法总论》，中国政法大学出版社2001年版，第683页。
② 郑玉波：《民法总则》，台北三民书局1979年版，第339页。
③ 史尚宽：《民法总论》，台湾正大印书局1980年版，第549页。
④ 王利明：《民法总论》，中国人民大学出版社2010年版，第361～362页。

力三方面内容。① 就不同国家的民法适用的时间效力考察，一般原则基本相同：(1) 施行生效原则。民事法律施行日即生效日。(2) 不溯及既往原则。新法不理旧事，但法律特别规定时法可溯及既往。(3) 废止失效原则。明文废止法律时，该法律即失效。民法适用的时间效力实际上就是把特定时间点的到来作为民法规范生效或失效的原因事实，时间产生了法律适用或不适用的后果。

(三) 附期限法律行为理论

当把时间因素与法律行为的生效或失效后果相联系时，产生了法律行为理论中的附期限法律行为的样态。附期限法律行为具体是指以将来确定到来的事实作为法律行为生效或失效附款的法律行为。② 附期限是当事人约定的期限，体现了民法的意思自治原则。所附期限一定是将来必然到来的事实，有些法律行为不得以附期限进行效力干预，如身份行为、形成权的行使、抵销的主张等。法律行为所附期限可分为始期与终期、确定期限与不确定期限。期限到来后，要么产生效力待定法律行为生效的效果，要么产生已经生效法律行为失效的后果。法律行为生效，同时产生法律权利设定和享有的后果；法律行为失效，产生法律权利消灭的后果。

(四) 时效理论

相比较于前述理论，民法中的时效理论的内容更加丰富，时间与民事权利效力的关联性特点体现的更为突出。民法的时效是指因一定期间权利之行使或不行使的状态之继续，而发生

---

① 刘凯湘：《民法总论》第2版，北京大学出版社2008年版，第34页。
② 梁慧星：《民法总论》第3版，法律出版社2007年版，第187页。

权利取得或请求权消灭原因之法律要件。① 也可将时效概括表述为一定的事实状态经过一定的时间产生了民事权利获得或丧失的法律效果。时效一般包括取得时效和消灭时效两类。时效制度产生于罗马法，其中取得时效产生于"十二铜表法"，消灭时效产生于裁判官时期的裁判官法。② 取得时效是无权利人在一定时间段中以行使权利的意思持续行使该权利，在期限届满时即取得该民事权利的制度。无权利人因特定的事实状态加法定期限界满而成为替代的真权利人或新权利人。通说认为民法如此规定的理由在于保护长期存在的事实状态、保护社会的信赖利益、发挥物之效用之。③ 取得时效在大陆法系国家一般规定于物权法之中，适用于所有权等物权，不涉物权以外的财产权或人身权。我国民事法律文件至今没有规定取得时效制度。

消灭时效也即诉讼时效，是民事主体不行使请求权的事实状态经过一定的时间即产生丧失请求权实现的权利，同时产生请求义务人拒绝给付的抗辩权利。不过关于诉讼时效效力的立法主义有学者概括为三种，即实体权消灭主义、诉权消灭主义和抗辩权发生主义，我国采用诉权消灭立法主义。④ 国内著作与教科书通说也认为诉讼时效届满的后果是产生请求权人的胜诉权消灭的后果。同时，民事实体权利虽未消灭，但却成为无胜诉权保护的自然权利，是否能够实现只能依靠义务人的自觉履行而已。消灭时效制度的功能在于促进权利关系稳定、保护

---

① 史尚宽：《民法总论》，中国政法大学出版社 2000 年版，第 620 页。
② 郑玉波：《民法总则》，台北三民书局 1979 年版，第 353 页。
③ 谢在全：《民法物权论》，中国政法大学出版社 1999 年版，第 146 页。
④ 梁慧星：《民法总论》第 3 版，法律出版社 2007 年版，第 240～241 页。

义务人、对怠于行使权利者以压力、保障公正裁判原则实现等。各国对诉讼时效期间规定不同，但都设定了确定的时间段。我国民法通则及其他单行法规定的诉讼时效期间主要有2年的一般期间、短于或长于2年的特别期间以及20年的最长期间。诉讼时效适用于请求权客体，不适用于支配权客体。同时也不是所有请求权都适用诉讼时效，有学者认为债权请求权中的部分侵权行为请求权、物权请求权中的部分请求权、纯粹的身份关系请求权、相邻关系请求权、部分财产共有关系请求权以及我国司法解释中规定的其他系列请求权等不适用诉讼时效。① 知识产权请求权原则上也不适用诉讼时效，对此理由见本书第六章中的相关论述。

（五）除斥期间理论

除斥期间制度最早规定于《德国民法典》之中，后形成除斥期间理论。除斥期间适用于承认权、拒绝权、撤销权、撤回权、催告权、解除权、抵销权、异议权、选择权等形成权，不适用于请求权、支配权、抗辩权等其他性质的权利。除斥期间具体是指法律规定或当事人约定的形成权权利存续期间，期间届满，形成权消灭。② 除斥期间的制度价值在于督促权利人及时行使形成权，以稳定权利义务关系。除斥期间多由法律直接规定，但也允许当事人约定，前者如我国《合同法》第54条规定的可撤销合同的撤销权除斥期间为1年，后者如合同解除权当事人往往可以在合同中具体约定除斥期间。除斥期间相对于诉讼时效期间是一个固定期间，一般不存在中断、中止和

---

① 王利明：《民法总论》，中国人民大学出版社2010年版，第336～337页；梁慧星：《民法总论》第3版，法律出版社2007年版，第244～245页。
② 龙卫球：《民法总论》，中国政法大学出版社2001年版，第719页。

延长的问题。

综上所述,民法中的时间规范是将时间与特定法律效果相联系的制度安排,内容覆盖面广,规范的强制力特征明显。具体考察,民法的时间因素在民事法律关系理论中被归属于事件,引起特定监护关系、继承关系、扶养关系等产生或消灭的效果;民法的时间因素在民事法律行为理论中作为法律行为的附款性质,产生法律行为的生效或失效的效果;民法的时间因素在民法适用理论中,把特定时间点与民法规范生效或废止直接相联系,并作为区分新旧法的分界点;民法的时间因素在时效理论中,民法的期间截止要么导致无权利人实体民事权利(主要指物权)取得(真权利人则丧失权利),要么导致民事请求权行使中诉权的消灭,时间经过因素对民事主体的利害关系影响更为明显;民法的时间因素在除斥期间理论中,特定的期间截止直接产生形成权消灭的效果,体现了对形成权存续的限制。但就民事实体权利本身而言,民法中并没有对其设定具体的法定时间限制,即在特定时间段实体权利有效,期间届满权利终止,如对物权、债权、人身权、继承权等,虽然有期物权、债权一般被认为有权利的存续期,但这里的期限多数情况下不是法律强制设定的,而是当事人约定或裁判文书规定的相对期限,一般权利未实现时,权利本身是不会消灭的。

## 二、知识产权时间效力及相关范畴

与大陆法系民法典中规定的物权、债权、继承权等比较,知识产权法中的专利权、商标权、著作权、集成电路布图设计权、植物新品种权等主要知识产权权利种类中的财产权利都只在法律明确规定的时间期间中才受法律的确认和保护,权利有效的期间截止,该项权利效力要么彻底终止,要么需要办理法定续期手续后继续维持其权利效力。知识产权时间效力实际就是指知识产权权利取得、行使和保护的时间范围或时间约束力；也指知识产权权利在什么期间中才具有权利的作用力、约束力和保障力，其内容包括了时间效力期间（保护期间）的起算与届满、时间效力的类型、时间效力的期限利益、时间效力的限制、时间效力的保护等。知识产权时间效力期间主要指知识产权的法定保护期间，但知识产权的法定保护期间有时与特定知识产权的权利有效期完全一致，保护期就是有效期，如商标权、特种标志权、植物新品种权等，有时与知识产权的权利有效期不完全一致，有效期包含在保护期之中，如专利权、布图设计专有权等。知识产权时间效力是多数知识产权权利内容的重要构成部分，是知识产权权利行使与保护过程中必须充分关注或考虑的重要法律要素。从知识产权一般效力视角研究知识产权权利期间，一方面需要与民法的时间效力制度建立必要的理论联结，另一方面也需要借鉴对知识产权时间性、有效期限制已经形成的研究成果。具体而言，研究知识产权的时间效力是从知识产权权利理论构建视角切入，重点揭示相比较其他民事权利、知识产权权利效力与时间因素的独特关系，具体需要对知识产权权利期间国内外制度层面的规范进行比较、对权利期间设定的必要性及理由进行梳理、对权利期间的扩展与限制趋势进行前瞻分析等。迄今为止，将时间性作为知识产权特征、权利限制措施进行"蜻蜓点水"式论述的成果较多，而少有从知识产权权利效力视角对时间期间及相关问题开展深入系统研究的成果。

  从知识产权与其他民事权利相区别的视角考察，知识产权时间效力被定位为知识产权的特征或特性之一，对此观点国内知识产权教科书、研究著作与文章一般持赞成态度，并有普遍的、几无差别的简单阐述。有学者认为知识产权时间性是指知识产权中的财产权部分只在有效期内受法律保护，期限一过，智力成果就成为社会的共同财富。知识产权时间性是与有形财产权的主要区别之一。① 有学者进一步认为知识产权法之所以规定知识产权在时间上的有限性，是世界各国为了促进科学文化发展、鼓励智力成果公开的考虑②，也与部分知识财产价值随时间推移其财产性稀薄化的特点相关。③ 也有学者不同意时间性是知识产权的本质特征，认为有一些种类的知识产权没有时间性限制，所以把时间性作为知识产权特征很难有代表性。④ 对知识产权时间性的研究一般只涉及知识产权时间性的概念、时间性的表现、规定时间性的简要理由等。而不会将时间性置于知识产权效力制度层面进行更高立意的全面研究，也不对各知识产权时间设计的理由、现状、发展进行具体深入的研究。

从知识产权权利受到的限制视角考察，知识产权有效期间的制度设计是对知识产权权利行使进行的时间限制，在特定期间内专利权、商标权、著作权等权利具有法律上的有效性，权利人对知识产品享有垄断的控制权、获益权、排除非法侵害请求权等，超过法定期间，权利效力终止，知识产品进入公有领域，由全社会成员自由分享。对知识产权的时间限制，正好反映了无形的科技、文化、商业标记等知识产品成果的天然传播性、公共性与有形的不动产、动产等财产形态的排他独占性、

---

① 刘春茂：《知识产权原理》，知识产权出版社2002年版，第16~17页。
② 吴汉东：《知识产权制度基础理论研究》，知识产权出版社2009年版，第21页。
③ ［日］纹谷畅南：《知的财产法概论》，有斐阁2006年版，第45页。
④ 李扬：《知识产权法总论》，中国人民大学出版社2008年版，第19页。

利益独享性的本质差别。对此,有学者对知识产权有效期的限制进行了研究,论述了知识产权有效期限制的内涵、合理性、实质、表现,提出了一些有启发意义的观点。① 有学者认为知识产权保护期有扩张趋势,但应当寻求建立具有正当性的适度保护期,设置的保护期过长与过短都不符合利益平衡原则和公平正义理念,提出可以采用经济学上的成本收益均衡法、经济寿命法来确定适度的知识产权保护期。② 这些观点对研究知识产权的时间效力都具有重要启发和借鉴价值。

### 三、知识产权时间效力规范内容的比较分析

(一) 国际条约中的知识产权时间效力规范内容

1967年的《巴黎公约》对专利权、商标权等的权利保护期没有直接规定,但包含了国际优先权、宽展期、未实施专利的强制许可等与知识产权效力相关的时间规范。《巴黎公约》规定发明、实用新型、工业品外观设计、商标于某一国首次提出授权或注册申请后,在优先期间内又向其他成员国提出同样的申请,则该受理成员国应当将申请者在上述某一国首次提出的申请日作为申请日。发明和实用新型的优先权期间为12个月,工业品外观设计与商标为6个月,自首次申请日起算。③ 优先权规范对专利的外国申请而言,既影响专利申请能否通过审查获得专利权,也决定专利权生效时间点的确定。《巴黎公约》第5条之二是关于工业产权宽限期的规范:"(1) 关于规

---

① 冯晓青:《知识产权利益平衡论》,中国政法大学出版社2006年版,第575~593页。
② 王娜:"论知识产权的保护期限",载《图书情报论坛》2007年第4期。
③ 《巴黎公约》第4条A、B、C项。

定的工业产权维持费的缴纳，应给予不少于六个月的宽限期，但是如果本国法律有规定，应缴纳附加费。（2）本联盟各国对因未缴费而终止的专利有权规定予以恢复。"这一规定要求各成员国对待工业产权的权利人因未交维持费将被终止权利效力情形应当留出一定的补救时间及条件。《巴黎公约》还规定对于在相同或类似商品的驰名商标构成复制、仿制或翻译，易于产生混淆的商标，驰名商标的权利人自该商标注册之日至少5年内可以提出取消该商标的请求。① 这即意味着超过5年再请求，就不会受到支持，则该商标就可以继续维持其商标权效力。1994年缔结的《商标法条约》第13条之七规定，商标的首次注册有效期和每期续展的有效期均为10年。1979年颁布的《欧洲专利公约》规定了欧洲发明专利权的期限为20年，自申请日起算。同时允许各国考虑影响该国的战争状态或类似的紧急状态，而延长欧洲专利权期限的权利。②

1971年颁布的《伯尔尼公约》对版权的保护期限进行了具体规定，版权的保护期限为作者终生及其死后50年；但对于电影作品，成员国有权规定保护期限自作品在作者同意下公映后50年届满，如自作品摄制完成后50年内尚未公映，则自作品摄制完成后50年届满；对于不具名作品和具笔名作品，给予的保护期为自其合法向公众发表之日起50年，如作者采用的笔名不致引起对其身份发生任何怀疑时、如不具名作品或具笔名作品的作者在上述期间内披露其身份，则保护的期限为

---

① 《巴黎公约》第6条之二。
② 《欧洲专利公约》第63条，国家知识产权局网站，http://www.sipo.gov.cn/zcfg/flfg/zl/gjty/200804/t20080415_378154.html，访问日期：2011年11月20日。

第四章　知识产权时间效力

作者终生及其死后 50 年。成员国没有义务保护不具名作品或具笔名作品，如果有充分理由假定其作者已死去 50 年。成员国有权以法律规定摄影作品及作为艺术品加以保护的实用美术作品的保护期限，但这一期限不应少于自该作品完成时起算 25 年。另外还特别规定，成员国有权规定比前述规定期限更长的保护期。联合国教科文组织倡导于 1952 年通过的《世界版权公约》（1971 年巴黎文本）规定的版权保护期为作者有生之年加死后 25 年，对摄影作品或实用美术作品作为艺术品给予保护时，对上述每一类作品规定期限不得少于 10 年。《世界版权公约》为什么规定的保护期比《伯尔尼公约》明显偏短，主要是当时该公约的签署旨在协调伯尔尼联盟与泛美版权联盟之间在著作权保护方面的关系，建立各成员国均能接受的国际著作权保护制度，具有某种过渡性质。1996 年通过的世界知识产权组织《表演和录音制品条约》第 17 条是"保护期"的规定，依本条约授予表演者的保护期，应自表演以录音制品录制之年年终算起，至少持续到 50 年期满为止；依本条约授予录音制品制作者的保护期，应自该录音制品发行之年年终算起，至少持续到 50 年期满为止；或如果录音制品自录制完成起 50 年内未被发行，则保护期应自录制完成之年年终起至少持续 50 年。1996 年通过的世界知识产权组织《版权条约》中没有直接规定版权保护期的条款，但把软件作为文字作品保护、把具有智力创作性的数据库作为版权保护客体的规定，实际肯定了其保护期与《伯尔尼公约》的规定一致。

　　世界贸易组织 1994 年颁布的《知识产权协定》中对知识产权最低保护期进行了明确规定：（1）版权保护期。电影艺术作品或实用艺术作品以外作品的保护期，应以不同于自然人的寿命计算，此期限应为自授权出版的日历年年终起算的不少于50年，或者若作品在创作后50年内未被授权出版，则应为自创作年年终起算的50年；录音制品制作者和表演者根据本协议可以获得的保护期至少应持续到从录音制品被制作或演出进行的日历年年终起算的50年期结束时。保护期至少应从广播播出的日历年年终起算持续20年。其他作品保护期适用《伯尔尼公约》的规定。（2）商标保护期。商标首次注册及每次续期注册的期限不得少于7年，商标注册允许无限期地续期，至少连续3年以上未予使用注册商标的情况下方可取消注册。（3）专利保护期。工业设计的有效保护期限至少为10年，发明专利有效的保护期限自登记之日起不得少于20年。（4）集成电路布图设计权保护期。无论是否要求注册，保护期不少于商业使用时起10年；如要求注册，也可为注册日起10年，也可从创作完成日起15年。① 比较其他国际条约，《知识产权协议》对各种知识产权的有效期规定的是最全面、最明确的，为成员国依据该条约修改国内法提供了最低保护期标准。

（二）外国法中的知识产权时间效力规范内容

各国版权保护期的历史变化较大，规定也较复杂。英国1709年颁布世界第一部版权法《英国安娜法》，版权的保护期限为14年，14年届满作者仍健在时可以再享有14年的保护期限；已转让出去的权利则重新归作者所有，保护期限最长为28年。② 受英国影响，1790年的《美国版权法》也将版权的保护期限规定为14年，可续展一次，共达28年。1909年的

---

① 《知识产权协定》第12条、第14条之五、第18条、第19条之一、第26条之三、第33条和第38条。

② 王娜："论知识产权的保护期限"，载《图书情报论坛》2007年第4期。

《美国版权法》规定,作者的著作权保护期限为作品出版之日起28年,可再续展28年,共达56年。在美国续展之后的版权是一项新的财产权,独立于第一个保护期的版权,也与第一个保护期中的转让或许可无关。1976年的《美国版权法》又修改了保护期的规定,保护期从作品完成或固定之日开始计算,并把保护期规定为一个相对稳定的期间,不再允许续展。即一般作品保护期为作者有生之年加50年;匿名或假名作品为出版后75年或完成后100年;雇用作品也为出版后75年或完成后100年。1998年美国国会通过《美国版权保护延伸法》,将保护期修改为作者有生之年加去世后70年;将匿名、假名或雇用作品保护期延长为出版后95年或完成后120年。[1] 德国1837年的《普鲁士版权法》规定的作品保护期限为作者有生之年加死后30年;1934年作品保护期限修改为作者有生之年加死后50年;1965年又修改延长为作者有生之年加死后70年。1993年《欧盟版权保护指令》采用了德国延长后的版权保护期规定,使欧盟各国版权保护期为作者有生之年加死后70年。[2] 欧盟的这一修改又成为上述美国1998年延长版权保护期的理由之一。

各国专利法规定的专利保护期虽没有版权保护期变化频繁,但也存在一定的发展变化。欧洲早期的专利在英国、意大利等国是以垄断特权的形式出现的,如1421年意大利佛罗伦萨城邦国家的建筑师布伦内来西发明的"装有吊机的驳船"

---

[1] 李明德:《美国知识产权法》,法律出版社2003年版,第198页。
[2] 罗莉:"版权保护期限的是与非",载《法学》2005年第11期。

被授予了3年垄断权。① 1474年威尼斯城邦国家颁布了世界上第一部专利法，规定任何其他人在10年内，在本城市共和国领土范围内，未经发明人许可，不得制造相同或相似的物品。② 1623年英国颁布了《英国垄断法》，规定专利权保护期为14年。为什么规定了14年的专利保护期，有一种解释是当时英国工厂和作坊中一般学徒期是7年，14年保护期可以让发明人有几乎连续教会两批学徒利用有关的发明，收回投资和赚取利润。此后发明则可进入公有领域。③ 这种解释的最早出处已经无从考证，但有一个基本史实是在英国伊丽莎白一世时期（1558～1603年在位），滥施无期限的专利特权，产生了不公平的垄断，社会上存在许多反对由国王滥施专利权的行为。④ 在此背景下制定和颁布的1623年《英国垄断法》，一方面，废除了国王已经授予的所有垄断权，把专利权的授予变成一种法律机制；另一方面，规定专利保护期以防止发明人对专利过度垄断、保障公众对专利的基本需求。这对解释专利权保护期或有效期的规定应当具有本源的价值。在美国，1790年第一部专利法规定的专利保护期是自授权之日起14年，这参考了1623年《英国垄断法》的规定；1836年的《美国专利法》在14年保护期基础上，增加了7年的续展期；1860年再修改《美国专利法》时，保护期修改为17年，取消续展期。这一期限规定一直实施到1995年。1994年美国制定《乌拉圭回合协议法》将保护期修改为自申请日起20年，从1995年6

---

① 吴汉东：《知识产权基本问题研究》，中国人民大学出版社2005年版，第358页。
② 文希凯、陈仲华：《专利法》，中国科学技术出版社1993年版，第14页。
③ 李明德：《美国知识产权法》，法律出版社2003年版，第55页。
④ 金海军：《知识产权私权论》，中国人民大学出版社2004年版，第51页。

月8日开始实施。如此修改专利保护期规定，主要为与《知识产权协议》的专利保护期规定相一致。同时，美国专利法还允许药品专利、食品添加剂专利如果由于审查期限而延误了上市时间，经专利权人申请可延长不超过5年的专利权有效期。[①] 因此，美国专利法中规定的专利权有效期起算日与具体效力期间（保护期）1995年前变化不大，1995年后都进行了修改，基本保护期为20年。另外，日本（1987年），欧盟（1992年），澳大利亚（1998年）分别并陆续在《知识产权协定》要求的20年保护期限的基础上对化学药品增加了4～5年的额外保护期。

（三）我国法律中的知识产权效力规范内容

就我国国内立法而言，知识产权的有效期规定主要受所参加的国际条约的影响和约束，基本采用了最低保护期的立法模式。（1）申请取得知识产权的有效期。依据我国现行知识产权单行法的规定，专利权、商标权、集成电路布图设计权、植物新品种权、特殊标志权等需要特定民事主体向法定国家职能部门提出申请，经审查批准并公告后才能取得特定知识产品的专有权。我国1985年《专利法》规定，发明专利权的期限为15年，实用新型和外观设计专利权期限为5年。1992年第一次修改专利法时，对权利期限进行了延长，即发明专利权的期限为20年，实用新型和外观设计专利权期限为10年，自申请日起计算。专利权自授权公告之日生效；集成电路布图设计专有权的保护期为10年，自登记申请日或首次投入商业利用之日计算，自创作完成之日计算时，保护期为15年。专有权从申请日起生效；注册商标的有效期为10年，自核准注册之日

---

[①] 李明德：《美国知识产权法》，法律出版社2003年版，第55～56页。

起计算,但到期可以无限次续展;品种权自授权日起计算,藤本植物、林木、果树和观赏树木为 20 年,其他植物为 15 年,品种权自颁发品种权证书日生效;特殊标志自核准登记日计算,有效期为 4 年。① (2) 自动取得知识产权的有效期。特定民事主体仅需完成一定的事实行为即可自行获得特定知识产权。这主要是指文学、科学和艺术作品及软件的著作权的取得方式。著作权自作品创作完成之日起产生,软件著作权自软件开发完成之日产生。自然人作品其发表权和著作财产权保护期为作者终生及死后 50 年;法人或者其他组织的作品、著作权(署名权除外)由法人或者其他组织享有的职务作品,其发表权和著作财产权保护期为自首次发表之日起 50 年,如作品没有发表,保护期为创作完成后 50 年;电影作品和以类似摄制电影的方法创作的作品、摄影作品,其发表权和著作财产权保护期为自首次发表之日起 50 年,如作品没有发表,保护期为创作完成后 50 年;出版者的图书、期刊的版式设计权保护期为 10 年,截至使用该版式设计的图书、期刊首次出版后第 10 年 12 月 31 日;其他著作邻接权的保护期为作品表演后、制作完成后或首次播放后第 50 年 12 月 31 日。我国 1991 年颁布的《计算机软件保护条例》规定,软件著作权保护期 25 年,期满可续期 25 年,最多不超过 50 年。2001 年修改该法时,将软件著作权保护期直接规定为 50 年,与非软件作品保护期完全一致。另外,商业秘密权、知名商品的特有名称权和特有包

---

① 我国现行《专利法》、《商标法》、《集成电路布图设计保护条例》、《植物新品种保护条例》、《特殊标志管理条例》的相关条款规定。

装、装潢权也是自动取得权利，但没有保护期的限定。①

**四、知识产权时间效力期间的特征**

知识产权时间效力规范作为知识产权法中的重要内容，具有不同于传统民法规范中的时间效力规定的特征，这些特征主要体现在时间效力期间的性质、时间效力期间的变动趋势、时间效力期间届满的法律效果等方面。

（一）知识产权时间效力期间是实体权利的有效期间

知识产权的效力期间是知识产权权利从生效到失效的时间段，本质上是知识产权实体权利的存续期间，在此期间内知识产权权利具有约束力、作用力、保障力，此期间届满或基于法定原因提前终止则知识产权权利人丧失该项知识产权，知识产权权利不再具有约束力、作用力、保障力。知识产权权利消灭的后果具体体现为原权利人对知识产品原专享的财产性权益不复存在，知识产品的财产利益转由社会公众自由共享，但知识产权产品上附着的人身权益（不应再称为人身权利）却可以永久存在，并受法律保护。

知识产权的效力期间一般是一个由法律规定的固定不变的绝对期间，不可中断、中止和延长，但例外情形是注册商标的效力期间可以依法不限次续展，美国等国家的特定主体的专利有效期间可以最多延长5年。知识产权的效力期间是专利权、商标权、著作权、集成电路布图设计权、植物新品种权、特殊标志权等知识产权权利的内在构成因素，既是权利内容之一，又是权利的时间性效力。就这些知识产权权利而言，权利的有

---

① 我国现行《著作权法》、《计算机软件保护条例》、《反不正当竞争法》的相关条款规定。

效必然同时伴随相应的时间性因素的存在,权利的消灭必然是因时间性因素的不复存在。所以,知识产权的时间期间就是知识产权权利的时间效力期间,决定知识产权权利何时发挥约束力、作用力、保障力,何时失去约束力、作用力、保障力。在我国国内法规范中,知识产权效力期间有时被称为权利的"期限"[①]、"有效期"[②]、有时称为"保护期"[③],在学术著作中还称其为"有效期限制"[④],笔者认为,"保护期"、"有效期限制"的表述没有或没有准确反映知识产权时间效力期间的本质,前者主要从知识产权受侵害后法律保护权利的期间分析,后者主要从知识产权制度进行私人利益与社会公众利益平衡时需要对私权人利益进行时间性限制方面进行分析,这两种分析视角各自具有其合理性和必要性,但却远离了知识产权权利自身的内在逻辑构架,没有明确揭示知识产权时间期间实际上就是权利本体作用效力期间的本质特征。知识产权权利的时间效力期间直接决定知识产权实体权利是否有效存在,间接产生了权利"保护期"对私权进行"限制期限"的作用。知识产权的时间效力期间是民法理论中的一种独立的、对无形财产——知识产品所享实体支配权的效力期间,明显不同于法律行为中的附期限,不同于诉讼时效期间和取得时效期间,也不不同于除斥期间。除斥期间一般仅是形成权的法定或约定存续期间,期间内不行使形成权,期间一旦届满,则形成权消灭。

---

① 2008年《专利法》第42条。
② 2001年《商标法》第37~38条。
③ 2010年《著作权法》第20~21条;《集成电路布图设计保护条例》第12条;《植物新品种保护条例》第34条。
④ 国家知识产权局知识产权发展研究中心:《规制知识产权的权利行使》,知识产权出版社2004年版,第143页。

形成权依附于基础法律关系而产生,是指依照权利人单方意思表示就能使权利发生、变更和消灭的权利,如追认权、解除权、撤销权、抵销权等。① 知识产权时间效力期间与除斥期间比较,"两者在法律设立该制度的目的、对象、期间的长短、生成的方式等方面"② 有着明显的不同之处。

(二) 知识产权时间效力期间的变动呈现扩张趋势

知识产权时间效力期间无论从国际条约还是从国内法的发展演变过程考察,一方面具有一定的稳定性,另一方面又呈现不断扩张或延长的趋势。从《巴黎公约》、《伯尔尼公约》到《知识产权协定》,涉及知识产权时间效力的规范都只规定各项知识产权保护的最低期间标准,而不进行上限规定,这就为知识产权时间效力期间的扩张提供了空间、预留了后门,而从各国知识产权国内法发展演变的情况考察,欧美等发达国家是延长知识产权时间效力期间的倡导者和积极实践者,发展中国家和最不发达国家是被动接受者。

(三) 知识产权时间效力期间届满法律效果的独特性

国际条约规定了知识产权时间效力期间的最基本或最低期间,各国国内法一般规定了具体确定的知识产权时间效力期间。知识产权时间效力期间的届满有两种情形,一是法定期间的正常界满,如发明专利权 20 年有效期到期;二是法定期间提前届满,如专利权、商标权被依法宣告无效。与诉讼时效、取得时效等民法时间效力制度比较,诉讼时效届满导致民事实体权利保护的胜诉权消灭,取得时效届满导致实体财产权的取

---

① 马俊驹、余延满:《民法原论(上)》,法律出版社 1998 年版,第 83 页。
② 陈飞峰:"知识产权的保护期限不属于排斥期限",载《湖北行政学院学报》2007 年第 3 期。

得，而知识产权时间效力期间届满的法律效果是特定知识产权实体权利的丧失或无效，原权利人对特定知识产品的财产性利益的垄断性支配权不复存在，特定知识产品进入公有领域，所有社会公众均可自由支配和使用，不再需要经过许可，也不再需要支付报酬，也不再构成对知识产权的侵权行为。但知识产权中的人身性利益或精神性利益（非权利的法益）在知识产权财产权利丧失后基于公共秩序保护的需要仍然应当予以继续保护。比如著作权中的署名利益、保持作品完整的利益等在著作权时间效力期间届满后仍然应受保护。我国《著作权法》第20条"作者的署名权、修改权、保护作品完整权的保护期不受限制"的表述是不十分严谨的，因为在著作财产权的保护期届满后，作者死亡又没有继承人时，著作人身权的主体已经不复存在，著作人身权如何能够永远存在？此时，笔者认为需要保护的是依附于作品的原作者的人身性法益，而已经不存在无主体的权利了。

## 第二节　知识产权时间效力的内容

### 一、知识产权时间效力的起算与消灭

知识产权时间效力的起算与消灭实际就是指知识产权权利从何时开始生效并产生特定知识产权权利作用力、保障力，从何时开始失效而丧失特定知识产权权利的作用力、保障力。根据知识产权权利取得方式的不同，知识产权时间效力的起算与消灭方式也有明显不同。对于知识产权权利取得方式，国内有学者认为与物权取得方式基本相似，也有两种，即原始取得与

继受取得。① 但笔者认为知识产权的原始取得仅是指不依赖即存知识产权而在特定知识产品上新设的知识产权，不存在不基于原知识产权人意志而取得的知识产权的情形，因为知识产权并不存在像物权一样的国家强制征收、没收或国有化的法定取得方式。知识产权原始取得方式进一步又可分为基于申请授权取得和基于特定事实的自动取得两类。知识产权继受取得是基于已存知识产权的法定移转而取得的知识产权，包括通过转让、投资、赠与、继承、互易等移转方式取得的知识产权。就知识产权权利效力消灭原因考察，无论原始取得还是继受取得的知识产权通常因权利时间效力期间或有效期届满、有效期内被宣告无效、被提前终止（未交维持费）或被权利人抛弃、被依法移转而权利消灭，但知识产权权利消灭并不必然意味权利客体即知识产品的灭失，恰恰相反，多数情形下特定知识产品上的知识产权消灭后，知识产品进入公有领域，由社会公众自由分享该知识产品的使用价值和交换价值。以下分情况进行分析。

（一）因申请授权取得知识产权的时间效力起算

申请授权取得的知识产权是指知识产权的取得需要经特定当事人申请，由法定国家机关审查后依法予以批准后才能取得的知识产权。主要包括专利权、商标权、集成电路布图设计权、植物新品种权、特殊标志权等。这几种知识产权作为有期知识产权，权利的时间效力起算点也有不同。以我国现行知识产权法律为例，权利的时间效力起算点存在以下几种情况。

---

① 齐爱民：《知识产权法总论》，北京大学出版社2010年版，第414页。

知识产权一般效力研究

1. 权利自公告日生效，但权利的时间效力期间从申请日起算

依据《专利法》的规定，发明专利申请经实质审查没有发现驳回理由的，由专利行政部门作出授予发明专利权的决定，发给发明专利证书，同时予以登记和公告，发明专利权自公告之日起生效；实用新型和外观设计专利申请经初步审查没有发现驳回理由的，由专利行政部门作出授予实用新型专利权或者外观设计专利权的决定，发给相应的专利证书，同时予以登记和公告。实用新型专利权和外观设计专利权也自公告之日起生效。同时，发明专利权的期限为20年，实用新型专利权和外观设计专利权的期限为10年，均自申请日起计算。① 把专利权保护期起算点回溯到申请日，目的是给专利权人在申请日至授权公告日这段时间可以收取一定的专利使用费用提供依据，也为使专利技术早日进入公有领域，与《知识产权协定》内容相一致，但这种分离式的起算点规定确实存在一定的逻辑矛盾，也造成了一定的理解上混乱，应当考虑将两种起算点统一为"授权公告日"是较合理的选择。

2. 权利与权利时间效力期间都自申请日时起算

我国集成电路布图设计专有权的保护期为10年，自布图设计登记申请之日或者在世界任何地方首次投入商业利用之日起计算，以较前日期为准。但是，无论是否登记或者投入商业利用，布图设计自创作完成之日起15年后，不再受保护；②《集成电路布图设计保护条例实施细则》第20条又明确"布图设计专有权自申请日起生效"。这种起算点的规定也有明显

---

① 2008年《专利法》第39~40条、第42条。
② 《集成电路布图设计保护条例》第12条。

不合理之处，即从申请、审查到专有权实际授予前这一期间，专有权根本不存在，如何能够回溯生效？

3. 权利时间效力期间自注册或登记时起算

《商标法》规定，初步审定的商标公告后3个月无人提出异议或异议不成立的，予以核准注册，发给商标注册证，并予公告。① 注册商标的有效期为10年，自核准注册之日起计算；我国《特殊标志管理条例》规定，特殊标志在特殊标志登记簿上登记，发给特殊标志登记证书。特殊标志有效期为4年，自核准登记之日起计算。② 这两种知识产权采用了权利的注册或登记生效主义，权利取得的外观为商标注册证或特殊标志登记证书。

4. 权利的时间效力期间从颁发证书或授权决定之日起算

《植物新品种保护条例》第34条规定，品种权的保护期限自授权之日起，藤本植物、林木、果树和观赏树木为20年，其他植物为15年。授权之日如何确定，对农业植物品种权为颁发品种权证书之日，对林业植物品种权为作出授予品种权的决定之日。这里两类品种权的权利生效日与权利时间效力期间起算日完全一致，比较合理和简明。

（二）因特定事实而自动取得知识产权的时间效力起算

版权国际条约及世界多数国家国内法都规定著作权自创作完成时自动取得，不需要办理著作权申请授权手续，不需要在作品上加注版权标记。我国《著作权法》规定："著作权自作品创作完成之日产生。"《计算机软件保护条例》规定："软件著作权自软件开发完成之日起产生。"这里规定的是权利有效

---

① 2002年《商标法》第30条、第37条。
② 《特殊标志管理条例》第8~9条。

期的起算点，但文字表述上不准确，著作权不应当是"产生"，而应当是"取得"。另外，我国著作权法保护期的起算点确定分为几种情况：（1）公民作品的发表权及著作财产权保护期的起算点应当是自作品创作完成之日起算。（2）法人或其他组织作品的发表权及著作财产权保护期的起算点分两种情形，对已经发表的作品为"首次发表日"，对未发表的作品为自作品创作完成之日。（3）电影作品和以类似摄制电影的方法创作的作品、摄影作品的发表权及著作财产权保护期的起算确定方法与上述法人或其他组织作品相同。但美国1989年加入《伯尔尼公约》前的版权法一直要求作者或版权人在已经出版或公开发行的作品上加注版权标记，并以此作为获得版权的前提，即没有版权标记就不存在作品版权，也不受美国版权法保护。1989年美国制定《〈伯尔尼公约〉实施法》，取消了将加注版权标记作为版权保护条件的另类规定。

（三）继受取得知识产权的时间效力起算

通过转让、投资、赠与、继承、互易等移转方式取得的知识产权为继受取得。对于有期知识产权，继受取得知识产权时一般应当依法办理相应的移转手续，自手续办理完成时，继受人取得的知识产权才生效。在我国，专利权的转让自转让登记之日起生效，转让注册商标经核准后予以公告，受让人自公告之日起享有商标专用权；布图设计专有权发生转移的，当事人应当凭有关证明文件或者法律文书向国家知识产权局办理著录项目变更手续；农业植物品种权转让自转让公告之日起生效；林业植物品种权转让自转让登记之日起生效。但著作财产权转让时，与其取得方式相同，不需要办理公告或登记等手续，自转让合同生效受让人获得的著作财产权也生效。另外，依继承法的基本法理，知识产权继承时权利移转生效的时点是被继承人死亡时，办理移转手续具有后补性质，不影响知识产权继承后权利生效的时间。

(四) 知识产权时间效力的消灭原因与消灭时点

无论原始取得还是继受取得的知识产权，通常因权利时间效力期间届满、有效期内被宣告无效、被提前终止（未交维持费）或被权利人抛弃而权利消灭。(1) 因效力期间届满而消灭，消灭的时点就是权利保护期或有效期届满日。如发明专利权期限届满日为 20 年，商标权期限届满日为 10 年，布图设计专有权期限届满日为 10 年或 15 年等。不过著作权保护期限届满日一般为届满年的 12 月 31 日。(2) 因效力期间内权利被宣告无效而消灭，消灭的时点为权利无效宣告法律文书生效的期日。在我国，对专利权而言，自公告授予专利权之日起，任何人可以请求专利复审委员会宣告该专利权无效。宣告专利权无效的决定，由相关部门登记和公告。自无效决定公告日起，专利权视为自始不存在。这里的不存在应当理解为专利权自始没有权利约束力。但当事人不服时可以向法院起诉，法院如果维持无效宣告决定，则法院判决生效时专利权无效。对商标权而言也存在商标权撤销制度，对于已经注册商标如果违反法律规定不应当注册而注册时，任何人可以申请撤销，部分情形下商标局也可主动予以撤销。已经撤销的商标权自撤销决定公告日或判决生效日商标权失效，并具有溯及力。著作权法中没有直接规定权利无效制度，但作品被认定盗版、剽窃后，该作品的全部著作权或部分内容的著作权实际上被无效，无效著作权也不存在保护期问题。(3) 因效力期间内其他原因出现而消灭，消灭的时点因消灭原因不同而不同。因权利维持费未缴而效力期间提前终止，对于有期知识产权而言在权利保护期或有效期内除版权外一般需要按年度缴纳一定数额的权利维持费。未按法定日期或数额缴费,从该最后缴费日截止时(有宽展缴费期时,至该期限届满时),则权利时间效力期间消灭或终止;因权利人放弃或抛弃知识产权,从放弃或抛弃的意思表示作出日,特定权利效力期间消灭或终止。

## 二、知识产权时间效力与期限利益

知识产权时间效力是时间与知识产权权利行使、保护相联系后,时间经过的事实引发知识产权权利生效、失效、行使、保护的后果。知识产权以外的其他民事权利从来没有如有期知识产权一样与时间事实建立起如此密切的全程效力关系,时间要素对知识产权权利人和社会公众的利益产生重要的影响也超过了其他民事权利。具体分析,有期知识产权权利人因为法定的知识产权保护期或权利有效期的存在而享受到一系列重要的期限利益。期限利益在我国合同法理论中是指债务人在约定的偿债期限内对债务财产或金钱可以进行支配或获益,没有义务提前向债权人偿还债务,债权人不享有期限利益。① 而在日本相关民法著述中,期限利益指在期限到来之前当事人享有的利益。② 在知识产权法律制度中,在权利保护期或有效期内的特定当事人享有的全部利益都属于知识产权的期限利益,也是知识产权时间效力作用的后果。对于知识产权期限利益问题直接研究的学术成果尚无发现,笔者认为在知识产权法律关系中知识产权期限利益具有主体的复合性、类型的多样性、实现方式

---

① 李兴华:"建议设立期限利益的抗辩权法律制度",http://www.chinacourt.org/public/detail.php?id=156512,访问日期:2011年12月16日。

② [日]山本敬三:《民法讲义1(总则)》,解亘译,北京大学出版社2004年版,第225页。

的法定性和多途径性的特征,具体分析如下。

(一) 期限利益享有主体的复合性

知识产权的期限利益主要由权利人享有,但同时知识产权的使用人和社会公众也依法享受知识产权的期限利益。知识产权权利人在法定的保护期或有效期内依法行使知识产品的控制权、支配权,享受权利垄断带来的财产利益与人身利益。在知识产品没有取得特定种类的知识产权及该特定知识产权因保护期届满失效后,由于期限利益要么根本没有产生,要么已经完全丧失,无所谓期限利益的享有问题。享受专利权期限利益的主体包括专利权人、专利申请权人、专利受许可人等;享受商标权期限利益的主体包括商标权人、商标受许可人、商标合理使用人等;享受著作权期限利益的主体包括著作权人、著作权受许可使用人、著作权合理使用人、著作权继受人、著作权行政管理机构等;享受集成电路布图设计专有权期限利益的主体包括布图设计专有权人、受许可使用人、合理使用人、继受人等;享受品种权期限利益的主体包括品种权人、品种权受许可人、品种权合理使用人等。知识产权期限利益在同一期间中由不同主体共享的情形导致利益主体间更容易发生冲突或纠纷,利益间的界线划分是理论与实务共同关注的问题。

(二) 期限利益类型的多样性

知识产权期限利益由于涉及权利种类较多以及各种类知识产权内容的复杂性而呈现多样性特征。笔者认为依不同标准可以将知识产权期限利益作出不同的分类。(1) 依知识产权权利种类的不同可以将期限利益简单划分为专利权、商标权、著作权、布图设计专有权、植物新品种权、特殊标志权六种期限利益。这些期限利益的区别是因权利保护期间不同而期限利益的存续期间差别明显、期限利益的变动原因也不同。以我国法律规定为例，从特殊标志权的 4 年、商标权的 10 年等单一期限较短但可以无限期续期的权利到著作权作者终生加死后 50 年等期限较长但不能续期的权利，各知识产权期限利益存续时间明显差别。进一步来讲，因各知识产权制度内容的不同，期限利益通常因转让、许可、继承等原因而发生期限利益主体的变动或因未交维持费（著作权例外）而无效、被抛弃等原因出现而权利的期限利益消灭，但各具体知识产权期限利益变动的原因条件均有明显差异。（2）依知识产权利益的内容不同可以将知识产权期限利益划分为程序性期限利益和实体性期限利益。程序性期限利益是特定民事主体享有的优先计算、维持、延长权利效力期间的期限利益或通过无效、撤销等程序阻却权利效力期间继续维持的期限利益，前者是权利人享有的期限利益，后者是社会公众享有的期限利益（当然对权利人属于不利益）。如专利申请人通过主张国内优先权或国际优先权导致专利申请获得优先权，申请日得以提前或优先计算，专利保护期的起算日因此提前；专利权公告获得后通过定期缴纳年费使专利权的效力期间得以维持，导致专有利益获得行为维持了效力；特殊主体的专利权如美国专利法中药品专利权的基本保护期届满后，经专利权人申请，可以延长 5 年的保护期，权利人直接获得了期限利益。另外，实体性期限利益是指在知识产权有效期内，权利人通过合法行使知识产权享有的财产利益、人身非财产利益以及非权利人通过依法行使定限知识产权（许可使用权、合理使用权等）享有的财产利益和人身非财产利益。如对专利权而言，专利权人在保护期内享有的制造权益、专利方法使用权益、销售权益、许诺销售权益、进口权益、许可权益等财产利益以及基于这些利益的享有而获得的相应实物利益或金钱利益。非专利权人可以对特定专利技术成果享有许可使用权益、合理使用权益以及基于这些权益获得相应实物利益或金钱利益。对著作权而言，著作权人在作品保护期内享有复制权益、发行权益、出租权益、表演权益、信息网络传播权益等财产利益以及基于这些利益的享有而获得相应实物利益或金钱利益，同时还对作品享有发表权益、署名权益、修改权益、保持作品完整权益等人身利益。著作财产权许可他人享有或依法归他人合理使用后，该非权利人可以享受作品的使用利益及相应的财产收益，著作权的继承人或承受人或著作权行政管理部门在保护期内还可部分享有行使著作人身权保护的权益。

（三）期限利益实现方式的法定性

知识产权期限利益的实现方式因期限利益类别不同而存在差异。（1）程序性期限利益的实现方式具有严格的法定性，不允许当事人自由选择法定方式以外的方式去实现程序性期限利益。如专利权期限的维持和延长、商标权期限的维持和续展等必须按照法律规定的条件去办理，否则不能产生期限利益维持或延长的后果；专利权的无效、商标权的注销或撤销、植物新品种权的无效等也必须严格按照法律规定的条件和程序办理，否则不能产生权利人期限利益无效的后果。（2）实体性期限利益的实现方式一方面主要由法律明定，另一方面也具有一定的意定性。知识产权实体期限利益的实现主要通过具体的权利行使得以达成，而各知识产权权利的行使方式主要因法定的权利内容或权能的不同而存在较大差异。比如知识产权权利人行使法定许可权的方式是在不转让知识产权的条件下将知识产权一定期限的使用权、收益权等许可非权利人享有，并收取许可费的行为。但权利人可以自主选择受许可人又体现了利益实现的意定性。知识产权有效期内，非权利人依据法律规定的条件和方式可以对特定的知识产权客体进行非自愿许可使用、合理使用,实现社会公众对该知识产品享有的期限利益。非自愿许可使用、合理使用主要体现了期限利益实现方式的法定性。易言之,知识产权期限利益的实现方式因知识产权权利的行使方式的不同而不同,因知识产权权利行使方式的法定性而具有法定性,因知识产权行使方式具有意定性而具有意定性。与其他民事财产权比较,物权、债权利益实现过程中更多体现了当事人的自由合意的特点。

### 三、知识产权时间效力的分类

知识产权时间效力依不同标准可以有不同的分类。不同类别的时间效力反映了不同知识产权的权利特点与立法者追求的不同价值目标。

依知识产权权利种类的不同,分为创造性成果权的时间效力、商业标志权的时间效力。创造性成果权的时间效力包括专利权、著作权、布图设计专有权、植物新品种权的时间效力,商业标志权的时间效力包括商标权、特殊标志权的时间效力。依知识产权时间效力期间即权利保护期或有效期是否可以续期为标准,分为绝对时间效力和相对时间效力。划分知识产权时间效力类别的意义在于可对知识产权时间效力从多视角进行剖析、挖掘,以利于建立知识产权一般效力的理论框架和推动现行时间效力制度的立法完善、司法公正。

创造性成果权的时间效力制度是随专利权、著作权法律制度建立就创立的一项基本效力制度,在整个知识产权法律体系形成过程中具有先例作用和导向价值。1623年《英国垄断法》作为世界第一部近代专利法,该法第6条规定任何新制造方法的发明人的独占经营或制造产品之权利的开封特许状与授权书

第四章 知识产权时间效力

的期限为 14 年或者以下，自第一个特许状与授权书作出时起算。① 1787 年的《美国联邦宪法》规定："为促进科学技术进步，国会将向发明人授予一定期限内的有限的独占权。"据此 1790 年美国制定的第一部《美国专利法》规定专利权保护期自授权日起 14 年。英美专利权 14 年保护期相对于英国当时两个工厂或作坊的学徒期，据说是收回投资和赚取利润的合理期限，之后专利进入公有领域。② 这种解释是一种通行的比较可信的理由。1709 年《英国安娜法》作为世界上第一部版权法，其法律名称的全称是《在所规定的时间内将已印刷图书之复制件授予作者或者该复制件购买者以鼓励学术之法律》，版权保护期为 14 年，可续期一次。③ 1790 年《美国版权法》也作了与 80 年前《英国安娜法》相同的版权保护期规定。英美早期知识产权法的时间效力的规范模式与内容直接影响了此后相关国际条约的规定及其他国家国内法的相关规定。其基本时间效力范式是创造性成果权应当设定保护期或有效期，保护期的长短与收回投资、获取合理利润相关，保护期届满创造性成果即由社会公众自由共享。

　　商业标志权的时间效力制度设计与商品或服务的销售、提供密切相关，目的是为权利人提供获得商品、服务的社会商誉的合理期间。1883 年《巴黎公约》只规定了注册商标保护期届满后，商标权人可以申请续展的原则；1891 年《马德里协定》规定国际商标注册的有效期为 20 年，可以申请续展；

---

① 金海军：《知识产权私权论》，中国人民大学出版社 2004 年版，第 231 页。
② 李明德：《美国知识产权法》，法律出版社 2003 年版，第 55 页。
③ 金海军：《知识产权私权论》，中国人民大学出版社 2004 年版，第 214 页。

1989年《马德里协定议定书》规定商标国际注册的期限为10年,可续展;1994年《知识产权协定》规定商标权最低保护期为7年,可以不限次续期。1992年《法国知识产权法典》和1996年《德国商标法》均规定注册商标保护期为10年,自申请日起算,可以续期。1946年《美国商标法》规定注册商标保护期20年,1989年后修改减为10年,自注册之日计算,可以续展。商标保护期的规定虽然可以续展似乎是无期保护,但续展的选择权由权利人行使,如不申请续展或没有及时续展,则商标保护期也就此终止了。因此,商业标志权的时间效力规范范式是相对于创造性成果权其保护期一般较短,同时法律又允许无限次续展保护期。

绝对时间效力是指特定知识产权的权利效力只存在于一固定的时间期间之中,即保护期中,保护期届满后不得续期,权利也同时失效或消灭。一般创新性成果的知识产权的时间效力基本属于绝对的时间效力,如专利权、著作权、布图设计权等。创新性成果中的技术方案的应用关涉科技的进步和发展,文学艺术和科学作品的传播使用关涉社会文化艺术的繁荣与文明开化水平、布图设计关涉智能技术的应用水平和高科技发展进程、植物新品种关涉特定国家区域的植物资源开发利用水平、植物安全及经济利益增进等,所以其时间效力期间长短的设置一方面必须考虑对原创权利人的合理利益回报、发挥激励作用,另一方面必须考虑对社会科技发展、文化繁荣的公共价值目标的实现。

相对时间效力是指特定知识产权的权利效力不仅存在于一固定的期间之中,当权利人对保护期续展后,权利的效力将一直获得维持。商标权、特殊标志权都属于可以无限次续展保护期的权利。为什么商业标志权可以续展,合理的解释应当是:

由于商标等商业标志一般不涉及科技发展、文化繁荣的公共主题，相反，商业标记持续性影响力的形成一般对特定商业标志内在无形财产价值的累积及社会公众判断商品、服务的品质十分有利，保护期持续越长对权利人利益增进和对社会公众作为消费者的利益的维护均更加有利。

## 第三节 知识产权时间效力制度的合理性分析

知识产权时间效力制度是主要规制知识产权权利生效、失效时间，权利保护期或有效期间以及权利有效期提前终止条件、续期程序等内容的法律制度。对于有期知识产权而言，时间效力制度既是权利制度的重要组成部分，又对该权利是否能够发挥权利作用力具有决定性影响。研究知识产权时间效力制度的合理性就是要回答为什么需要建立这样的制度以及如何理性适度地建立和运用这样的制度。近年来，学术界研究知识产权合理性的成果较多见，主要从财产权劳动理论、财产权自由意志理论、社会契约理论、财产权经济理论等视角研究为什么应当建立知识产权制度和知识产权制度的正义性[1]，但并没有具体涉及知识产权时间效力合理性的微观层面。也有学者对从经济学、宪政制度等视角对专利权保护期[2]、著作权保护期的

---

[1] 李扬，等：《知识产权基础理论和前沿问题》，法律出版社2004年版，第2~144页；曲三强：《现代知识产权法》，北京大学出版社2009年版，第17~63页。

[2] 王桂强："对'专利最优保护期'生命周期模型的思考"，载《科学学与科学技术管理》2004年第5期。

合理性①及从权利限制角度对知识产权有效期的合理性②进行了分别探讨,但仍然缺乏对这一主题系统、深入研究的成果。为此,笔者将从建立知识产权时间效力制度的合理性依据、知识产权时间效力制度内容设计的合理性及延长知识产权保护期限的合理性评价三方面展开分析。

## 一、建立知识产权时间效力制度的合理性依据

知识产权时间效力制度是知识产权制度的构成部分,自知识产权制度创立而建立,并一直作为知识产权的重要内容发挥决定权利命运的效用。但对建立知识产权时间效力制度的合理依据问题,深入进行论证的成果几乎不存在。对此,可以从权利限制理论、知识产权客体的本质属性、利益平衡三方面进行分析。

(一)基于权利限制理论建立知识产权时间效力制度符合基本法理

权利是法律赋予主体的可以为某种行为或不为某种行为的自由利益,本不应进行干涉,但为了权利的有效实现及防止权利冲突、保护公共利益等需要对权利的边界进行必要的划定,此时产生了权利限制理论。从权利发展进程考察,18世纪多奉行所有权绝对,权利行使一般不受限制,但19世纪以来权利行使应当有一定的范围、受到必要的限制的现代权利观念及制度得以建立。对权利的限制有内部限制和外部限制之分,内部限制是权利本身就包含义务,当确定"权利是什么"时就

---

① 罗莉:"版权保护期限的是与非",载《法学》2005年第11期。
② 冯晓青:"知识产权有效期限制的理论思考",载《兰州学刊》2007年第6期。

同时确定了"权利的限制是什么",该理论不承认先于法律而存在的权利,权利依法仅享有唯一确定的内容,权利限制是确定权利的外延或内涵的方法,因此,权利必然内含限制。① 外部限制是以公法措施适当限制权利的不可侵性,如财产征收与征用等,以民法诚信原则、权利不得滥用原则、公序良俗原则限制权利行使之自由性等。② 该理论认为,针对某项基本权利,首先需要解决的是"权利的构成"问题也就是确定哪些人是该权利的主体、哪些行为是该项权利保护的对象。权利的限制问题就是通过衡量公共利益、他人权利、国家功能的实现等因素,从外部去确定什么样的权利主张不能得到支持。③ 虽然也有学者对权利内在限制理论的合理性表示怀疑,但权利需要限制却是基本共识。

一般民事权利受到的限制方式为时效制度、除斥期间、权利本身的性质与范围及民法基本原则的限制。知识产权作为一种私权在行使过程中为了防止权利冲突、保障权利的实现、保护公共利益等,当然也应当受到必要的限制,知识产权除受到时效制度、除斥期间、权利本身的性质与范围及民法基本原则的限制外,知识产权的时间效力期间制度作为决定特定种类的知识产权生效、失效时间及其保护或有效期间的制度安排,是有期知识产权的权利构成要素之一,没有保护期或有效期也就没有特定知识产权产生和存在。与一般民事权利比较,知识产权时间效力的设定是一种不同于时效制度、除斥期间这些传统

---

① [法]盖斯日·古博:《法国民法总论》,陈鹏等译,法律出版社2004年版,第704~705页。
② 梁慧星:《民法总论》第3版,法律出版社2007年版,第257页。
③ 沈宗灵:《法理学》,高等教育出版社1994年版,第35页。

时间限制方式的特殊限制方式。以上述权利限制理论衡量，知识产权时间效力应归入权利的内部限制方式范围。

（二）基于知识产权客体的本质属性建立知识产权时间效力制度具有客观合理性

知识产权的客体是一系列的知识产品，知识产品特别是创新性成果的本质属性是知识性、无形性、可复制性、可共享性、经济价值周期较短以及便利传播性。这同时意味着知识产品无法如物质性产品或有形财产一样具有客观的独占性。经济价值周期较短是指知识产品的使用价值和交换价值存在的时间周期较短，比如外观设计专利的一般经济价值周期平均短于国际条约及多数国家国内法规定的10年，其中灯饰外观设计专利、皮革皮具外观设计专利等由于产品的更新换代频率快，影响专利的经济价值周期，比10年期限更为短暂。知识产品的这些属性决定了以此作为客体设立的法律权利即知识产权应当具有与有形性财产权如物权、债权等不同的特点。这些特点可简单概括为：知识产权权利是一种受知识产品属性制约的、有限的支配权或绝对权。也就是说，特定的知识产品由于是基于原创人或投资人付出劳动或产生出天才创意方案，为了给原创人或投资人以合理利益回报和激励其持续研发与创造而设立的知识产权，该权利由权利人独享是合理的制度安排，但同时由于知识产品的传播性、共享性或难以独占性、经济价值周期较短的特点决定了在知识产品之上设立知识产权的同时，必须对该权利的范围、存续时间设置必要的限制制度。知识产权时间效力制度正是基于知识产品的这些独特的客观属性而创设的。具体而言，（1）传播性、共享性或非独占性决定在权利人享有权利的同时也应当允许其他社会公众在合理限度内对知识产品的使用共享。（2）价值生命周期较短的特点决定应当为不同的知识产品客体上设置的知识产权的有效期间进行限定，否则无期存在的知识产权客观上没有此种权利存在必要，因为一方面，对于已经没有利用价值和经济价值的知识产品根本无须继续设权保护；另一方面，围绕没有价值的知识产品基本也不存在交易或纠纷，所以，也无须法律继续进行规范调整。因此，知识产权时间效力制度的设计具有适应知识产品本质属性的客观合理性。

（三）基于利益平衡的需要建立知识产权时间效力制度是寻求私人利益与公共利益平衡保护的合理立法技术选择

在民法权利理论中对权利概念进行界定时虽然有不同的学说分歧，但德国学者耶林主张的权利利益说一直据于重要影响地位，耶林认为在人的自主行为中，利益是每一种行为不可或缺的条件——无利益的行为正如无目的的行为一样荒唐，所以权利的本质是法律保护的客观利益。[①] 任何法律权利都是对特定利益进行确认和保护的结果，相关的不同权利是对不同利益或相同利益进行平衡分配后进行确认和保护的后果。因此，就知识产权权利的创设目的、行使过程、保护方式等方面考察，知识产权与所要保护的利益当然具有密切的内在关联性。那么，知识产权保护的是哪些利益？根据利益内容的不同有财产利益、人身利益；根据利益主体不同有私人利益与社会公共利益。在《知识产权协定》的引言中对知识产权需要保护的利益作了区分表述，即一方面，明确承认"知识产权为私权"，这意味着必须按私法规则对知识产品权利人利益给以充分保护；另一方面，明确承认"保护知识产权的诸国国内制度中

---

[①] 朱庆育："权利的非伦理化：客观权利理论及其在中国的命运"，载《比较法研究》2001年第3期。

被强调的保护公共利益的目的,包括发展目的与技术目的"。这直接强调必须对与知识产权相关的公共利益予以保护。具体在知识产权制度设计和运行中是通过利益平衡的方法对私人利益和公共利益进行保护。进一步来说,如何对利益进行平衡保护?合理使用、非自愿许可、权利穷竭等都是平衡保护不同利益的方式,而知识产权时间效力制度的创设也正是平衡保护私人利益和公共利益的一种巧妙的立法技术选择。

在大多数创造性成果、商业标记之上创设知识产权时,设置权利保护期或有效期,一方面,在特定的保护期间内将特定知识产品的财产利益、人身利益分配给权利人,对这些利益享受排他性的利益,并给予充分的保护;另一方面,在权利保护期或有效期届满后即将全部知识产品产生的财产利益分配予社会公众自由分享,原权利人对原权利覆盖的利益与社会公众一样只保留平等的自由支配利益。当然,这一利益配置过程还存在第三种情形,即在权利保护期内,也依法允许社会公众享有对知识产品于法定条件下的各种使用利益以及依法提前终止权利保护期的利益。这里对特定知识产品利益进行依法分配的模式实际包含了一种利益的盖然性算计,即权利人对特定知识产品利益的排他性享有在特定长度的保护期内已经足够发挥回报投入和获得利润报酬的功能,而基于公共利益增进和保护的考量,应当将保护期内的部分知识产品利益及保护期届满后的全部知识产品利益回馈社会公众共享。知识产权时间效力制度从建立到适用的事实也证明其较好地发挥了利益分配和平衡的作用。

## 二、知识产权时间效力制度内容设计的合理性

对于专利权、商标权、著作权等有期知识产权而言,知识

产权时间效力制度的内容包括了时间效力期间（权利保护期或有效期）的起算与届满、维持效力期间持续的条件、效力期间或期限的长度设定、影响效力期间提前终止或续展的条件以及效力期间届满的法律效果等。考察现行各国国内法规定的知识产权时间效力制度的各项内容，其制度合理性的判断主要应当根据是否符合基本的权利结构理论、是否契合了权利客体的特征、是否有利于激励创新、是否有利于推动科技进步与文化繁荣等评价指标作出的定性化评价。为此，笔者以上述时间效力的各项具体制度为主轴对制度的合理性进行分析。

（一）时间效力起算点设定的合理性

如前所述，保护期起算分为依申请授权而取得的知识产权保护期的起算和依特定事实而取得的知识产权的起算两种类型。在前一种类型中，知识产权权利保护期与权利有效期的起算点既存在完全一致的情况，如商标权、植物新品种权、特殊标志权等，也存在不一致的情况，如专利权、集成电路布图设计专有权等。这里的不一致一般都是保护期起算日早于权利生效日。从一般民事权利理论观察，实体权利的保护期应该指权利获得后受法律保护的期间，在保护期间内权利才能有效存在，民法中不存在不对法定有效权利进行保护的情形。所以通常权利如果设有保护期，即意味着权利的有效期与保护期应当是重叠的，权利保护期和有效期的起算点应当完全一致。如在用益物权制度中，我国建设用地使用权设定了法定的使用期，根据土地用途分为70年、50年、40年三种使用期。这当然意味着建设用地使用权的有效期其实就是70年、50年或40年。并且建设用地使用权的使用期与有效期的起算点都是权利办理出让登记之日（登记公示日），不应当发生不一致的情形。因此，在知识产权制度中，知识产权权利的保护期与权利有效期的起算点完全一致的情况是符合权利理论的合理制度安排，而权利的保护期与权利有效期的起算点不一致的规定的法理与适用合理性就大为存疑。把知识产权权利保护期与有效期的起算点进行不一致规定的理由何在？是否知识产权权利保护与有效之间存在一些特殊事情需要特别应对？对此国内专利法、集成电路布图设计保护条例颁布时，立法机关没有在立法说明中涉及这个问题。有学者对此进行的解释是这种不一致"从逻辑上看，是不合理的，但站在公共利益的立场看，又是合理的"，其目的是让专利、布图设计早日加入公有领域，促进技术传播和技术进步。① 这种理由阐述有一定道理，但说服力仍不充分。另外有学者通过对美国专利权保护期起算点的变化过程的分析，解释了为什么要从专利申请日时起算保护期，而不是授权日。1790年的《美国专利法》、1836年修改后的《美国专利法》都规定专利权保护期应从专利授权之日计算，到1994年10月美国制定《乌拉圭回合协议法》才规定专利保护期从1995年6月8日起从申请日起计算为20年。在专利保护期从授权日开始计算时，申请案都在授权日才公开，造成申请人总想方设法拖延专利批准日期。因为授权越晚，专利实际保护期越长。专利保护期如从申请日起算，就可消除拖延审查和授权的动机，拖延反而不利于专利的有效利用。② 这种解释更令人信服，因为确实反映了知识产权申请授权程序中较长审查时间对保护期计算的现实影响，其他民事权利不存在如此的特殊制度特点。当然美国的这一改变也是为了与《知识产权协

---

① 陶鑫良、袁真富：《知识产权法总论》，知识产权出版社2005年版，第191页。
② 李明德：《美国知识产权法》，法律出版社2003年版，第55页。

定》第33条规定的发明专利的保护期"应不少于自提交申请之日起的20年"的内容相一致。如果说知识产权保护期起算日一般早于权利授权日的制度安排有一定的现实合理性的话，但理论上存在的非合理性仍然无法解决。即知识产权获得授权有效存在之日回溯至申请日期间，为什么应当保护尚不存在的知识产权？也许可以从保护申请权或准专利权的方面进行解释，但理论说服力仍然不充分。另外，把知识产权申请日作为保护期起算日固然消除了申请人故意拖延授权的弊端，但同时又产生了大量的无价值专利申请，大大增加了审查工作量，产生了大量专利申请案积压，拖延了知识产权授权时间，对申请人利益和社公共利益又形成了不利后果。

（二）维持时间效力期间持续的条件的合理性

维持知识产权时间效力期间持续的条件在不同的单行法有不同的规定。知识产权取得后，如果要维持部分有期知识产权的作用力、约束力和保障力，就必须依法缴纳知识产权维持费或年费、续展费等。缴费是权利人取得权利和继续享受权利保护的一种积极的作为义务。专利权需要在保护期内每年缴年费，并且年费呈递增趋势；商标权、特殊标志权只需在续展或延期时缴纳较少的手续费；著作权保护期内不需要缴纳权利维持费。如我国专利法、专利法实施细则的规定，专利权效力维持的相关费用为年费、恢复权利请求费、延长期限请求费三项。这些费用如何缴纳，专利法实施细则作了具体规定，授予专利权当年以后的年费应当在上一年度期满前缴纳。专利权人未缴纳或者未缴足的，专利行政部门应当通知专利权人自应缴纳年费期满之日起6个月内补缴，同时缴纳滞纳金；滞纳金的金额按照每超过规定的缴费时间1个月，加收当年全额年费的5%计算；期满未缴纳的，专利权自应缴纳年费期满之日起终止。当事人因不可抗拒的事由而延误期限缴费,导致权利丧失的,自障碍消除之日起 2 个月内,最迟自期限届满之日起 2 年内,可请求恢复权利;当事人因其他正当理由延误期限缴费,导致其权利丧失的,可自收到缴费通知之日起 2 个月内请求恢复权利。延长期限请求费应当在相应期限届满之日前缴纳。①如因未交年费,专利权丧失后,保护期当然就提前届满了。我国商标权、布图设计专有权、著作权、特殊标志权一旦获得权利,在保护期内不需要缴纳年费,但商标权每次续展时需要缴纳续展费,布图设计专有权需要缴纳延长期限请求费、恢复权利请求费,特殊标志需要缴纳延期申请费。这些项目的收费对于知识产权保护期的持续或权利有效性的维持产生了决定作用,特别是专利的年费这一特点更突显,那么,这些收费制度的合理性何在?对此有学者对于专利期限与费用的关系进行了专门研究,提出的理由具有启发价值。其观点是:专利收费符合自然法与自然权利原理,专利权将技术权利由自然权利变成法律权利,这一过程中社会公众没有获得利益,而专利权人获得了财产权,根据谁受益、谁负担的原则,专利权人应当支付设置专利制度的成本,也符合自然法则。另外,专利权人如不申请专利而采用商业秘密保护技术成果,也要支付一笔保密费,节省的这笔保密费转换成专利收费也是合理的。至于专利收费逐年提高,与保密随时间推移越来越难是一致的,同时也发挥督促权利人实施专利的作用。② 笔者也认为,知识产权权利维持或续展等收费的合理理由可以全面表述为:(1)为了

---

① 2010 年《专利法实施细则》第 6 条、第 98~99 条。
② 彭玉勇、叶珺君:"专利权期限与费用关系初探——兼论专利制度成本",载《浙江工贸职业技术学学报》2011 年第 2 期。

部分补偿行政管理的成本开支和权利救济的成本,知识产权的审查授予、权利效力的维持、权利的救济都需要高昂的成本,这些成本理应由权利人予以适当承担。实证的依据是保护权利需要动用社会公共资源,如在我国每年几乎都要开展多部门的大规模知识产权联合保护行动,动用可观的公共资源,虽然具体数额没有向社会公开,但动用的公共资源即是权利保护的成本。"权利是昂贵的,因为救济是昂贵的"。① (2)权利人因为获得知识产权的产权分配而向社会公众付出的基本对价,这些对价支付给政府部门,减少公众的税负负担。这也符合公平正义原则。(3)知识产权权利维持费用,一方面,发挥了对专利社会价值、商业价值的选择作用或挤出效应,权利人获得权利后如果认为权利没有价值,就拒绝缴费或无法承担费用,该权利保护期被强制终止,权利失效;另一方面,发挥了督促权利人行使权利、转化利用技术成果的作用,当权利人怠于行使权利,往往也怠于缴费,则该权利保护期也被强制终止,权利失效。

### 三、知识产权时间效力期间长度的合理性

知识产权效力期间或期限的长度设定的合理性问题是一个十分有趣的法律问题、经济问题和社会问题。知识产权效力期间或期限的长度即权利保护期或有效期的长度。为什么要对知识产权设置一定长度的保护期,国内有学者认为目的在于平衡权利人与社会公众的利益。权利人获得一定知识产品的垄断权,也是对前人知识成果利用的结果。如果有期知识产权设置

---

① [美]史蒂芬·霍尔姆斯、凯斯·R.桑斯坦:《权利的成本——为什么自由依赖于税》,毕竞悦译,北京大学出版社2011年重排版,第26页。

成为无期知识产权,则意味着后人利用这些财产就要付出经济代价或者不能利用,这影响了社会精神财富的增加,影响他人自由创造知识财产。① 实际上,从公平正义的法律理念与原则分析,专利、著作及商业标志的创造、创作、设计不可能是凭空完成的,完成的过程中一般都无偿利用前人的知识积累,而对此权利人并没有付酬。从知识产权制度建立过程考察,17世纪后才创立一系列知识产权,权利人对17世纪之前的人类知识利用当然是无偿利用;中国大陆真正系统地建立知识产权体系是20世纪80年代后的立法成就,大陆权利人对20世纪80年代前的人类知识利用也没有支付报酬。如此一来,假如将特定创新成果的权利进行无期保护,就相当于把这些成果中包含的无偿获得的前人的知识信息也一并授予特定的权利人垄断,明显违反了公平正义的理念与原则。知识创新的过程就是后人学习前人、后人超越前人的知识传承、知识积累的知识河流。创设知识产权的目的其实是保护知识产品中权利人创新部分的知识,通过设置一定长度的保护期使创新的权利人在获得应有利益回报和进一步的创新激励后,再解除该创新知识成果上的垄断枷锁,使之归入人类知识的海洋,由公众自由共享,保障社会公众充分接触、利用这些知识成果,以至于完成更多的创新成果。"知识产权保护期限制的实质在于平衡知识产权人的专有权利与社会公众永久地不受限制地获得公共知识财富的利益"。② 因此,知识产权制度的精妙之处恰恰体现为附加于多数知识产权内容之中的权利保护期安排。

---

① 齐爱民:《知识产权法总论》,北京大学出版社2010年版,第164页。
② 冯晓青:《知识产权利益平衡理论》,中国政法大学出版社2006年版,第578页。

## 第四章 知识产权时间效力

知识产权保护期或有效期的长度如何确定才是合理的？知识产权制度从建立到现今，国际条约和各国国内法规定的知识产权的保护期长度根据期间可否续期分为两种类型：固定长度的保护期和可变长度的保护期。固定长度的保护期不可中止、中断或延长，更不得续期，是一段法定的固定时间段；可变长度的保护期不可中止和中断，在一个保护期内不能基于法定事由而延长，但可以依法申请后续期，是一段可不断续期的可变时间段。前者如我国发明专利权为20年，实用新型和外观设计专利权为10年，集成电路布图设计专有权为自登记申请日或首次商业利用日起10年（或创作完成之日15年），自然人作品的著作权为作者终生加死后50年、法人作品的著作权为首次发表后50年、版式设计权为10年、其他邻接权为50年。后者如我国商标权保护期为10年，可无限次续展，每次续展10年；特殊标志权为4年，也可无限次续展，每次续展时间根据具体情况确定。与我国比较，美国有一些较明显的不同规定，1998年《美国版权保护期延长法》颁行后，自然人作品的保护期为作者有生之年加死后70年，雇用作品的保护期为发表之后75年或创作完成后120年；美国发明专利权保护期20年，但化学药品专利权等经过申请可延长5年。此外，日本（1987年），欧盟（1992年），澳大利亚（1998年）分别并陆续在《知识产权协定》要求的20年保护期限的基础上对化学药品增加了4~5年的额外保护；[①] 1993年《欧盟著作权保护期指令》规定，著作权保护期为作者有生之年加死

---

[①] 韩玲玉、王珏："新药专利保护期限国际化法律冲突研究"，载《广西政法管理干部学院学报》2005年第1期。

后 70 年，规定对评论和科学版本的保护期最高不得超过 30 年。①

通过上述比较，可以发现各国在国际条约基础上的不同国家保护期的规定有时差别很大。那么，判断保护期长度合理性的依据究竟为何？笔者认为可以从应然的依据和现实的依据两方面来分析。

应然的依据是指根据专利技术、作品等创造性成果的自然寿命或价值生命周期来分别确定合理的保护期。西方学者在 20 世纪 60 年代就开始对专利的最优保护期进行研究，主要采用了经济学和统计学的方法，应用数学模型对专利的长度和宽度进行研究，并指出固定专利长度在理论上不是最优的，虽于现实中可能无法避免。最优的专利长度应根据不同行业而有所不同，或长至无限长，或短至零都可能最优。② 也有学者指出，经测算技术每年的淘汰率是 20%，意味着利用技术产品生命周期平均只有 5 年。德国的专利保护期限是 20 年，但统计数字表明，实际专利权保护年限只有 9 年，在全部专利权中，只有 3.7% 保持到 18 年。所以专利权等知识产权的保护期应当适度。③ 另外，集成电路布图设计专有权的生命周期也比较短，对此英特尔公司的创始者戈登·摩尔 1965 年就提出摩尔定律，集成电路芯片上的半导体元件数目每 18 个月增加 1 倍。只有 CPU 之类的芯片寿命能够达到 3~5 年。一般芯片的寿命只有 1~1.5 年，还有一些芯片只有半年左右。④ 对于

---

① 韦之："欧盟著作权保护期指令评介"，载《中外法学》1999 年第 6 期。
② 刘美秀："最优专利期限问题研究"，载《宏观经济研究》2010 年第 8 期。
③ 王娜："论知识产权的保护期限"，载《图书情报论坛》2007 年第 4 期。
④ 曲三强：《现代知识产权法》，北京大学出版社 2009 年版，第 502 页。

著作权保护期的确定有美国学者从一些实证数据出发进行了有意义的研究,反映出作品的价值也存在利用寿命问题。1883~1964年,美国著作权保护期为28年,到期可续展一次,但只有不到11%的著作权到期后进行了续展;1930年美国出版的10027册图书中,到2001年只有1.7%,即170册还在印行。对美国图书、图形艺术和音乐作品1935~1970年的续展率数据分析后发现,只有3%的图形艺术作品、8%的图书、32%的音乐作品在28年后进行了续展,反映出图书、音乐作品可能具有更持久的价值,而图形艺术作品即使初次保护期只有5年,到期也不会续展。著作权平均的续展率为14%,预期寿命为14年。而对美国商标权1934~1991年的续展数据等进行研究后,商标的平均续展比例为28%,预期寿命为15.7年。①上述研究说明,对知识产权保护期最佳长度的确定,完全可以从数据、模型出发进行精确的量化分析,但需要有连续性的公开数据作为支持。② 同时,也说明不同知识产权客体的自然生命周期、技术更新换代时间、实际续展的比例等都是判定知识产权保护期实然长度的主要依据指标。不过,实然长度的确定需要大量的基本统计数据、需要社会投入大量的人力和财力,而最终的结果可能是不同的知识产权客体的保护期、同一知识产权客体的不同类别的保护期都不相同,如此一来就十分缺乏法律的可操作性,立法机关接受的可能性也就大打折扣了。但即使实然的长度不能作为法定的长度被采纳,但仍然对于评价

---

① [美]威廉·M.兰德斯、理查德·A.波斯纳:《知识产权法的经济结构》,金海军译,北京大学出版社2005年版,第269~321页。

② 我国著作权、商标权等知识产权的相关统计数据及数据的连续性统计、及时公开的工作都较为滞后,严重影响知识产权方面的实证研究项目的开展。

现行法定长度的适度性或合理性，进而不断通过修正使保护期制度日趋合理具有不可替代的工具价值。

现实的依据是从确定保护期时的社会背景、法系传统、国际条约约束、国家经济技术发展水平以及国家间关系协调等方面的现实考量。在知识产权建立时期，如前文已经论及的英国1623年制定《英国垄断法》时规定了专利权的保护期为14年，之所以如此规定是因为当时英国一般工厂或作坊的一个学徒期是7年，14年相当于两个学徒期。为什么需要两个学徒期，是因为在第一个学徒期内基本满足工人对于新专利技术的学习、掌握和熟练，可能还无法获得合理的经济利益，而在第二个学徒期则可以利用工人的熟练技术技能为工厂主创造出合理的利润回报，专利的垄断利益才能真正体现出来。1709年《英国安娜法》颁布时，把版权保护期也确定为14年，但14年届满后，如果作者生存，则印刷与处理该复制件的独占权利应返还作者，由其另享14年期限。这里的原因没有看到专门的解释，但可能受英国专利保护期设定的影响。由于受到英国的直接影响，美国1790年颁布第一部专利法时，规定14年保护期；1790年颁布第一部版权法时，规定版权保护期为14年，可以续展一次。大陆法系的法国，受人格权理论的影响，在版权法中强调既保护财产权利，又保护精神权利。作者在生前当然不应当剥夺其版权，而作者死亡后，考虑其后代的经济保障也应当继续给予合理的保护。19世纪，法国曾经根据作者死后是否有配偶、孩子或者其他继承人而对作品实行不同的保护期限，此做法由于不利于法律交易而于1866年被作者有生之年加上一个确定的年限50年所取代。为什么是50年，是为了保证作者能够以这种方式给自己的两代直系后代提供一些经济保障。

当时人均寿命较短，作者去世50年之后，一般不再会有作者所认识的继承人活着。① 从国际条约的相关规定分析，存在两个特点：（1）国际条约规定的知识产权保护期实际上成为成员国遵从的标准，影响各成员国的保护期规定逐步趋于一致。（2）国际条约一般规定了保护期的最低标准，为个别国家延长保护期留下了空间。1883年《巴黎公约》没有规定专利权、商标权的保护期，留由成员国自行规定；《伯尔尼公约》受欧洲大陆国家版权立法理论的影响，对版权保护期规定了作者终生加死后50年的保护期，从此对成员国，甚至其他非成员国的版权保护期设定产生了持续影响；《知识产权协定》对专利权、商标权、版权、布图设计专有权等都设置了最低保护期，进一步对成员国的国内立法中的保护期设定发挥了标准作用。1993年后，欧盟成员国延长版权保护期到作者有生之年加死后70年，主要是为了统一欧盟成员国原来长短不一的版权保护期，协调欧盟版权在欧盟各国可以受到平等保护。基于与欧盟延长保护期的立法内容一致，同时在美国版权利益集团的压力下，以及为了维持美国版权产业的国际竞争力，1998年后美国也将版权保护期延长到作者终生加死后70年，雇用作品竟然延长到首次发表后95年或创作完成后120年。而我国20世纪80年代后才制定了一系列的知识产权法律，其中规定的知识产权保护期长度及修改变化的方向主要是参考了国际条约的最低保护长度的规定，同时也考虑我国科技、文化及经济发展水平仍然与发达国家有差距，保护期长度也不应与发达国家完全一致，需要保留一定的差异。

---

① 罗莉："版权保护期限的是与非"，载《法学》2005年第11期。

上述各国及国际条约规定的保护期是否合理，笔者认为无论国内法或国际条约中的保护期长度，只要符合时代背景、有利于国家间的利益协调与平等保护机制建立、确实有效推动了科技经济发展和文化繁荣，同时，有利于司法操作；那么，从现实主义考虑，就是合理的。否则，当然就缺乏现实的合理性。

此外，知识产权效力制度中还包括了专利无效、商标异议和撤销、布图设计专有权撤销、植物新品种无效等影响效力期间或保护期是否可以持续计算的制度。这些制度的设计，一方面是为了引入社会公众的监督和参与，保障知识产权权利的获得切实符合法定的条件，另一方面是对行政审查授权机关审查授权过程中可能出现的工作错漏进行事后补救。同时，这些制度的规定和适用既可以预防性减少不符合条件的知识产品被申请的数量，又把已经授权的不符合条件的知识产品及时排除出权利的范围，使社会公众的利益得到保障。这些制度与一定长度的知识产权保护期制度相配合，实现了保障权利人利益和社会公众利益的平衡。

## 本章小结

知识产权时间效力基于有期知识产权所具有的时间性要素而存在。知识产权时间效力是知识产权在取得、行使、保护方面受到的时间约束力。知识产权时间效力以丰富的时间性规范作为制度根据。知识产权时间效力体现为权利可以受到保护的时间期间或效力期间，而效力期间则呈现不断延长的趋势，效力期间届满产生的法律后果也与其他民事权利差别明显。知识产权效力的起算与消灭、期限利益等都是时间效力的重要内容。知识产权时间效力期间长短的确定受到历史、现实、利益平衡等多种因素的影响,而知识产权时间效力期间长短合理性或正当性评价因时代背景、技术发展、法律传统、经济社会发展阶段而有所不同。

# 第五章 知识产权地域效力

## 第一节 知识产权地域效力的内涵、类型化与依据

### 一、知识产权地域效力内涵之辨析

知识产权地域效力是知识产权权利效力的构成内容。学界对于知识产权地域效力问题直接进行研究的成果尚未发现,而从知识产权特征方面、知识产权法效力方面研究地域性问题的成果则较为常见。实际上,知识产权的地域性特征是从知识产权与其他财产权利或民事权利比较的角度对知识产权权利特点的概括,地域性特征来源于知识产权权利本质上具备的地域效力。而知识产权法的地域效力有时作为国际私法问题被关注,一般从国家间知识产权法律冲突及法律适用角度对知识产权国际纠纷案件的准据法、管辖权等进行研究;有时从法律

制度适用的空间范围方面进行研究。研究地域性特征和知识产权法地域效力的许多论述及资料为知识产权地域性效力的专门研究提供了参考素材,特别是对地域性特征的许多论述实际上就是对地域效力的论述,不过不加区分地将两者混同,不利于揭示知识产权地域效力的实质内容体系。

知识产权地域效力是知识产权权利取得、行使和保护的空间范围约束力,超出特定的空间范围,知识产权的约束力、作用力和保障力即不复存在,也即知识产权权利本身不复存在。有学者认为知识产权的效力受地域限制,哪个国家或地区的法律确认它,它就在该国家或地区范围内有效。① 知识产权地域效力基于知识产权法的地域效力而产生,但各自的侧重点有所不同。知识产权法的地域效力主要研究知识产权法在哪些地域、空间范围内发生效力,发生法律冲突时选择任何适用的准据法及管辖的法院。知识产权的地域效力主要研究知识产权为何只在特定的法域或地域范围才具有约束力、作用力和保障力,研究同一知识产品被多国授权后的分地域行使问题,研究跨地域知识产权的产生及其意义,研究跨地域知识产权保护问题等。

知识产权地域性效力的产生基础是知识产权法具有的地域效力。知识产权法由一国立法机关制定,主要规制本国当事人如何取得知识产权、如何行使知识产权、如何保护知识产权等内容,当然主要在本国主权地域范围具有法律适用效力。当不同国家的知识产权法律发生适用冲突时,虽然会通过制定和适用一些冲突规范予以协调和解决,或通过国际条约的制定来约束和限制知识产权内国法的地域效力,但这些措施不会从根本

---

① 齐爱民:《知识产权法总论》,北京大学出版社2010年版,第165页。

上否定知识产权法的地域效力。知识产权法在的特定地域范围内适用也符合国际私法的法律属地主义原则,但根据国际私法的属人主义原则,知识产权法对本国的一切人都有效,不论在境内还是境外,这就又产生了域外效力。不过内国法的域外效力只有被其他国家根据主权原则和平等互利原则承认时才能实现。多数情形下,知识产权法的域外效力并不被外国承认,仅具有虚拟的域外效力。在知识产权国际保护制度强化适用后,当发生知识产权法律冲突时,法律的适用有两种立法例:(1)法院地法或被请求保护国法的适用。如1987年《瑞士联邦国际私法》第110条规定,知识产权,适用提起知识产权保护诉讼的国家法律。体现了严格的地域效力。(2)适用权利授予国法(权利登记地或行为地法)。如1979年《匈牙利国际私法》第20条规定,对发明者或其利益继承者的保护,适用专利证发出国或专利申请地国法。1984年《秘鲁民法典》、1978年《奥地利国际私法》等也有相近的条款。① 英国、德国、意大利等国法律规定,对著作权的产生和存续问题适用作品首次发表并获得著作权国法,而对权利的行使问题则适用作品被请求保护国法。② 这些规定实际上承认了外国法的域外效力,知识产权法的地域性被突破。在我国立法中涉及承认外国法地域效力的规范十分少见,但法律中有一些给予外国人、无国籍人国民待遇的知识产权保护方面的规范。如《商标法》第17条、《著作权法》第2条、《专利法》第18条等。另外,最高人民法院的司法解释或北京市高级人民法院的司法

---

① 吕岩峰:"知识产权之冲突法评论",载《法制与社会发展》1996年第6期。

② 李双元:《国际私法学》,北京大学出版社2000年版,第307～309页。

第五章　知识产权地域效力

解答中有一些知识产权法适用的规定。如 1993 年《最高人民法院关于深入贯彻执行〈中华人民共和国著作权法〉几个问题的通知》第 2 条第 2 款的规定①，这一条规定的是国际条约、国际惯例可以在我国有条件直接适用，不涉及外国法律适用问题。2004 年《北京市高级人民法院关于涉外知识产权民事案件法律适用若干问题的解答》第 18 条规定，侵犯著作权、实施不正当竞争纠纷案件，双方当事人均为我国自然人、法人，或者在我国均有住所，侵权行为发生在外国的，可以适用我国的著作权法、反不正当竞争法等法律。这一条内容规定的是中国著作权法的域外效力，但外国法院不承认时事实上无法适用。在学术界，中国私法学会草拟的我国《国际私法示范法》第 3 章第 7 节规定了知识产权冲突规范，并不排斥外国知识产权法的适用，如规定：著作权的成立、内容和效力，适用授权地法；知识产权侵权的法律救济，适用请求保护地法。② 但尚未被立法文件采纳。知识产权权利作为法定的权利，其地域效力的内容基本包含于知识产权法的地域效力内容之中，基本价值旨趣是一致的。

关于知识产权地域性与地域效力的关系，一般知识产权教材及大量文章都会论及知识产权的地域性特征，不过进行专门化研究的成果比较缺乏。知识产权地域性问题的提出是基于与

---

① 该款的内容是："人民法院审理涉外著作权案件，适用《中华人民共和国著作权法》等有关法律法规；我国国内法与我国参加或缔结的国际条约有不同规定的，适用国际条约的规定，但我国声明保留的条款除外；国内法与国际条约都没有规定的，可以根据案件的具体情况，按对等原则并参照国际惯例进行审理。"

② 中国国际私法学会：《中华人民共和国国际私法示范法》，法律出版社 2005 年版，第 18～19 页。

其他民事权利比较和揭示知识产权实质的需要，知识产权地域性问题的内容论述主要涉及知识产权效力受到严格地域范围限制的原因、表现及发展变化。有学者认为知识产权具有地域性是与知识产权产生于封建特权的历史有关，知识产权适用权利登记地法或权利主张地法，恰恰体现了知识产权的地域性。物权适用财产取得地法或物之所在地法则体现了地域性的淡化；在版权领域，由于网络迅速发展，版权保护的地域性特点受到了挑战，地域性是否应当有新的含义。[①] 有学者从权利保护方面论及知识产权的地域性，认为知识产权作为一种专有权，其空间效力并不是无限的，它受到地域限制，即具有严格的领土性，其效力只限于本国境内。这一特征有别于有形财产权。[②] 有学者认为知识产权的地域性意味着根据一国法律取得的知识产权，仅在该国领域内有效，在其他国家原则上不发生效力，但参加了国际性的知识产权公约或签订了双边互惠协定除外。有形财产权的保护原则上没有地域性限制。国际公约中的国民待遇原则已经成为知识产权地域性特征的一个重要突破性补充。[③] 当然对于上述主流的学术观点也有学者提出了质疑，"有形财产适用财产取得地法或物之所在地法"作为国际私法上解决涉外物权冲突的一项基本冲突法规则，根本不能用来佐证物权就不具有地域性，相反它恰恰表明了物权（有些学者所谓的"有形财产权"）具有地域性。知识产权地域性可能因

---

[①] 郑成思：《知识产权论》，法律出版社2003年第3版，第71~73页。
[②] 吴汉东：《知识产权制度基础理论研究》，知识产权出版社2009年版，第17~18页。
[③] 刘春茂：《知识产权原理》，知识产权出版社2002年版，第15~16页。

其客体的特征决定其程度比物权等其他权利更强而已。① 知识产权国际公约的出现不代表知识产权效力地域性的减弱，因为没有解决一国知识产权在他国也具有效力的问题。② 知识产权的地域性可以理解为地域性连接因素，是解决知识产权法律冲突的连接因素。③ 上述论述一方面表明对知识产权的地域性的许多论述其实就是对知识产权地域效力问题的论述，另一方面表明对知识产权地域性是否是其独有特征及发展变化趋向的认识仍然有较大分歧。对此笔者将在后文予以分析回应。

**二、知识产权地域效力内容之类型化**

知识产权地域效力的内容一方面存在于知识产权的制度体系之中；另一方面可根据一定的逻辑线索对知识产权地域的效力内容进行分类归纳与分析，如根据知识产权权利运行的逻辑线索对知识产权地域效力的内容进行分类，或根据知识产权权利规范的制定、实施、执行的逻辑线索对知识产权地域效力的内容进行分类。具体而言，依知识产权的地域效力贯穿于知识产权取得、行使、保护三个阶段的逻辑线索，可将知识产权地域效力分为知识产权取得阶段的地域效力、行使阶段的地域效力、保护阶段的地域效力；以知识产权权利规范制定、实施、执行的逻辑线索，可将知识产权地域效力分为立法阶段的地域效力、实施阶段的地域效力、司法阶段的地域效力。笔者主要

---

① 程啸："知识产权法若干基本问题之反思"，载《中国人民大学学报》2001年第1期。
② 陶鑫良、袁真富：《知识产权法总论》，知识产权出版社2005年版，第208页。
③ 徐祥："论知识产权的地域性"，载《武汉大学学报》（哲学社会科学版）2005年第5期。

对前一种地域效力分类进行具体的分析讨论。

（一）知识产权取得阶段的地域效力

在知识产权取得阶段，涉及哪些知识产品可以作为知识产权授权的对象、符合什么条件的知识产品才可以获得知识产权、什么情形出现时权利可能被无效或撤销等问题。这些问题的解决方法存在于各国法律制度之中。不过这方面的法律规定会因制定国家的不同、具体审查或管理的国别机构不同而存在明显的地域性差别。

知识产权的法权产生于欧洲和美洲，在较长的历史时期，不同国家的可授权知识产品的种类完全由各自国家国内法规定，权利的地域性效力绝对不可能超出国家主权控制的范围。（1）以著作权为例，当1709年英国将作品的专有复制权授予作者、出版商时，美国还没有建国，直到91年后的1790年美国联邦才颁布了第一部版权法，作品的版权或著作权才产生。而日本又比英国晚了190年，及至1899年才颁布著作权法，日本作者才可以取得著作权。而中国作者最早可以取得著作权的时间是1915年《北洋政府著作权法》颁布后才成为现实。同时，在著作权的取得方式上各国的地域性差异也较大，多数国家自作品创作完成自动获得著作权，但美国等国家长期规定，著作权取得必须办理相关的登记或其他手续，否则不能取得作品著作权。其中美国著作权的取得以作品加注版权标记为条件、著作权的实施以注册和提交书样为条件，在美国这种地域性的法律规定导致美国以外国家的大多数作品以及不符合条件的美国作者作品都不能获得著作权，任由美国出版商、公众自由复制使用，一直到1989年3月1日美国《〈伯尔尼公约〉实施法》开始生效日，这些著作权取得条件的不合理规定才彻底废止。英国于1956年、西班牙于1987年也废除了著作权取得的登记制度。(2)再以外观设计为例,外观设计这种知识产品可以获得哪种知识产权,各国也有十分不同的规定,早在1710年和1777年,英国和法国分别以著作权法保护外观设计,后到1806年法国颁布世界上第一部外观设计法,外观设计可获得不同于著作权的独立权利——外观设计权或工业品外观设计权。之后,英国、美国、奥地利、德国、西班牙、日本等陆续颁布了外观设计法。目前,外观设计在美国、法国、德国、卢森堡等国均可以取得外观设计权和著作权;美国、巴西、日本、中国大陆等国家或地区的外观设计可以获得专利权等。① 对外观设计各国以不同的法律模式进行保护的做法为《巴黎公约》和《知识产权协定》所允许。(3)最后以商标权客体范围的确定为例,依据美国商标法,声音商标、气味商标只要具备显著性,可以指示商品来源,就允许作为商标注册,取得商标权,如在啤酒上注册的狼的嚎叫商标、在娱乐服务业注册的猫的叫声商标、人猿泰山声音商标等。② 但依据我国商标法,声音商标、气味商标不管符合什么条件,也不能注册为商标,不能获得商标权。这里的地域性差异也十分明显。另外。由于各国法律规定的申请授权条件不同和授权机构不同,各国需要申请取得的同种类知识产权的取得手续、取得时间也有明显不同。

(二)知识产权行使阶段的地域效力

知识产权行使的地域效力是指关于知识产权行使方式的立法,各国的规定具有地域性效力;权利人一般只能在确认或授

---

① 吴汉东:《知识产权基本问题研究》,中国人民大学出版社2005年版,第372页。

② 李明德:《美国知识产权法》,法律出版社2003年版,第272页。

予知识产权的特定法域内行使其权利。知识产权权利人取得权利后,由谁依法行使、如何行使、行使哪些权利,各国知识产权法的规定不管从历史发展过程、现状考察也都具有明显的地域性差别。(1)知识产权权利人行使的权利内容在不断丰富,如早期著作权人只能行使作品的印刷版权,随着技术的发展,增加了机械复制权、改编权、出租权、追续权、信息网络传播权等不断被各国或早或晚增加到著作权内容中,权利人可行使的权利越来越丰富。不过,我国 2001 年修改著作权法时才将出租权作为可行使的权利,到目前我国著作权法仍然不承认追续权,权利人当然无法行使追续权。但德国、意大利、法国等国家著作权人就可以依法行使追续权。(2)知识产权权利行使的主体应当首先是原始取得权利的作者,但希腊、俄罗斯、瑞士等国家法律规定自然人才能成为作者,法人等组织体不能成为作者,相反,同时代的英国、日本等国家以及我国法律规定自然人、法人等都可以成为作者享有和行使著作权。(3)权利人可以通过自行使用、转让、许可、质押、投资等方式行使知识产权,这些具体行使方式不仅受各国知识产权法规制,也受各国合同法、担保法、投资法及公司法等的规制,其中权利行使行为的地域性效力的存在也是显而易见的事实。跨地域(法域)行使知识产权一般会因为知识产权不被他国承认而导致行使权利的行为也不被承认。不过在多国就同一项知识产品分别取得知识产权后,权利人在权利取得国分别行使知识产权当然是可能和允许的,不过此时在各法域内行使的正是被本法域确认的权利,这恰恰证明了知识产权行使具有地域效力。正如有学者指出"如果一个人就同一项技术在中国、美国和欧共体都取得了专利权,那么,他可以将在美国的专利权转让,而保留在中国和欧共体的专利权,并将在欧共体的专利权许可他人使用"。① 此种情形下,各种行使权利的行为均应当予以承认。

(三) 知识产权保护阶段的地域效力

知识产权保护的地域效力是指知识产权一般只在依特定法域的空间范围内才受到具有该地域特点救济制度与机构的保护。除非有国际条约、区域性国家间条约或双边条约的特别规定。专利权、商标权、著作权、商业秘密权、布图设计专有权等都具有特定的权利"国籍",哪一国授予了知识产权,该知识产权就受哪一国法律的保护,超出授权国境,其他国家无义务必须保护该项权利。客观上分析,一国知识产权保护机构也无法或难以查明特定的"权利"是否已被他国授权或确认,即使可以查明,基于国家法律主权原则也不会主动给予保护。如有学者指出,如果权利人只在美国取得了某项技术的专利,那么中国的企业在中国境内实施该项专利并不构成侵权,因为在认定专利侵权与否时,只认专利的"国籍"。② 所以专利为了获得他国的保护,就必须提出国际申请,以获得其他国家的授权。以我国专利申请的受理情况和授权情况为例,1985年4月到2010年12月,共受理专利申请7 037 574件,授权量3 897 359件。其中外国公司、自然人来中国申请专利的数量达到1 037 114件,占总申请量的14.7%;外国公司、自然人在中国获得专利授权数量达到512 881件,占总授权量的13.2%。③ 同样,商标如果要受到一国法律保护也必须在该国

---

① 张玉敏:"知识产权的概念和法律特征",载《现代法学》2001年第5期。

② 郑成思:《知识产权法》,法律出版社2003年版,第225页。

③ 国家知识产权局网站:统计信息,http://www.sipo.gov.cn/tjxx,访问日期:2012年1月5日。

进行申请，以获得注册商标权。2010年外国企业在中国的商标注册申请98 727件，占我国当年商标注册申请总量107.2万件的9.2%。在中国申请商标注册的海外公司来自147个国家。其中申请量排名前三的分别国家是：美国（23 346件），日本（20 021件）和德国（6 333件）。[①] 另外，各国知识产权保护司法机构、行政机构也是根据各国法律进行设置，其地域效力明显。如2004年日本国会通过了《日本知识产权高等法院设置法》，依据该法，日本在东京高等法院内设立知识产权高等法院，实际上对知识产权案件进行专属管辖，强化知识产权保护;[②] 美国主要依靠司法手段保护知识产权，但又通过《美国关税法》337条款，由美国国际贸易委员会对美国以外企业涉嫌侵害美国知识产权的案件进行审理，成为最具美国特色，也广泛为其他国家诟病的一项保护制度。[③] 我国在法院设置知识产权审判庭，进行知识产权三审合一改革，同时强化知识产权行政保护执法权利和执法力度，也具有明显中国地域特点。这些国家设置的知识产权保护机构仍然只能在主权范围内行使知识产权保护职责。

### 三、知识产权地域效力产生与存在的依据

知识产权地域效力存在于知识产权法律制度之中，是对知

---

[①] "中国商标申请和注册总量将持续增长"，载《中国日报》2011年3月22日，http://www.chinadaily.com.cn/zgrbjx/2011－03/22/content_12205492.htm，访问日期：2012年1月5日。

[②] 梅术文、曹新明："日本知识产权法院的设置及其启示"，http://www.fengxiaoqingip.com/ipteseluntan/luntan3/lt3susong/sszonglun/20090130/3257.html，访问日期：2012年1月5日。

[③] 陈泰峰："美国'337条款'特点与本质辨析"，载《国际商务研究》2007年第6期。

## 第五章　知识产权地域效力

识产权权利取得、行使、保护状况的理论概括。那么，导致知识产权具有地域效力的原因是什么？对此学者有不同的认识。知识产权地域性与知识产权权利产生的历史特点相关，知识产权国际保护没有动摇知识产权的地域性。① 知识产权地域性的根源在于法律的地域性，每个国家都不能要求别国执行自己的法律，这是地域性的政治基础。另外是知识产权本身的历史原因。② 知识产权地域性产生的原因有三方面，历史原因、法理原因和利益原因。③ 这些论述有一定的合理性，但尚没有准确地抓住问题的主要矛盾。笔者认为寻求知识产权具备地域效力的原因或理由，一方面是从法律制度的一般层面进行分析，另一方面更要从知识产权与其他财产权利比较的特殊性方面进行分析，而后一方面的分析结果才是问题的主要方面。

从民事权利的一般效力范围上考察，由于早期的国家处于相互分离或隔绝状态，凡法律权利均有明显的地域性，如物权、债权、继承权等由那一国法律规制和设定，依国家主权原则当然就应当在主权国家管辖的空间范围具有效力。但19世纪后随着国际经济、文化交往活动的频繁进行，具有严格地域性效力限制的法律权利面临着越来越多的行使方面的冲突和保护方面的冲突，由此发展出"涉外物权平权原则"，各国相互承认依据对方国家的法律产生的财产权，使民事权利具有了域外效力，民事权利的跨国行使和保护问题得到了一定解决。而且，对于物的财产权而言，由于客体本身物的独占性特点，一

---

① 吴汉东：《知识产权制度基础理论研究》，知识产权出版社2009年版，第18~19页。
② 齐爱民：《知识产权法总论》，北京大学出版社2010年版，第166页。
③ 冯术杰、于延晓："知识产权地域性的成因及其发展"，载《长白学刊》2004年第6期。

国承认的物权，他国也可以通过权利人对物的实际占用事实，推定其为权利人，为物权的域外承认提供了事实基础。不过这里需要特别注意的是，民事权利之所以产生了域外效力恰恰是以地域效力为基础的，承认域外效力的存在并不是表示民事权利的地域效力就消失了，最多是地域效力有所减弱。

  知识产权作为一种无形财产权虽然产生的时间大大晚于民法中的有形财产权，但作为法律权利的基本地域性效力是与其他有形财产权完全一致的。另外，知识产权制度建立时期，由于知识产权是以授予"特权"的形式存在，而"特权"只可能在授予国地域内产生效力。到近代后，知识产权从封建特权转变为法定的权利，其地域性效力因为国家法律主权而继续维持。但19世纪后，当传统有形财产权的地域性效力减弱，不再被特别强调后，为什么在知识产权法律制度中却一直强调知识产权的地域效力，并把它作为知识产权的基本特征之一？最基本的客观原因是由于知识产品的特殊物理属性与知识产权制度特殊的运行机制。本书第一章已经论述了知识产品具有无形性、可共享性等不同于有形物的物理特性，这些特性决定知识产品在创造完成阶段可以出现全球范围内不同的人通过自己的创造性智力活动，完成并拥有相同的知识产品，比如专利技术、商标、布图设计等知识产品的创造生产；知识产品在使用阶段也可以由全球范围内的多数人共同控制使用而不会减损其价值，甚至正好相反，使用的人越多，知识产品的价值就越能得到体现。知识产权是逆知识产品的特殊物理属性来设权，在共生共享的创造性知识产品上设定一个法定的独占垄断权，为了使这样的权利具有公信力、权威性，又设计了申请授权的程序（不包括自动取得的知识产权），并通过适用先申请原则把可能存在的其他创造主体排除于权利人范围之外；同时设计了许可使用、合理使用、公有领域等制度解决知识产品天然的共享性。而这一法律制度的设置与运行，必须依靠特定地域范围的主权国家的审查授权机构、行政管理机构和司法保障机构的大量人、财、物的投入和协调运行，否则知识产权制度就不能真正发挥效用。实际上，如果超出了特定授权、保护的地域范围，其他国家即没有必要，在客观上可能也无法判断外国的知识产权是否存在、外国的知识产权权利人究竟为谁等，此时无法真正有效保护外国的所谓知识产权。因此，可以将知识产权的地域性效力特征概括为：（1）反映了知识产权授权、行使和保护方面制度的分地域适用和实施的现状；（2）强调了知识产权的权利只能在特定地域内产生效力，超地域后即使被他人利用或使用也无法进行追究；（3）督促一国地域内的权利人如果要寻求获得他国保护，就必须及时再在外国另行申请授权。

## 第二节 知识产权域外效力的内涵、类型化与扩张

### 一、知识产权的域外效力的内涵与本质

知识产权的域外效力如何进行范围界定，以为研究划定一个相对稳定的范围，对此学者间的认识仍然有较大差异。有学者从国际私法领域对知识产权域外效力进行了界定，认为域外性在不同背景中有不同的内涵，从实体法角度看，指一国的实体法效力超越本国领土范围发生了效力；从冲突法角度看，域外效力指一国承认和保护外国的民事法律及其产生民事权利的效力。在冲突法领域不能认为知识产权地域效力和域外效力是一对立的范畴。知识产权的特定空间效力范围不排除外国承认

该知识产权具有域外效力。地域效力是一个主权国家的实体立法结果，域外效力是另一个国家是否承认和保护该知识产权。[①] 有学者把知识产权的域外效力表述为超地域性，从知识产权制度授权和国际保护方面进行分析，认为知识产权的超地域性是指知识产权人在全球范围内可获得知识产权授权和保护的特性，即知识产权的域外确权和国际保护问题。[②] 笔者认为从国际私法角度可以对知识产权法的域外效力进行较准确的分析界定，知识产权的域外效力根源于法律的域外效力，但又不完全相同。所以上述前一位学者将两者混同论述的方法存在问题。对知识产权域外效力进行界定应当回归于知识产权权利制度层面进行分析，应当在知识产权地域效力的基础上，对应地从权利取得、权利行使、权利保护等方面对知识产权域外效力的内涵进行界定。所以上述后一位学者的认识视角是较准确的，但对知识产权超地域性内涵的外延界定稍嫌狭窄，没有将知识产权域外效力内容全部涵盖其中，如没有将知识产权行使方面的域外效力列入其中。

笔者认为知识产权的域外效力应是指一国授予的知识产权即使在授予国以外也可获得他国承认或再次授权、权利行使被他国承认及获得他国法律保护的效力。知识产权的域外效力并不是对地域效力的否定，而是地域效力发展和内容延伸的逻辑结果，正是由于知识产权具有基本的地域效力特征，进而为了协调不同地域知识产权权利的冲突、跨国纠纷的处理等，才通过内国法、一系列双边或多边条约来协调处理知识产权的域外

---

① 徐祥：" 论知识产权的地域性"，载《武汉大学学报》（哲学社会科学版）2005 年第 5 期。

② 齐爱民：《知识产权法总论》，北京大学出版社 2010 年版，第 167 页。

承认、授权、保护等问题，由此才制定和适用了知识产权域外效力制度。因此，从本质上考察，知识产权域外效力是其地域效力的重要构成内容。不应离开知识产权地域效力的基础去研究知识产权的域外效力问题。

**二、知识产权域外效力之类型化分析**

知识产权域外效力在制度层面具体可分为取得权利阶段的域外效力、行使阶段的域外效力和保护阶段的域外效力。

（一）知识产权取得权利阶段的域外效力

知识产权取得权利阶段的域外效力包括被一国授权的知识产权的直接域外效力和一国已经授权的知识产品在他国再行获得授权从而间接实现的域外效力。前一种情形如我国著作权的域外效力状况。我国《著作权法》第2条规定：外国人、无国籍人的作品根据其作者所属国或者经常居住地国同中国签订的协议或者共同参加的国际条约享有的著作权，受本法保护；未与中国签订协议或者共同参加国际条约的国家的作者以及无国籍人的作品首次在中国参加的国际条约的成员国出版的，或者在成员国和非成员国同时出版的，受本法保护。我国2002年实施的《计算机软件保护条例》第5条也规定，外国人、无国籍人的软件，依照其开发者所属国或者经常居住地国同中国签订的协议或者依照中国参加的国际条约享有的著作权，受该条例保护。这里在我国地域范围内对外国人、无国籍人作品著作权进行域外保护的规定，实际上承认了其他成员国确认的著作权在我国具有域外效力。后一种情形如著作权以外其他知识产权的域外效力状况。专利权、商标权、布图设计专有权、植物新品种权等在一国获得授权后，并不能直接在他国获得域外效力，为了获得域外他国的承认和保护，知识产权国际条约及内国法都规定允许其通过向特定域外国家申请或专门的国际申请程序获得他国的授权。这样就产生了在同一知识产品上设立了多国的多个知识产权的现象。如专利权国际申请中存在的国际优先权制度,就是为同一项专利技术获得多国授权提供便利条件。此现象一方面反映了特定知识产品获得单一申请授权后仅在授权国有效,坚持了地域效力原则;另一方面为了绕过或突破地域效力的限制,不得不在到他国另行申请授权,以变相获得实际的域外效力。

(二) 知识产权行使阶段的域外效力

知识产权行使阶段的域外效力是指由于知识产权的权利特性导致权利人行使知识产权可能会跨越国境,此时越境行使知识产权的行为是否受他国的承认。(1) 在国际条约和内国法有特别规定时,跨境行使知识产权的行为应当受到他国承认。如驰名商标具有跨境保护的特点,《巴黎公约》第 6 条第 (2) 项规定了在成员国一国被认定驰名的商标,其他成员国的当事人也不得复制、仿制或翻译,否则,管理机构应当拒绝或取消注册,并禁止使用。① 我国《商标法》第 13 条第 1 款也规定:"就相同或者类似商品申请注册的商标是复制、摹仿或者翻译他人未在中国注册的驰名商标,容易导致混淆的,不予注册并禁止使用。"这实际上是承认外国驰名商标在我国具有域外效力。在国际上发生的许多驰名商标被他国当事人抢注的案件审理中,驰名商标权均具有跨国行使的效力。如围绕在德国被抢

---

① 《巴黎公约》第 6 条第 (2) 项的内容是:如本国法律允许,应依职权,或依有关当事人的请求,对商标注册或使用国主管机关认为在该国已经属于有权享受本公约利益的人所有而驰名,并且用于相同或类似商品的商标构成复制、仿制或翻译,易于产生混淆的商标,拒绝或取消注册并禁止使用。

注的"海信"字母商标"HiSense",中国海信公司与德国博世－西门子公司在德国法院发生了诉讼①,依据《德国反不正当竞争法》和《德国商标法》,如果"HiSense"商标在德国被抢注前已经是中国驰名商标(事实也是如此),则中国海信公司有权要求抢注人撤销注册、停止使用。后该案以调解结案,中国海信公司夺回了该商标的德国商标权。(2)在以转让、许可、抵押、投资入股等方式行使知识产权时,一国权利人可以与他国当事人订立行使知识产权的涉外合同,知识产权的域外效力因跨国当事人的约定而得到确认。知识产权人可以就相同的权利内容许可多人行使,无论受许可人居于国内还是国外。如著作权人可以同时许可两家出版社出版其作品,专利权人可以同时许可两家企业生产其专利产品,商业秘密权人也可将其商业秘密许可两家以上企业使用,商标权人可同时许可五家企业使用其商标。受许可人虽然不在权利授权国,但只要其审查了权利人提交的权利凭证,对该项权利予以承认,跨国许可协议的订立和履行就不应当存在障碍。这本质上是一个非独家许可的协议安排问题,但巧妙解决了知识产权行使的地域效力冲突。

(三) 知识产权保护阶段的域外效力

知识产权保护阶段的域外效力是指一国依法取得的知识产权不仅可以在授权国受到保护,也可以获得他国依据国际条约、区域条约、双边条约、国内法给予的保护。知识产权域外保护制度是知识产权不同于传统民事权利的一个重要特点,这

---

① 崔海燕、邓胜、康宁:"海信跨国追回商标案内幕 西门子为何前倨后恭",http://tech.sina.com.cn/it/2005-04-05/1131571850.shtml,访问日期:2012年1月5日。

个特点具体体现为：(1) 成立专门的国际保护组织。成立了世界知识产权组织、世界贸易组织知识产权理事会等专门管理和保护知识产权的国际组织。(2) 制定大量国际保护条约。从19世纪80年代开始制定和实施了大量的国际多边条约对知识产权国际保护问题进行协调，统一保护原则，统一最低保护标准，统一国际争端解决程序等。知识产权国际公约可以分为三类：一是提供实质性知识产权保护的条约，如《巴黎公约》、《伯尔尼公约》、《日内瓦公约》、《知识产权协定》等；二是便于在多国获得知识产权保护的条约，如《专利合作条约》、《马德里协定》、《布达佩斯条约》等；三是建立相关国际分类的条约，如《商标分类尼斯协定》、《维也纳协定》等。① 大量知识产权国际条约的制定就是为了解决具有基本地域效力的知识产权的跨境保护问题，通过不同的方式解决了知识产权的域外效力问题，为国际经济一体化扫清知识产权法律方面的障碍。(3) 形成专门的国际知识产权争端解决机制。1995年后在WTO框架下，依据《知识产权协定》建立了知识产权国际争端解决机制，推动知识产权国际条约的强制力、约束力、执行力提高到一个全新高度，实质性扩张了成员国知识产权的域外效力。(4) 出现了多国有效的区域一体化知识产权。区域一体化知识产权的产生，将知识产权域外效力的水平又提升了一步。区域一体化知识产权与前述的知识产权国际保护不同，它一定意义上是对知识产权地域性效力的否定。区域一体化知识产权也可称为国际化的知识产权或知识产权的国际化。推进区域一体化知识产权的地区性国际条约主要是：第

---

① 吴汉东：《知识产权基本问题研究》，中国人民大学出版社2005年版，第143页。

一，1973年由欧洲14国签订了欧洲专利公约，并于1978年正式生效，欧洲专利局根据欧洲专利公约成立，通过欧洲专利局可以申请获得多个或全部成员国的专利权。第二，1969年拉丁美洲国家玻利维亚等5国缔结了经济合作条约《安第斯协定》，安第斯协定组织委员会1974年发布了《工业产权适用规则统一条则》，统一安第斯组织成员国的工业产权法。第三，1977年非洲知识产权组织在中非首都班吉通过了《班吉协定》，当时有中非、喀麦隆等13各成员国，1982年2月生效。该协定是实际上第一个产生全面跨国工业产权与版权的地区性公约。[①] 依据该协定获得的专利权、商标权、版权等在所有成员国有效。（5）涉外知识产权纠纷管辖权与法律适用向域外扩展。涉外知识产权纠纷一般由权利要求地法院管辖，但由于20世纪70年代以后卫星技术、网络技术的普及应用，涉及现代技术应用平台上的侵权行为可能同时在几个或十几个国家发生，权利人如果依次在这些国家诉讼将极不经济和便宜。此时催生了一种全新的管辖权理论，即一个法院不仅有权管辖其域内知识产权纠纷，而且有权管辖在其他地域发生的相关纠纷。同时，以权利要求地法作为知识产权准据法也相应变革，适用最密切联系地法这种新准据法原则也许成为最好选择。[②]

### 三、知识产权域外效力存在与扩张之正当性

知识产权之所以产生域外效力，域外效力之所以不断增强，原因与理由应当是复杂和多样的，但其中最重要的理由是

---

[①] 郑成思：《知识产权论》，法律出版社2005年版，第544页。
[②] 刘家瑞、史威："知识产权地域性冲突法评述"，载《中央政法管理干部学院学报》1998年第6期。

知识产权法律制度运行规律的必然、经济与法律全球化发展的要求、权利人的利益诉求与保护便捷性的需要。

(一) 知识产权法律制度运行发展的必然结果

任何法律制度及其所确认的权利都存在适用的地域性限制，但地域性特征一般会随着经济、文化等国际交流的跨国开展的经常化、随着国际市场的不断开拓，内国法与外国法之间的实体法与程序法都会产生冲突，此时在私权保护领域就产生国际私法来解决涉外纠纷的法律冲突问题，内国法及其确认的权利一旦被他国法院适用或认可，就必然产生法律或权利的域外效力。知识产权法律制度的域外效力产生和发展即基本符合一般法律制度的域外效力产生发展的规律，也具其独特的运行轨迹。

近代知识产权产生于1709年的《英国安娜法》，早期的知识产权在欧洲及美洲国家仅是一种地域性权利，19世纪后随着工业产品销售市场的扩大和殖民扩张，资本、技术、商品的跨国流动越来越频繁，此时首先产生了一国的知识产权在贸易联系最密切国家也应当受到保护的需求，因此到1883年《巴黎公约》缔结前，欧洲各国间签订了一系列双边知识产权保护条约，其中在著作权领域双边协定就有30多个。而从1883年《巴黎公约》、1886年《伯尔尼公约》颁布实施后，一直到1994年《知识产权协定》颁布，知识产权进入多边条约保护阶段，其域外效力的范围覆盖到所有成员国，获得了批量扩展。知识产权国际保护是在肯定知识产权地域效力基础上完成的制度性进化或发展。知识产权国际保护进程中，于20世纪70年代后，一些地区性国家进行了知识产权一体化的探索，如前文所述以《欧共体专利公约》、《安第斯协定》、《班吉协定》等地区性国际条约的颁布实施为标志。国际性一体化知识产权的产生从目前情况考察并没有取代成员国的知识产权，往往是可以同时申请获得的。但从未来发展趋势看，完全以国际性一体化知识产权取代主权国家的知识产权可能性不大，国家间发展水平的差异、国家主权观念的限制等原因仍然对国际知识产权实体法律、程序法律统一发挥巨大的阻碍作用，短期内无法消除。因此，域外效力未来仍然主要通过多边知识产权国际保护条约来实现，国际性一体化知识产权的探索可以继续进行，但不会取代知识产权国际保护的制度与实践。

(二) 经济与法律全球化发展的要求与结果

20世纪80年代的美国经济学家首先提出"市场全球化"的表述。① 有学者认为全球化（globalization）可以被界定为"跨越民族国家疆界的各种经济活动的急剧膨胀"。② 还有学者更直接指出，全球化是以超越地域空间扩展为标志的社会地理变革，其主要特征为地域主义的终结，代之而起的是超地域性和非地域性。③ 广义的全球化可回溯到哥伦布发现新大陆，狭义上理解，全球化特指20世纪70年代第三次科技产业革命，特别是20世纪80年代西方世界奉行新自由主义政策，世界经济政治关系的一体化趋势。④ 具体而言20世纪80年代以来，由于政治上的全球冷战结束、经济上WTO成员国不断增加、

---

① Theodore Levitt: The Globalization of Markets, Harvard Business Review, June 1983.

② [印] 迪帕克·纳亚："全球化意味着什么？"，见黄平选编：《与地球重新签约——哥本哈根社会发展论坛论文选之一》，人民文学出版社2003年版，第119页。

③ Jan Aart Scholte: Globalization: A Critical Introduction, Basingstoke: Palgrave, 2000.

④ 何志鹏：《全球化经济的法律调控》，清华大学出版社2006年版，第6页。

技术上全球计算机网络开始普及应用,各国政治、经济、贸易、技术、文化国际交流与交往空前频繁,打破地域鸿沟建立规制跨国经济、贸易、技术、文化交流的法律制度,特别是在知识经济已经成为经济发展发动机的时代,如何超越传统知识产权国际保护机制,构建适应知识经济发展要求的国际知识产权保护规则体系和秩序就成为必须解决的紧迫问题。如果说在19世纪到20世纪末期之间知识产权国际保护更大程度上仅仅是一个相对独立的国家间法律的协调运行问题的话,那么到20世纪90年代在美国等西方发达国家全力推动下,将知识产权法律规则与国际经济贸易问题密切联系,并直接置于经济全球化的羽翼之下,最终于1994年颁布了《知识产权协定》。《知识产权协定》与之前的知识产权国际条约比较,调整的知识产权种类增多、保护标准提高、规则的强制执行效力显著增强、争端解决机制和制裁机制获得完善。《知识产权协定》的制定和实施对WTO的154个成员国的国内知识产权法律基本规则的统一发挥了一定的强制性作用[1],各国知识产权规则实质上的一体化一方面并没有否定各成员国知识产权的地域性效力,另一方面事实上大大扩张了一国知识产权的域外效力。

(三) 权利人的利益诉求与保护便捷性的需要

知识产权法律作为保护权利人私权的制度安排,最终衡量知识产权保护效能的重要指标之一应当是对权利人利益保护的细密程度和权利人行使权利的便捷程度。如果早期的知识产权权利人只能在特定的地域范围内才能行使和保护知识产权,那么随着上述国际货物、服务贸易的开展,内国知识产权必然伴

---

[1] 2011年12月16日俄罗斯经过18年谈判被批准成为世界贸易组织(WTO)的第154个成员国。

随货物、服务商品而进入他国范围，此时权利人必然基于利益保护的需要提出知识产权域外保护的诉求。而回应这些诉求的就是通过制定和实施一系列双边条约、多边条约，规定在坚持知识产权保护独立性原则的基础上，允许权利人进行跨国申请获得他国授权或提供国民待遇来保护外国权利人的利益。但知识产权分国别申请保护成本高、时间长、效率低，还无法从根本上解决国家间的法律冲突与管辖冲突。为此，欧共体国家、非洲知识产权组织、安第斯组织从20世纪70年代后通过制定地区性国际条约，企图以区域一体化知识产权与保留各国分别授予的知识产权并存的方式，来为权利人提供更便捷和更高效的保护，但由于国家法律主权和司法主权观念、各国经济社会与文化发展水平差异的制约，区域一体化知识产权的实践效果与推广适用仍然不令人乐观。知识经济时代到来后，发达国家作为拥有知识产权权利数量最多、质量最高的国家，代表本国权利人利益希望另辟蹊径，将知识产权国际保护与较成熟的国际贸易体系相结合，提供基本保护标准、强化执行力度、建立纠纷解决机制，推动知识产权权利人利益的最大化、保障发达国家获得知识产权竞争优势，结果以《知识产权协定》的签订为标志，知识产权权利人利益诉求与便捷保护得到了积极回应。对权利人而言，从知识产权具有地域效力，再到具有越来越扩大范围的域外效力，意味着权利行使的空间得以不断扩张，预期可获得的知识产权利益也显著增加，权利跨地域保护更加便捷和有效。因此，知识产权具有域外效力是知识产权人的期望所在和利益所系。

## 第三节　知识产权地域效力与域外效力关系的衡平

如上所述知识产权的地域效力与域外效力之间本来并不是对立的范畴。知识产权地域效力是权利取得、行使和保护的基本特征，域外效力则是从地域效力中发育出来的内容，是为了使地域效力特征能够适应时代发展需要而进行制度修正、完善的后果。从法律规则层面考察，国内法和国际条约等都会存在地域效力规范和域外效力规范，但相对而言，国内法内容更集中体现了知识产权的地域效力特征，国际条约、双边条约的内容更集中体现了知识产权域外效力特征。近100多年来，知识产权域外效力的不断扩张，客观上限制了地域效力的作用发挥，那么，在国际条约和国内法制定修改中、在具体制度运行中、在知识产权涉外纠纷处理中如何衡平和处理知识产权地域效力与域外效力关系、适度划分两者的分界就成为需要进一步研究的问题。这里所谓的衡平是希望借用衡平法（equity）的理念，以公平和正义原则来明晰知识产权地域效力与域外效力的关系，设计相关制度，处理相关冲突。

### 一、国际条约适用中两者关系的衡平

全球30多个知识产权国际条约及更多的配套条约的制定、适用，对成员国国内法中知识产权规范内容的实质性趋同发挥着不可替代的作用。国际条约制定修改过程中更多反映了发达国家的利益诉求，保护水平的设置更多反映了发达国家的经济、科技、文化的发展需要。而国际条约一旦生效，成员国基于经济、科技、文化交流和发展的需要就不得不按照国际条约的内容对国内知识产权规则体系进行调整、修正。这一过程也

第五章 知识产权地域效力

可简单概括为具有地域效力的国内知识产权通过国际条约转化为具有域外效力的知识产权，国际条约中具有域外效力的知识产权又通过不断为成员国国内法吸收和承认而具有了一国的地域效力。对此，可以从参加知识产权国际条约成员国数量、国际条约内容变化、国际条约对国内法影响方式方面来具体分析。（1）参加主要国际条约的成员国数量一般都超过全球国家的2/3。到2009年7月，《巴黎公约》成员国173个、《专利合作条约》成员国142个；① 到2006年12月，《伯尔尼公约》成员国163个；② 到2011年年底，《建立世界知识产权组织公约》成员国185个；③ 到2011年年底，《知识产权协定》加入国154个。④ 如此多的国家普遍参加知识产权国际条约，一方面说明国际条约的原则、内容已经为这些国家接受，另一方面说明国际条约从外到内对一国知识产权制度产生的影响力不可低估。（2）国际条约的内容不断发展变化。自1883年《巴黎公约》、1886年《伯尔尼公约》缔结颁布后，一方面不断修改完善已出台条约的内容，另一方面不断制定新的条约。结果是国际条约中知识产权保护的客体范围不断扩大、保护水平不断提高、实施力度不断加强。这些内容变化因为各成员国的加入，又不断被成员国国内法所接受、吸收和实施，推动成

---

① 佳茂知识产权代理（北京）有限公司："PCT成员国、巴黎公约成员国、世界贸易组织成员"，http：//www.justalen.cn/content.asp?id=256，访问日期：2012年3月15日。

② 国家版权局网站："《伯尔尼公约》成员国"，http：//www.ncac.gov.cn/cms/html/205/1886/200701/672073.html，访问日期：2012年3月15日。

③ 中国知识产权研究会："瓦努图瓦共和国将成为WIPO的第185各成员国"，见《知识产权竞争动态》2012年第2期。

④ 世界贸易组织网站：http：//www.wto.org/english/thewto_e/whatis_e/tif_e/org6_e.htm，访问日期：2012年3月15日。

员国知识产权权利体系、权利行使方式、权利保护方式等趋同化。当然，成员国并不需要必须执行全部的条约内容，一般必须执行的是条约中的义务性规范，即带有"必须"、"应当"或"不得"等表述的强制性规范，如国民待遇原则、独立保护原则的条款，最低保护要求的条款等，而对"选择性"条款成员国可参考执行或不执行，对声明"保留性"条款可不执行。① 《知识产权协定》对一般国家、发展中国家、最不发达国家执行协定内容还分别规定了"过渡期"制度。② 这里实际上是考虑到了不同国家的发展水平，而允许对知识产权国际条约内容的执行、适用可以存在地域性差异。但在实践中，发达国家往往在国际条约之外通过双边谈判再对发展中国家的知识产权立法、执行等提出超出国际条约，甚至超出发达国家自己保护水平的不合理要求，有意无意只强调知识产权的国际性及域外效力，而无视其差异性及地域效力。比如，从1989年开始到目前，美国就一直通过双边谈判、磋商，通过订立备忘录要求中国加入知识产权国际条约、要求中国修改知识产权国内法、要求中国不断强化知识产权执法力度等，以强化对美国知识产权的保护水平和保护力度③，而美国的许多要求已经直接威胁到中国在知识产权领域中立法主权、司法主权，更没有或不想考虑中美知识产权制度的经济社会发展水平的地域性差异。

---

① 陶鑫良、袁真富：《知识产权法总论》，知识产权出版社2005年版，第234~235页。

② WTO《知识产权协定》第6部分"过渡安排"：一般国家1年过渡期；发展中国家5年过渡期；最不发达国家10年过渡期。

③ 杨国华：《中美知识产权问题概观》，知识产权出版社2008年版，第68~77页。

第五章　知识产权地域效力

在知识产权国际条约已经拥有大量成员国和产生了巨大影响力的情况下，如何衡平知识产权地域效力与域外效力的关系，笔者认为可以依照以下准则进行处理，（1）准确适用国民待遇原则和独立保护原则。国民待遇原则和独立保护原则是知识产权国际条约中基石性原则，坚持国民待遇原则要求一国给予外国人（包括无国籍人）以相同于其国民的待遇，包括权利和义务。但如果一个经济科技发展水平较低国家的国内法规定的某种知识产权保护水平低于国际公约规定时，该国就应当为外国国民提供达到国际公约要求的最低保护水平，这样就会出现就同一种权利外国国民的法律待遇高于内国国民，虽然不合理，但不违反国民待遇原则。如对于实用艺术品的保护，《伯尔尼公约》第2条第（1）款规定，文学艺术作品包括"实用美术作品"。该公约第7条第（4）款规定"本联盟成员国有权以法律规定摄影作品及作为艺术品加以保护的实用美术作品的保护期限；但这一期限不应少于自该作品完成时算起25年"。我国《著作权法》并没有对"实用艺术品"的保护作出明确规定。所以我国为了履行《伯尔尼公约》对实用艺术作品的保护义务。国务院于1992年9月发布实施《实施国际著作权条约的规定》。该规定第7条的规定"对外国实用艺术作品的保护期，为自该作品完成起25年"一直适用至今。结果是我国国民的实用艺术作品在我国不受著作权法保护，但外国国民的实用艺术作品可以受我国著作权法保护。不过这种似乎不合理的规定从另一方面也体现了知识产权受各成员国以国内法独立保护的原则。独立保护体现为各国独立立法、独立司法、独立执法，不受他国干预。如能够坚持此原则，知识产权的地域效力基本可以获得保障。（2）坚持知识产权国内保护水平的适度性和适当超前性。知识产权国内保护水平的适度性是指与经济社会发展、科技与文化水平相一致,不要故意降低或拔高保护水平。实际上对于已经参加主要知识产权国际条约的成员国,只要达到国际条约中最低保护水平就应当是比较适度的制度平衡点。因为国际条约的最低保护标准或水平往往是发达国家掌握主导权或话语权情况下形成的,所谓"最低保护水平"往往是指按发达国家经济社会发展水平和知识产权状况所确定的水平,对发展中国家、最不发达国家已经是较高或很高的保护水平了。从另一方面考察,知识产权法律制度具有对科技、文化、经济的发展的突出导向、激励和促进作用,因此相对保护制度形成时的社会发展水平与各国的知识产权发展现状,应当在保护标准或水平上设定一定的"提前量"或具有一定的超前性。这样的制度安排也有利于维持知识产权法律的稳定性。(3) 对域外国家假借国际条约实施或根据其国内法对内国知识产权制度进行的不当干涉应当予以拒绝和反击。近20年来,假借为推进国际条约实施或以一国国内法企图或正在干预他国知识产权法律制定、实施、执行的国家主要指美国为代表的发达国家。美国明知知识产权具有地域效力,一国知识产权保护只要达到国际条约要求的最低标准就完成了成员国义务,但仍然要么要求其他成员国承担超越国际条约规定的最低保护标准的义务,要么要求其他成员国接受美国国内法约束,随意单方适用美国的"301"条款,把其他国家分别列入知识产权"重点观察名单"、"观察名单"和第306节监督[①],或特殊"301"条款,或适用"337"条款,要求其他国家知识产权人接受其知识产权纠纷的准司法管辖。这些行为实

---

① 杨国华:《中美知识产权问题概观》,知识产权出版社2008年版,第89页。

际上把美国国内的相关法律规范赋予了不合理的域外效力,违反了基本的国际法原则。美国故意把知识产权赋予了法律以外的竞争工具价值,以知识产权作为给其他国家施加压力的"大棒",背离了知识产权的本体功能与价值,也违反公平正义的基本法律原则。

### 二、知识产权权利穷竭原则适用中的两者关系衡平

权利穷竭(权利用尽)是知识产权制度中特有的原则,一般是指知识产品首次合法投放市场后,知识产权人对该产品享有的财产权利即用尽或穷竭,不得再对该知识产品的再次流转、使用主张权利。权利穷竭的基础是知识产权在一国获得依法授权,所以通常权利穷竭在权利有效的一国地域范围内适用似乎具有天然的合理性。但基于经济贸易全球化的现实,包含知识产权的产品一旦进入市场流通环节,被出口或进口也成为常态,如果把知识产权权利穷竭仅理解为在权利授权国地域内适用,那么每次该批次产品的进出口仍然要受权利人控制,要经权利人许可或授权,要向权利人支付报酬,这显然会严重阻碍国际贸易的高效顺畅进行,增加产品的交易成本,实际操作也面临许多问题。就现行知识产权法的规定考察,不同种类的知识产权的权利穷竭情况也不尽相同。

(一)专利权权利穷竭的地域效力与域外效力

《专利法》第 11 条明确规定专利权人享有专利产品的进口权,未经专利权人许可或授权从外国进口专利产品就构成侵权行为,即不允许平行进口,但当授权国依法销售后的专利产品再向外国出口时,适用权利穷竭原则,不需要再经过专利权人的许可或授权,这里体现了权利穷竭原则在产品出口销售时延伸到外国地域范围适用。另外,《专利法》第 69 条规定专

利产品或者依照专利方法直接获得的产品,由专利权人或者经其许可的单位、个人售出后,进口该产品的,不视为侵犯专利权。这就意味着首次合法销售的专利产品从国外进口时也不再需要专利权人许可或授权,这里采用了"专利权国际用尽"立场。

(二) 商标权权利穷竭的地域效力和域外效力

经商标权人许可或授权将包含商标权的商品在一国首次销售后,商标权人对商品的再次销售或使用不再具有控制权。商标权的权利穷竭是否延伸到国外或域外,对此也可以分不同情况分析:(1) 首次销售后再进行出口销售的包含商标权的产品,商标权人无权控制;进而合法出口到外国的商品的再次销售、利用等,商标权人也无权控制,因此,商标权权利穷竭具有国际穷竭性或域外效力。(2) 同一商标被同一当事人在不同国家(如甲国和乙国)申请获得商标权后,分别在该两个国家首次合法销售后,再相互出口到对方国家的出口销售行为可适用商标权的权利穷竭。(3) 同一商标被不同当事人在不同国家(如甲国和乙国)申请获得商标权后,分别在该两个国家首次合法销售后,再相互出口到对方国家的出口销售行为不能适用商标权的权利穷竭。这时的进口人和进口后的再销售方的行为已经构成对甲国或乙国商标权人权利的侵权行为。

(三) 著作权权利穷竭的地域效力与域外效力

著作权中的发行权存在行使的穷竭问题,即著作权人仅能控制其作品原件或者复制品的第一次发行,发行权一经行使,对这些作品的再次发行,著作权人无权加以干涉。但作品的网络发行权、艺术作品的追续权、作品的出租权不存在权利穷竭问题①，权利人可以针对这些行为的发生反复行使权利。对于合法发行的流入市场的作品，无论是出口到外国，还是再从外国返销回权利授权国，著作权人都无权控制、干涉和禁止。发行权的穷竭属于国际穷竭，具有域外效力。除非作品著作权人与所有的作品销售商或进出口商有特别约定，可以由著作权人继续控制作品的进出口行为。对此，美国法院在1988年的一个判例很有代表性。Sebastian International, Inc V. Consumer Contact（PTY）Ltd. 一案中②，原告为美国生产护发用品的公司，产品标签取得了美国版权。原告与被告约定，被告不得将原告产品销售给职业沙龙业者，但南非除外。后被告将原告产品运抵南非后又将未拆封的货柜运回美国，销售给职业沙龙业者，原告于是向法院申请禁止令禁止该产品在美国销售。一审法院判决被告败诉，认为版权人享有的进口权不受首次销售原则的限制。但二审法院判决被告的行为不构成对原告版权的侵犯。二审法院认为，版权法并没有在散布权之外另外赋予版权人以进口权的意图，它只表明未经授权进口版权作品构成对散布权的侵害；法院还指出，首次销售原则是不受地域限制的，无论版权人的第一次销售行为发生在国内还是国外，都要受到首次销售原则的限制，不能在首次销售之后再控制这些产品的进口。

因此，从有利于国际贸易开展、有利于国际技术转让、有利于版权贸易等客观现实出发，知识产权财产权的权利穷竭的

---

① 冯晓青：《知识产权权利正当行使（权利限制）专题判解与学理研究》，中国大百科全书出版社2010年版，第23~24页。

② Sebastian International, Inc. v. Consumer Contact（PTY）Ltd., et al. UNITED STATES COURT OF APPEALS FOR THE THIRD CIRCUIT, 847 F. 2d 1093；1988 U. S. App. LEXIS 6982.

实际适用首先应当在授权国地域内产生效力，进而自然延伸到出口环节及进口国的地域范围之内，即具有域外效力。而在法律制度层面，也应当进一步在知识产权的国际条约及国内法中对知识产权权利穷竭原则的适用效力范围作出明确规定，同时，在法律无禁止性规定时，由权利人通过订立协议，对特定知识产权的权利穷竭的地域范围进行自由意定，该类合意条款具有约束力。

### 三、跨国知识产权滥用过程中的两者关系衡平

知识产权滥用在国际条约或国内法中还没有一个明确内涵界定，但自从把知识产权纳入国际贸易的框架，并于《知识产权协定》中提到知识产权滥用行为后，知识产权滥用就受到实务界和学界越来越多地关注和研究。从学理上分析，知识产权滥用是指在违反公共利益，或违反法律，或违反诚实信用原则情形下行使知识产权的行为。知识产权滥用的结果往往是损害了社会公共利益、危害市场竞争秩序，以及其他当事人的合法利益等。

《知识产权协定》在基本原则部分第8条第（2）项规定，成员国可以采取必要措施以防止权利人滥用知识产权。另外，该协定第40条、第48条、第50条、第53条、第63条和第67条从具体制度实施保障方面提及了防止知识产权滥用。在英国，法律体系中将滥用专利垄断权、专利产品协议中的搭售条款、无根据的以侵权诉讼相威胁等行为列入知识产权滥用范围；在美国，专利权滥用一般作为侵权指控的抗辩事由，在许多判例中对版权滥用、商标权滥用行为也予以认定和禁止。我国知识产权单行法中没有直接对知识产权滥用进行规制，但2008年实施的《反垄断法》第55条规定："经营者依照有关

第五章 知识产权地域效力

知识产权的法律、行政法规规定行使知识产权的行为，不适用本法；但是，经营者滥用知识产权，排除、限制竞争的行为，适用本法。"但对滥用知识产权的具体行为类型没有明确。从学理上分析，知识产权滥用行为通常包括拒绝许可、价格歧视、限制技术开发、垄断支配、滥用诉权等。而从知识产权滥用行为发生的地域看，一般是在一国地域范围内存在，并受该国法律调控，但也经常存在于跨国范围开展的货物贸易活动、技术转让、版权贸易中。

跨国知识产权滥用狭义上是指一国企业或自然人到他国行使知识产权过程中滥用知识产权，损害他国公共利益、他国相关当事人利益的行为。实践中往往是发达国家的知识产权优势企业利用拥有知识产权权利数量、质量、信息、财力、人力、市场等优势地位，通过拒绝许可、价格歧视、非诚信诉讼等方式行使知识产权，从而损害他国公共利益、当事人利益。以美国微软为例，其在全球计算机操作系统软件版权产品方面具有绝对的市场控制地位，所以在中国市场上的操作系统软件定价具有明显的价格歧视特征。Windows 98 中文版软件推出后，在中国价格人民币 1998 元，美国定价 109 美元；Office 97 中文专业版软件在中国价格人民币 8760 元，美国定价 300 美元；微软 OEM 预装软件给中国企业每份人民币 690 元，给美国 IBM 公司每份 10 美元。[①] 再以 2002 年"DVD 专利联合许可"系列纠纷案为例，多国 DVD 产品专利拥有厂家联合起来，把专利绑在一起形成"专利池"，然后形成标准，当我国 DVD 生产厂家用此标准生产时，必须交纳专利费。一台 DVD，我

---

① 转引自乔生：《知识产权保护与限制衡平研究》，中国检察出版社 2007 年版，第 47 页。

国生产商向国外交纳 20 美元,而自己只能挣 1 美元。在这里存在的问题是国外的 DVD 专利权人不向 DVD 机主要零部件厂商收费,却向更下游的中国组装企业收费,是否合理正当,"专利池"中的专利的有效性不能完全保证,收费标准显然太高,又缺乏依据,不合理拒绝对中国部分企业的专利许可等。① 结果中国 DVD 产业发展速度和规模受到了严重制约,企业的利润下降到不合理的水平,大量企业关闭或停产。这些案例说明跨国行使或滥用知识产权是知识产权优势企业谋取竞争优势的一种较常见的行为。针对跨国滥用知识产权的行为,一国首先应当在国内知识产权、反垄断等法律中对其构成条件、承担的责任作出尽可能明确规制,这样立法也完全符合《知识产权协定》的规定。此外,对于涉嫌滥用知识产权的国外企业应当加强监控力度和查处力度,既可以在侵权案件中把滥用行为列入抗辩理由,也可由反垄断或不正当竞争法的主管机关主动调查认定和处罚知识产权滥用行为,使跨国知识产权滥用行为人的目的无法达到。

## 本章小结

知识产权的地域效力基于知识产权法的地域效力而产生。知识产权的地域效力实际是指知识产权权利的取得、行使和保护只在特定的法域范围或地域范围内有约束力。知识产权地域效力是知识产权的基本特征之一,也是为保障国家法律主权而必须受到的权利效力的空间范围限制。知识产权具有地域效力

---

① 国家知识产权局知识产权发展研究中心:《规制知识产权的权利行使》,知识产权出版社 2004 年版,第 113~122 页。

也是为了保证知识产权权利人利益能够在特定行政、司法体系中实现的制度安排。随着知识产权法律保护制度的全球趋同化、网络环境中知识产权的超地域化，内国知识产权越来越具有显著的域外效力，但域外效力内容的保持和实现仍然必须以知识产权的地域效力为基础。域外效力是地域效力的发展或延伸，而不是对地域效力的根本否定。在处理知识产权的地域效力与域外效力关系时，应当坚持以公平、正义的原则进行协调和衡平。

# 第六章　知识产权请求权效力

## 第一节　知识产权请求权效力的内涵与性质

### 一、请求权基本理论与物权请求权理论

请求权的基本理论与物权请求权理论是研究知识产权请求权的理论基础和重要依据。民事实体法上请求权概念最早是1856年由德国学者温德纱伊德从罗马法和普通法中的"诉"（actio）的概念中发展出来的。"诉"着眼于程序法，而非着眼于实体法。① 此后请求权越来越成为大陆法国家民事实体法的重要内容，也越来越被民法学者所关注和研究。就目前研究现状考察，在民事权利体系中请求权占有重

---

① ［德］迪特尔·梅迪库斯：《德国民法总论》第2版，邵建东译，法律出版社2001年版，第67页。

## 第六章　知识产权请求权效力

要地位，国内外的民法学教材及论著中一般都会在民事权利分类的内容中论及请求权，通常的观点为依权利的作用为标准，可以将民事权利分为支配权、请求权、形成权、抗辩权等，请求权就是要求他人为特定行为的（作为或不作为）权利。① 依此概念衡量，请求权范围极广，可以是基础性权利本身，如债权，也可以是基础权利的派生性权利或救济性权利，如物权请求权、损害赔偿请求权等。基础性请求权因相对人不履行又转化为救济性请求权。② 再具体分析请求权有种种形态，包括基于债权的请求权、基于物权的请求权、基于身份权的请求权，还有一种是不附有请求权的权利，如撤销权、解除权等无法产生请求权。请求权与基础权利具有不可分的密切结合性，并因义务人履行义务而消灭。请求权也不同于诉权，诉权为保护性请求权，是公权，而请求权为私权。③ 进而，有学者提出具体权利的请求权的概念，认为具体权利的请求权是指以请求权命名的具体权利类型。"具体权利的请求权显然是因基础性权利受到侵害后派生的手段性权利，目的在于恢复或补偿基础权利。"④ 虽然，学者中也不乏对请求权概念、类型、性质的质疑的观点，但学界的主流观点仍然承认请求权存在的认识价值、体系价值、救济价值等。

在上述基本理论认识的基础上，笔者认为债权作为相对权，其权利行使过程就是请求相对人为特定行为的过程，因此，债权请求权实际成为债权的权能，也是债权的属性。而作

---

① 陈华彬：《民法总论》，中国法制出版社 2011 年版，第 203 页。
② 龙卫球：《民法总论》，中国法制出版社 2001 年版，第 142 页。
③ 史尚宽：《民法总论》，中国政法大学出版社 2000 年版，第 26～27 页。
④ 梅夏英、邹启钊："请求权：概念结构及理论困境"，载《法学家》2009 年第 2 期。

为绝对权的物权、人身权、知识产权等权利在正常行使时仅需通过对特定利益的支配、管领或控制就可实现权利，因此这些权利本身属性是支配权而不是请求权，但这些支配性的基础权利（绝对权）的实现一旦受到侵害或有受侵害之虞时，就派生出物权请求权、人身权请求权、知识产权请求权，此时，这些请求权不仅又具有了相对性，而且实际是基础权利作用力、约束力、保障力的直接体现，即从基础权利延伸派生的请求权也就是基础权利作用力、保障力的体现。

基于请求权一般理论的物权请求权问题的研究一直是物权法研究中的热点问题。在绝大多数的物权法著作或教材、文章中，物权请求权都作为物权效力的内容被关注和研究，产生了大量的研究成果。由于物权与知识产权同为支配权、绝对权，所以对物权请求权理论进行简要梳理有助于知识产权请求权理论体系的构建。

通说认为，物权请求权是指物权人于其物被侵害或有侵害之虞时，得请求回复物权圆满状态或防止侵害之权利，也被称为物上请求权等。我国台湾学者与日本学者通说认为物权有此项共同效力。[①] 物权请求权效力基于物权绝对性而生之保障。物权请求权属于何种性质，历史上争议较大，存在物权作用说、纯债权说、准债权之特殊请求权说、非纯粹债权说、物权效力所生请求权说、物权派生请求权说等。后采用独立请求权说的观点成为通说，但同时也有学者特别强调物权请求权是一

---

[①] 谢在全：《民法物权论》，中国政法大学出版社1999年版，第36页；久保木康晴：《最新物权法论》，有斐阁1992年版，第33页；王利明：《物权法论》，中国政法大学出版社1998年版，第145页。

## 第六章 知识产权请求权效力

种既不同于债权请求权,又与物权密切联系的特殊类型的请求权。① 也有学者从权利分类的逻辑方法上质疑了物权请求权的独立权利性质。② 物权请求权一般包括了返还原物请求权、妨害排除请求权、消除危险请求权和恢复原状请求权。德国民法、瑞士民法等独立法系民法中对物权请求权也有明确规定,我国《物权法》第34~36条也确认了四种物权请求权。物权请求权从内容到行使方式不同于债权请求权,也不同于损害赔偿请求权。物权请求权是否应当适用消灭时效,立法例有不同的规定,学说也有不同的认识。依德国民法规定,原则上物权请求权适用消灭时效;我国台湾"民法"也与德国民法有类似的规定;依意大利民法规定,返还原物请求权不适用消灭时效,其他请求权适用消灭时效;日本判例确认的原则是物权请求权不适用消灭时效。我国物权法中对物权请求权是否适用消灭时效没有明确规定。学说上也有不同的研究观点,包括应当适用说、不应当适用说、除登记的不动产物权请求权外其他物权请求权应当适用说以及对不同物权请求权区别对待说。对此,最后一种学说更合理可行一些。③

值的特别注意的是,有些学者在研究物权效力时也顺便论及物权以外其他支配权的请求权问题。"理论上言,凡属支配

---

① 梁慧星:《中国物权法研究》,法律出版社1998年版,第95~97页;王利明:《物权法论》,中国政法大学出版社1998年版,第148~150页;温世扬、廖焕国:《物权法通论》,人民法院出版社2005年版,第60~61页。

② 尹田:《物权法理论评析与思考》,中国人民大学出版社2004年版,第155~164页。

③ 具体学说出处和内容参见房绍坤:《民商法问题研究与适用》,北京大学出版社2002年版,第48~51页;温世扬、廖焕国:《物权法通论》,人民法院出版社2005年版,第62~63页。

权性质之权利,均具有与物上请求权相类似之请求权,……"如我国台湾地区法律中的人格权请求权、专利权请求权、著作权请求权。① 在知识产权法、人身权法未对请求权进行规定的情况下,可以考虑准用物权请求权,否则,知识产权法中、人身权法中的请求权便构成特殊的请求权形式。② 这些观点为研究知识产权请求权提供了有价值的思考基点。

**二、知识产权请求权存在的根据**

（一）从请求权理论的一般原理分析,知识产权作为绝对权和支配权必然派生相应的请求权

依照民事权利的作用方式或功能,可以把民事实体权利划分为支配权、请求权等,支配权的核心功能是对物、创造性成果或商业标志、人身利益等进行支配、管领、控制,权利的正常实现往往是通过权利人对权利客体的直接或间接支配就可达成。同时,支配权关系中是一人对不特定人的法律关系,支配权也即绝对权。绝对权的实现一般也不需要他人的协助和配合。物权、人身权、知识产权等都属于支配权、绝对权。而请求权的作用或功能典型表现为权利人对相对人行为的需要,请求权关系是相对权关系,请求权的实现需要特定相对义务人履行相应的义务。债权这种基础性权利属于典型的请求权。在上述民事实体权利逻辑分类的基础上,需要对请求权进行再次分类,再次分类的标准是所有民事实体权利一旦受到侵害或受侵害之虞后必然产生不同的请求权,包括支配权、绝对权受到妨害或受妨害之虞后产生物权请求权、人身权请求权、知识产

---

① 谢在全:《民法物权论》,中国政法大学出版社1999年版,第40页。
② 王利明:《物权法论》,中国政法大学出版社1998年版,第151~152页。

请求权，债权受到侵害或受侵害之虞后产生的请求权。所以从逻辑关系上考察，债权、物权、人身权、知识产权属于基础性实体权利，而债权请求权、物权请求权、人身权请求权、知识产权请求权分别属于基础权利派生的权利。知识产权既然属于基础性支配权、绝对权，当受到侵害或受侵害之虞后存在自身的请求权效力也是权利理论适用的必然结果。

（二）从法律制度的内容考察，知识产权法律制度中一般都包括了知识产权请求权的相关规范或制度安排

（1）世界贸易组织的《知识产权协定》中规定了系列知识产权请求权的内容，其中第45条第（1）项规定了知识产权停止侵害请求权，第46条规定了对侵权商品、侵权原料与工具进行销毁和排除的知识产权请求权，第47条规定了关于提供侵权服务的第三方信息和销售渠道的获取信息请求权，第50条关于"临时措施中"也包括了废弃请求权和获取信息请求权的内容，比较其他知识产权国际条约，《知识产权协定》中的这些规定反映了对知识产权保护措施更加严密，保护程度进一步提高。（2）从世界范围考察，目前明确承认和规定了知识产权请求权的国家是日本。在日本，知识产权请求权被称为"差止请求权"，在日本专利法、商标法、反不正当竞争法中都有"差止请求权"条款的具体规定，《日本专利法》第100条第1款规定了专利权的停止和预防侵害请求权，《日本商标法》第36条规定了商标权的停止侵害和预防侵害请求权、废弃请求权，《日本著作权法》第112条规定了著作权的停止侵害和预防侵害请求权、废弃请求权，另外，《日本实用新型法》、《日本外国设计法》及《日本反不正当竞争法》中

233

也都规定了差止请求权。① （3）德国法律理论中没有明确承认知识产权请求权，但准用物权请求权于知识产权保护，立法中实际规定了知识产权请求权的内容。德国学者卡尔·拉伦茨认为："因为物权法为一切财产法的基础，故上述规则并不妨碍依据物权法原理对知识产权的拥有和行使的解释，也不妨碍物权保护方法在保护知识产权法中的运用。"② "德国民法上规定，妨害除去、妨害预防的效力除及于物权外，姓名权、占有权、商号权、商标权、特许权、著作权、渔业权、矿业所有权、专卖权等权利亦承认有此效力"。③ 德国立法中确立了知识产权请求权这一防卫性保护，包括停止侵害请求权和妨害预防请求权。《德国专利法》第129条规定了专利权的停止侵害请求权，《德国商标法》第14条第1款规定了请求禁令的权利，《德国版权法》第97条第1款规定了请求禁令救济的权利等。④ 禁令救济是引自英美法的制度，具有操作的便利性和时间的快捷性。（4）英美两国在知识产权救济制度中规定了禁令或禁制令制度。英国法律中，对于尚未实际发生的侵权行为，可以申请禁制令以制止其现实发生；对于已经发生的侵权行为，知识产权人可以请求补偿因此所受的损害，或者请求返还侵权行为产生的利润。禁制令包括中间禁制令和最终禁制令，禁止当事人从事特定的行为。为保障禁制令的执行，法律还规定了没收措施，没收侵权制品、侵权器械，并可销毁处理

---

① 杜颖："日本知识产权保护中的差止请求权"，载《外国法译评》1999年第4期。

② 转引自孙宪忠：《德国当代的物权法》，法律出版社1997年版，第4页。

③ 陈华彬："德国相邻关系制度研究"，见梁慧星：《民商法论丛》（第四卷），法律出版社1996年版，第320页。

④ 杨明：《知识产权请求权研究》，北京大学出版社2005年版，第113页。

第六章 知识产权请求权效力

或由受害的权利人加以处分。美国法律中,侵犯专利权、商标权、著作权的救济措施中也都包括了禁制令措施及没收和销毁措施。① 英美法系中禁制令、没收与销毁措施相当于大陆法系中知识产权权利人的停止侵害请求权、妨害排除请求权等。
(5) 我国现行民事法律及知识产权法中没有明确出现"知识产权请求权"或其他具体知识产权请求权的表述,学术界对知识产权请求权的独立存在价值仍然有不同的认识,但不可否认的是在知识产权侵权制度或救济制度中包括了知识产权请求权的相关内容。

《民法通则》没有请求权的权利表述,而将民事权利的防卫性保护和进取性保护在第6章民事责任中一并规定,其中第118条规定:"公民、法人的著作权(版权)、专利权、商标专用权、发现权、发明权和其他科技成果权受到剽窃、篡改、假冒等侵害的,有权要求停止侵害,消除影响,赔偿损失。"而该法第134条规定民事责任方式时,又将停止侵害、排除妨碍、消除危险、返还财产、恢复原状、消除影响与恢复名誉等列为责任方式。我国2009年颁布的《侵权责任法》第14条也作了与《民法通则》基本相同的责任方式规定。这里知识产权权利人有权要求停止侵害、消除影响等实质是知识产权请求权的内容。2008年《专利法》第60条规定管理专利工作的行政部门可以责令停止侵权行为,第66条规定当事人有权向法院申请停止侵权行为的临时禁令。2001年《商标法》第53条和第57条规定了商标权的责令停止侵权行为和申请停止侵权行为的临时禁令的内容。2010年《著作权法》第47~48条

---

① 阳平:《论侵害知识产权的民事责任》,中国人民大学出版社2005年版,第66~67页。

将停止侵害、消除影响、赔礼道歉、赔偿损失、没收侵权制品与工具作为保护著作权的责任形式；《著作权法》第 50 条、第 52 条把申请采取责令停止有关行为、没收违法所得和侵权复制品以及进行违法活动的财物作为保护著作权的措施。这些规定实际上也属于知识产权请求权的内容。

（三）从知识产权保护的需要方面考察，知识产权请求权的独立存在有利于完善保护制度和保护措施，提高保护水平

受《民法通则》侵权行为、民事责任立法体例的影响，国内法学界的传统观点认为，知识产权等民事权利受到侵害后，直接产生了侵权行为之债，产生了债法中的侵权行为的请求权，至于停止侵害、排除妨害、消除危险等只是加害人承担的责任方式，没有绝对权、请求权的存在空间。但实际上"责任"体现的是法律的强制的价值，"请求权"体现的是实体权利延伸行使而形成的相对权法律关系的价值。① 侵权责任法也无法替代请求权法的功能目标。知识产权作为基础权利，当其权利的圆满状态受到妨害或存在受妨害之虞时，权利人依法可以采取必要的措施来保护或救济知识产权，以使其回复权利的正常圆满状态。知识产权保护措施如从私力救济途径考察，通常就是由权利人通过行使请求权的方式来达到保护目的；如从权利人方面考察，为保护知识产权而实际行使的请求权通常包括知识产权请求权和损害赔偿等债权请求权。

知识产权请求权派生于知识产权，是知识产权实体权利作用或效力的体现，权利只要受到妨害或受到妨害危险，权利人首先应当行使的就是请求加害人停止侵害行为或请求排除存在

---

① 吴汉东：《知识产权基础理论研究》，知识产权出版社 2009 年版，第 323 页。

的侵害危险,如果同时已经产生损害后果或加害人不停止侵害、不配合排除危险又造成损害后,才可同时或先后行使损害排除请求权。这样形成了知识产权请求权与债权请求权的二元救济权结构。因此,知识产权请求权的独立存在和行使有助于丰富和充实知识产权权利内容与效力层次体系,有利于知识产权私权人积极行使知识产权和保护知识产权。

### 三、知识产权请求权的内涵

知识产权请求权的内涵、特征和性质究竟如何界定,对此近年来已经受到学者们的关注,也出现了一批研究成果,但相关认识还远没有达成一致。不过在对知识产权请求权的内涵、特征和性质进行界定时,多数学者参考了物权请求权基本理论,其中代表性观点有:(1)有学者认为物权请求权概念中包括了行使请求权的前提条件和行使请求权的目的两项内容,而知识产权请求权与物权请求权比较还包括两项特殊内容,即知识产权请求权的主体除知识产权权利人,还包括知识产权的合法使用人;请求权除停止侵害、恢复原权,还包括废除侵权物品及设备等内容。如果考虑这四方面内容,知识产权请求权是"指受侵害或有受侵害之虞的知识产权人或知识产权许可使用人,在侵害行为或违法状态持续或有实施、发生之虞时,得向侵权人或有侵害之虞的人主张停止,并消除已经存在的妨害或预防妨害发生的请求权。"[①] 知识产权的性质是独立于知识产权的请求权,又依附于知识产权。(2)有学者没有进行太多的铺垫分析,直接给知识产权请求权进行定义,认为知识产权请求权是

---

[①] 杨明:《知识产权请求权研究》,北京大学出版社2005年版,第106~108页。

指知识产权已经受到侵害或有受到侵害的危险时，知识产权人为保障其权利的圆满状态和充分行使，而享有的要求侵害人为一定行为或不为一定行为的权利。而知识产权请求权的性质为请求权和派生的请求权。① （3）有论者认为"知识产权请求权是指知识产权人或利害关系人，在侵害行为发生或有发生之虞时，得向侵害人或有侵害之虞的行为人主张停止侵害及预防侵害发生等的请求权"。从性质上看，"知识产权请求权是独立于知识产权的请求权，知识产权请求权与知识产权的专有性、绝对性形成鲜明对比，其权利内容是请求特定主体为或不为一定的行为"。②

上述三种观点在对知识产权请求权内涵进行界定时，第一种观点的定义表述太过烦琐，意思表达有重复之嫌，并且没有把知识产权请求权行使的目的包括在定义之中；第二种观点中包括了知识产权侵权行使的条件、目的和方式，是比较全面和简明的界定；第三种观点包括了知识产权请求权行使的条件、方式、内容，不包括行使的目的。三种定义的共性是：（1）知识产权请求权行使主体都是知识产权权利人和相关权利人；（2）知识产权请求权行使条件是知识产权受有侵害或受到侵害之虞；（3）知识产权请求权行使方式是请求加害人为一定行为或不为一定行为。上述三种观点在界定知识产权请求权性质时，第一种观点认为知识产权请求权也是知识产权的作用和权能，这与知识产权是独立请求权的认识之间可能存在内在矛盾；第二种观点认为知识产权请求权是派生请求权的认识较

---

① 齐爱民：《知识产权法总论》，北京大学出版社2005年版，第190~192页。
② 李开宇：《试论知识产权请求权》，吉林大学2006年硕士学位论文，第17页。

明确简明，但没有很清楚地分析知识产权请求权与债权等权利的性质差别；第三种观点认为知识产权请求权是独立请求权，这与前两种观点的基本认识是一致的。

笔者认为对知识产权请求权的内涵界定应当考虑请求权的一般概念、物权请求权等具体支配权请求权的概念、国际条约及国内法中知识产权受侵害救济措施的制度规范内容等基础要素，对此本书已经进行过分析。同时，在知识产权请求权内涵中应当包括权利主体、权利行使条件、权利行使目的等内在构成要素。知识产权请求权的主体是知识产权权利人和其他受许可人，可以通称知识产权人；知识产权请求权行使的条件是指在何种情形出现时才可以行使知识产权请求权，比较物权请求权的行使条件，一般在知识产权受到侵害或存在受侵害危险与可能时，即可行使知识产权请求权；知识产权请求权行使的目的是知识产权的权利状态尽量回复之圆满或正常状态，为知识产权权利行使和实现提供保障或条件。另外，从逻辑学原理考察，知识产权请求权概念（种概念）的属概念是请求权，因此在对知识产权请求权进行界定时，只需指出知识产权请求权是一种请求权，而不需要再把请求权本身的概念表述包括在知识产权请求权的内涵表述之中。因此，可以把知识产权请求权内涵界定为知识产权人在知识产权受到侵害或有受侵害之虞时，为使知识产权回复圆满或正常状态而享有的请求权。这样的内涵表述相对于上述其他学者所给的概念，不仅文字简练，而且种属概念清楚，权利主体、行使条件、目的要素明确，权利的行使方式也隐含于请求权的行使方式之中。

### 四、知识产权请求权的性质

知识产权请求权的性质界定就是要确定知识产权请求权不

同于其他民事权利的根本属性。知识产权请求权属于派生性请求权，是请求权权利体系中的具体权利，是与物权请求权、人身权请求权等并列的绝对权、支配权的请求权，同时知识产权请求权也是知识产权对特定相对人的作用效力的具体体现，是知识产权消极的作用力。知识产权请求权行使的结果是在知识产权人与特定的相对人之间产生了相对权法律关系，知识产权基础权利获得了救济或保障。对此，可从以下几方面进行进一步分析：（1）知识产权请求权虽然基于知识产权而产生，与知识产权密切联系，知识产权变动必然会造成知识产权请求权随之变动。但知识产权的性质是支配或控制知识产品客体的支配权，是特定权利人对不特定义务人的绝对权。（2）知识产权请求权与债权的请求权从性质上判断都属于请求权，但债权的请求权是基础权利的请求权，而知识产权请求权是由基础权利知识产权支配权所派生的下位请求权，知识产权请求权的行使条件、目的和方式与债权的请求权大有不同。（3）知识产权请求权与债权性质的知识产权损害赔偿请求权不同，但两种权利行使时要么是一并行使的关系，要么是相继行使的关系，要么是分别独立行使的关系。

两种请求权一并行使是当知识产权侵害行为发生并仍在继续，客观上也已造成权利人损失时，权利人既可以行使停止侵害的知识产权请求权，也可同时行使损害赔偿的债权请求权；两种请求权相继行使是当知识产权侵害行为发生并仍在继续，客观上没有造成权利人损失时，权利人即可以先行使停止侵害的知识产权请求权，但由于侵害人不停止侵害而进一步造成了权利人损失的发生，就可随后再行使损害赔偿的债权请求权；两种请求权分别独立适用是指当侵害人的行为只对知识产权的权利圆满状态造成了侵害，没有造成实际损失，则仅需要行使知识产权请求权，如行使停止侵害请求权、赔偿妨害或危险请求权等，不需要行使损害赔偿请求权。但当侵害行为正在继续或已经完成，并给权利人造成实际损失，此时行使知识产权请求权已经没有意义或必要，则可仅行使损害赔偿请求权即可。在知识产权实际侵害案件中，两种请求权并行适用的情况比较常见，因为知识产权侵害行为一旦发生，如侵害专利权、侵害商标权等案件，往往会给权利人造成或大或小的经济损失。不过在知识产权法中单独适用知识产权请求权的法律制度也较常见，比如知识产权法律中有一种无知侵权不赔偿的特别制度，即知识产权侵害行为发生后，特定的侵害行为人只要能够提供侵权产品的正当来源，证明自己是无过错情况下实施的侵害行为，则权利人只能够行使停止侵害请求权、废弃物品请求权等，不能够行使赔偿损失请求权。如2001年《计算机软件保护条例》第30条规定："软件的复制品持有人不知道也没有合理理由应当知道该软件是侵权复制品的，不承担赔偿责任；但是，应当停止使用、销毁该侵权复制品……"2008年《专利法》第70条规定："为生产经营目的使用、许诺销售或者销售不知道是未经专利权人许可而制造并售出的专利侵权产品，能证明该产品合法来源的，不承担赔偿责任。"

## 第二节　知识产权请求权效力的内容

### 一、知识产权请求权内容的研究观点评析

知识产权请求权的内容是指权利人行使请求权的具体方式。知识产权受到侵害后，权利人采取的保护手段包括防卫性

保护和进取性保护。① 以回复权利为目的的请求权是防卫性保护请求权，以获得赔偿为目的的请求权是进取性保护请求权。知识产权请求权正是防卫性保护请求权或救济请求权。防卫性的特点对确定知识产权请求权的内容具有基本限定作用。对知识产权请求权应当包括哪些内容，由于缺乏明确的法律依据，因此造成理论研究中学者们有不同的认识，其中代表性的观点有：（1）知识产权的"物上请求权"主要包括排除妨害请求权与消除危险请求权。②（2）知识产权请求权的内容包括返还请求权、停止侵害请求权、排除妨碍请求权、消除危险请求权。③（3）知识产权请求权的内容应当包括停止侵害请求权、妨害预防请求权、废弃请求权、获取信息请求权和赔礼道歉、消除影响请求权。④（4）知识产权请求权应当包括四项内容，即停止侵害请求权、防止侵害请求权、废弃拆除请求权和获取信息请求权。⑤ 另外，还有学者从反方向认为知识产权与物权不同，客体具有精神性，标的物不可能受到侵占、侵害一类的损害，知识产权请求权中不应包括返还原物、恢复原状的请求权。⑥ 这几种观点的共同之处是认为可以列入知识产权请求

---

① 唐绍红："论知识产权的防卫性保护和进取性保护"，载《科技与法律季刊》2001 年第 3 期。

② 吴汉东："试论知识产权的'物上请求权'与侵权赔偿请求权——兼论《知识产权协议》第 45 条规定之实质精神"，载《法商研究》2001 年第 5 期。

③ 齐爱民：《知识产权法总论》，北京大学出版社 2005 年版，第 198～199 页。

④ 杨明：《知识产权请求权研究》，北京大学出版社 2005 年版，第 117～122 页。

⑤ 马辉："论知识产权请求权"，西南政法大学 2006 年硕士学位论文，第 8～9 页。

⑥ 陈华彬：《民法总论》，中国法制出版社 2011 年版，第 480 页。

第六章 知识产权请求权效力

内容的具体请求权的行使目的是回复权利的圆满或正常状态，但主要的不同之处在于：一是具体请求权内容的文字表述有差异，第一种观点使用了知识产权的"物上请求权"，这显然是受物权请求权的表述影响，而第一种、第二种观点中使用的排除妨害、消除危险、停止侵害等表述的主要依据应当是《民法通则》中关于民事责任具体方式的法律规定的影响和理论上关于物权请求权内容表述习惯的影响，但没有充分体现知识产权请求权的内容构成特点。二是具体内容方面的差异体现为返还请求权和赔礼道歉、消除影响请求权是否应当列入知识产权请求权的内容。第二种观点把返还请求权列入内容，其他几种观点没有列入。第三种观点把赔礼道歉、消除影响请求权列入范围，其他几种观点没有列入。

笔者认为，对知识产权请求权内容的范畴表述或术语使用，首先，应当尽量与各国现行法律制度中法定范畴相一致，如果现行法律制度中没有相应的范畴，则尽量与相近的法律范畴表述一致。在我国就是要与《民法通则》的相关民事责任方式的文字表述、知识产权单行法及司法解释中的相关文字表述、中国参加的知识产权国际条约中的相关文字表述方式尽量一致。其次，尽量与请求权与物权请求权等理论研究中的通说一致或相衔接。知识产权请求权内容中的范畴表述能够借用物权请求权的相关表述时可以尽量借用，比如停止侵害请求权就是物权请求权的内容。如此有利于保持法律范畴体系的统一性，也便利于理解和执行。最后，知识产权请求权内容中的范畴表述应当充分体现知识产权制度本身的特点，比如同样是停止侵害请求权，知识产权停止侵害请求权的行使条件、结果等就与物权停止侵害请求权大异旨趣。何况考虑知识产权制度的本身的特点，有些请求权的内容在其他法律制度或研究理论中根本就不曾存在过，此时只能采用知识产权专有的请求权表述方式，如获取侵害信息请求权等。

从知识产权请求权的实际内容构成方面考察，哪些具体请求权应当列入，其判断依据应当综合考虑本书前文已作论述的两方面因素，一是法律的相关规定，二是理论研究的成果支撑。法律已经规定的知识产权请求权应当在理论层面予以提炼和概括，使其系统化；法律没有规定的请求权，如果理论研究认为应当成为知识产权请求权的内容，就应当阐明理由，推动法律制度的采纳。除此，还有一个因素需要考虑，即可以作为知识产权请求权内容的请求权是否必须是所有具体知识产权都可适用的请求权，还是只要某一种具体知识产权可适用的请求权。对此问题，几乎没有学者关注和给出答案，笔者认为，不论是某一种具体知识产权可适用的请求权，还是某几种知识产权共同适用的请求权，都无法否认其属于知识产权请求权的内容范围。所以应当作广义理解才符合知识产权请求权的主旨。比如赔礼道歉、消除影响请求权主要适用于著作人格权被非法侵害的情形，而在其他知识产权中没有适用的可能和必要，即使如此，也无法否认赔礼道歉、消除影响请求权确实属于知识产权请求权的构成部分或内容。因此，基于上述三方面因素，笔者认为知识产权请求权的内容应当由五种请求权构成，即停止侵害请求权、妨害防止请求权、废弃妨害物品请求权、获取侵害信息请求权及赔礼道歉、消除影响请求权。

## 二、知识产权请求权的内容构成

（一）停止侵害请求权

停止侵害请求权是指侵害知识产权的行为正在继续，权利人可向侵害人主张禁止该侵害行为继续实施或存在的请求权。

## 第六章 知识产权请求权效力

要准确理解和行使知识产权请求权，应当对侵害知识产权行为的特点及侵害行为有所了解。侵害知识产权的行为在民事侵权法中具有自身的特点，有学者将这些特点概括为：（1）侵害形式的特殊性，侵害知识产权的行为主要形态是剽窃、篡改和仿冒等，而不是侵占、毁损等；（2）侵害行为的高度技术性，由此导致行为比较隐蔽、富有欺骗性，行为与损害之间的因果关系难以证明；（3）侵权范围的广泛性，知识产权可以在同一时空下产生合法使用和侵权使用；（4）侵害类型的多样性，可以分为直接侵权和间接侵权。① 停止侵害请求权的行使必然受到这些特点的影响。

另外，侵害知识产权行为的形态具体分析有下列不同的方式：（1）侵害专利权的行为。在美国将侵害专利权行为界定为没有经过授权，制造、使用、许诺销售、销售或者进口专利发明的行为。② 依据我国 2008 年《专利法》第 11 条的规定，未经专利权人许可或法律许可，擅自实施专利的行为为侵权行为。具体的侵权实施行为又分为，对发明专利和实用新型的侵权行为，包括"以生产经营目的制造、使用、许诺销售、销售、进口专利产品，或者使用专利方法以及使用、许诺销售、销售、进口依照该专利方法直接获得的产品"。对外观设计的侵权行为，包括"不得为生产经营目的制造、许诺销售、销售、进口其外观设计专利产品"。（2）侵害商标权的行为。我国 2001 年《商标法》第 52 条规定，下列五种行为属于侵犯注册商标专用权的行为：未经商标注册人的许可，在同一种商

---

① 吴汉东：《知识产权法学》，北京大学出版社 2000 年版，第 21~22 页。

② Bryan A. Garner, Black's Law Dictionary, patent infringement, 7th ed., West Group, 1999, p.785.

品或者类似商品上使用与其注册商标相同或者近似的商标的；销售侵犯注册商标专用权的商品的；伪造、擅自制造他人注册商标标识或者销售伪造、擅自制造的注册商标标识的；未经商标注册人同意，更换其注册商标并将该更换商标的商品又投入市场的；给他人的注册商标专用权造成其他损害的。布来克法律词典将商标侵权行为解释为任何在相同或相关产品或服务上，以可能引起对商品或服务来源的混淆及上当、误认的方式，未经授权使用相同商标或其他任何可导致混淆的相似名称、用语、标志及组合的行为。[①]（3）侵害著作权的行为。著作权中包括著作人身权和著作财产权，凡侵害这两类权利的行为都属于侵害著作权的行为。我国 2001 年修正后的《著作权法》规定了 4 种著作权人身权和 12 种著作权财产权，侵害这 16 种权利的行为属于我国的著作侵权行为。通常所说的"盗版"是较常见和严重的著作侵权行为，是指违法翻印、翻录他人文字、音乐、影视及软件等作品的行为。此外，还有商业秘密侵权行为、集成电路布图设计专有权侵权行为、植物新品种权侵权行为等较常见又具备自身特点的侵权行为。

  停止侵害请求权要能够有效行使，必须具备相应的条件。笔者把这些条件概括为：（1）派生停止侵害请求权的基础知识产权必须是有效的知识产权或效力稳定的知识产权。未获授权时或获得授权但权利又失效时，由于不存在有效基础知识产权，也当然无法派生有效的停止侵害请求权；停止侵害请求权行使期间基础知识产权被无效的情形下，停止侵害请求权是先得后失，也无法达到行使的目的。（2）侵害知识产权的行为

---

[①] Bryan A. Garner: Black's Law Dictionary, patent infringement, 7th ed., West Group, 1999, p. 785.

第六章 知识产权请求权效力

已经实施并正在持续过程之中。侵害行为尚未发生，但已经处于准备侵权阶段，此时可以行使妨害预防请求权，不可行使停止侵害请求权；侵害行为虽然发生，但侵害行为已经终止，成为"过去式"，则可以行使损害赔偿的债权请求权，不可行使停止侵害的支配权性质的请求权。（3）行使方式应当合法或符合诚实信用的原则。知识产权停止侵害请求权可以由权利人直接向侵害行为人行使，如委托律师发出停止侵权警告函、申请行政机关查处停止侵权、申请法院发出临时禁令等。不得违法采取人身或财产威胁的手段行使该权利。比如2008年微软公司以定时黑屏的方法威胁微软公司所认为的使用盗版软件的用户停止使用盗版软件，这里采取的方法就涉嫌擅自侵入用户计算机系统、对计算机的正常使用形成威胁等，后在社会公众的抗议下，没有大范围实施。①

（二）妨害防止请求权

妨害防止请求权也可称妨害预防请求权，是指在知识产权存在受侵害之虞时，知识产权人得请求防止的权利。妨害与侵害或损害的含义是不同的，有学者在研究物权请求权时就指出：损害是妨害产生的各种不利益，以故意与过失为要件，属侵权行为损害赔偿范畴。妨害为某一损害发生的源头，是所有人请求排除的对象，非以故意和过失为要件。② 这种理解对知识产权妨害防止请求权也具有解释价值。

妨害防止请求权的行使是以知识产权存在妨害之虞为基本

---

① 2008年10月微软公司宣布从10月20日正式启动打击盗版WindowsXP系统的"黑屏行动"，凡是没有通过正版验证的盗版用户每小时电脑桌面会自动变成黑色。http://it.sohu.com/s2008/daobanxp/，访问日期：2012年2月21日。

② 王泽鉴：《民法物权》（1），台湾三民书局1992年版，第149~151页。

条件，何为妨害之虞？物权请求权研究中给出了一般的判断规则，即妨害虽未发生，但其发生的概然性极大时则可认为有妨害之虞。① 至于是否妨害一度曾发生而有再次发生之虞或妨害有首次发生之虞，均非所问。② 在知识产权领域，行为人准备人、财、物等条件，计划实施对他人知识产权的侵权行为，行为处于侵害行为发生的预备阶段，但实际还没有开始实施侵害行为。此时，虽然该预备行为不可能对知识产权人造成实际侵害，但对知识产权的合法享有和行使的权利圆满状态构成了现实的障碍或威胁，该侵害的预备行为即为对知识产权存在妨害之虞的行为。在日本的学说上采用主观说，判例上采用客观说。③ 主观说认为，只要有侵害知识产权的意图，即只要有生产和销售侵权产品的意图就构成有侵害之虞；客观说认为主观说缺乏确定性，有可能损害公益，应当采取"客观上是否非常明显"的标准，如以销售为目的持有侵权产品，但还没有开始销售；为准备销售而发布产品清单，但还没有许诺销售；处于准备生产侵权产品的状态，但还没有开始生产。笔者认为，客观说的标准更具操作性和合理性，因为容易取得客观证据证明存在有侵害之虞，也不易扩大"打击"范围。

在实务中，知识产权人应当在有证据证明侵害之虞出现时，即有权行使知识产权妨害防止请求权。妨害防止请求权行使的内容为既可请求他人以不作为的方式防止侵害发生，又可以请求他人采取作为的方式防止侵害的发生。通常权利人可以

---

① ［日］广中俊雄：《物权法（增补第二版）》，青林书院1989年版，第270页。

② 谢在全：《物权法（上）》，台湾三民书局1989年版，第155～156页。

③ 杜颖："日本知识产权保护中的差止请求权"，载《外国法译评》1999年第4期。

第六章　知识产权请求权效力

请求有妨害之虞的他人不得实施特定的行为、不得拥有特定设备、不得自行采取措施处置特定设备、不得实施某种行为等。例如知识产权权利人调查了解到甲公司生产的某种专用设备属于生产侵犯权利人版权作品的盗版光盘的专用设备，曾经的侵权人乙公司正在与甲公司恰谈购该专用设备，准备用于生产侵权盗版光盘，此时，权利人可依法行使妨害防止请求权，请求甲公司不得将专用生产设备销售给乙公司，也可同时请求乙公司不得购买该专用生产设备；但如果乙公司已经购买了这些生产侵权产品的设备，此时，权利人可请求乙公司不得开工生产侵权产品，同时请求乙公司以合适的方式改造或自行处置该专用生产设备，使其无法再用于生产侵权产品，并自行承担由此发生的费用。进而，如果乙公司不仅购买到该专用设备，而且已经生产了一批侵权产品，此时行使妨害排除请求权已经不具备条件，而应当请求销毁、废弃该设备和侵权产品，这属于后面将论及的废弃妨害物品请求权的内容。

(三) 废弃妨害物品请求权

废弃妨害物品请求权是指知识产权人得请求妨害人将侵权产品、侵权行为相关的物品以及制作侵权产品的原料和设备排除出商业渠道的权利。该项请求权属于知识产权特有的请求权，与物权法中的排除妨害请求权似乎较相似，但实际不相同。物权排除妨害请求权一般是指物权的圆满状态受到占有以外的方法妨害时，得请求妨害人除去的权利。这里的妨害通常包括以下几个方面：对标的物的直接侵害，如在他人的房屋边挖坑威胁房屋安全；对物利用支配的外在条件或环境的妨害，如在他人的通道上停放车辆等；非法对物设定负担的妨害，如在他人不动产上擅自设定抵押权；其他原因形成的妨害，如他人的广告牌被大风吹落于权利人门前。① 有体物基于其物理形态的实在性特点，可以由特定的人进行排他的独占，所以针对物的妨害才可以观测和判断，也可进行法律技术上的排除，进而决定了物权排除妨害请求权的内容。具体而言，对这些妨害物权圆满状态的物品，只要被行为人移除即可，物权人无权请求行为人必须销毁、拆除这些物品，如停放在甲房屋通道的他人车辆，甲依法可请求移动车辆回复正常通行，无权请求毁坏车辆。但知识产品的非物质性或无形性特点使其无法在物理形态上被特定的人独占，对知识产品实施像对有体物一样的妨害是不可能，或也没有实际必要，客观上也无法观测和判断。对知识产品的妨害通常包括：（1）对知识产品实施侵权性利用。如假冒专利、假冒商标、擅自复制版权作品等；（2）前述（1）中妨害行为发生后产生的附带物品的存在。如侵权产品、侵权相关的原料和设备、侵权的技术资料等。对这些物品如果不进行彻底的处置，则有可能被行为人重新进行侵权性利用，导致合法的知识产品的生产与市场份额受到威胁性损害。因此，在上述第二种妨害存在时，知识产权人必须通过行使请求权，以销毁、拆除等方式直接处置与侵权行为相关的物品，去除这些妨害，保持知识产权的圆满状态。

　　废弃妨害物品请求权的行使以侵权行为已经发生、存在侵权产品、设备等相关实物（如非法版权作品复制品、侵犯专利权的产品、侵犯商标权的产品等）、目的为回复知识产权的圆满行使状态为条件。具体请求权的内容是请求销毁侵权物品、请求拆除或封存侵权设备、请求去除侵权物品上的侵权特征，将侵权物品、设备等排除出商业渠道。对此，《知识产权

---

① 王利明：《物权法论》，中国政法大学出版社1998年版，第166页。

协定》第 46 条和第 59 条从各国司法当局或海关可以采取的侵权救济权力方面进行了规定，这其中包括了可销毁侵权商品、将侵权原料与工具以合适方式排除出商业渠道等。① 虽然这里规定的内容还不是私法中的知识产权废弃妨害物品请求权，但为各国国内法将废弃妨害物品请求权私法化提供了充分参考依据。

销毁侵权物品就是通过适当的破坏性手段将侵权物品进行毁坏处理，使其无法再具有使用价值或功能，如对盗版音响光盘的粉碎处理等；拆除或封存侵权设备就是对曾用于侵权的机器设备等进行拆废处理或封存管理，使其不再具备生产功能，如拆除用于生产假冒商标标识的印刷设备或其核心控制系统等；去除侵权物品的侵权特征是指对消除侵权物品上附加的假冒商标、假冒专利申请号等侵权特征。去除侵权特征的物品如继续具有使用价值的，从财产的充分利用的公共利益考虑，不需要采取销毁或拆除手段处理时，则可采取将其交给社会福利机构利用、知识产权人有偿收购利用等，只要具有侵权特征的物品不再流入商业渠道即可。

废弃妨害物品请求权一般无法单独行使，往往在行使停止侵害请求权、妨害防止请求权时，伴随这两种请求权一并行使。

（四）获取侵害信息请求权

获取侵害信息请求权是知识产权具有的特别请求权，有论者将其称为"获取信息请求权"，笔者认为，这里的信息应当限定于侵害知识产权的相关信息的范围之中，以防止加害人的

---

① 郑成思：《WTO 知识产权协议逐条讲解》，中国方正出版社 2001 年版，第 213 页、第 217~218 页。

其他不涉侵害行为的商业秘密信息的扩散。对获取信息请求权,《知识产权协定》第47条规定:"成员可规定,只要并非与侵权的严重程度不协调,司法当局均应有权责令侵权人将卷入制造和销售侵权商品或提供侵权服务的第三方身份及其销售渠道等信息提供给权利人持有人。"① 这里虽然规定是司法当局责令侵权人提供相关信息的权力,但为国内法从知识产权请求权方面将获取侵害信息请求权列入权力内容提供了参考依据,也为确定侵害信息的范围大体划定了界限,即提供与侵权行为严重程度相关的第三方身份信息、销售渠道等信息,侵权越严重需要侵权人提供的第三方身份信息、销售渠道等信息一般就越多,反之就较少。在我国国内法中,2006年颁布的《信息网络传播权保护条例》第13条规定了网络服务提供者(网络服务商)提供涉嫌侵权人的相关信息的义务,可以视为是上述《知识产权协定》第47条规定在国内法中的实施,该条规定:"著作权行政管理部门为了查处侵犯信息网络传播权的行为,可以要求网络服务提供者提供涉嫌侵权的服务对象的姓名(名称)、联系方式、网络地址等资料。"进而《信息网络传播权保护条例》第25条还规定了不提供这些信息的责任。

知识产权请求权中为什么应当包括获取侵害信息请求权的内容,主要原因是知识产权侵权行为相对于其他权利侵权行为而言,技术性、隐蔽性更强,获取侵害信息或证据难度更大。在实务中,权利人及时发现了侵权行为,单靠权利人自身,也无法掌握侵权范围、共同侵权人情况、侵权产品数量、销售渠

---

① 郑成思:《WTO知识产权协议逐条讲解》,中国方正出版社2001年版,第154页。

## 第六章 知识产权请求权效力

道等信息，不赋予权利人从实体法方面享有获取侵害信息请求权，受侵害的知识产权往往难以获得充分的救济。因此，通过设立获取侵害信息请求权，可以为知识产权人有效行使和保护受侵害知识产权提供实体权利依据，保障及时、全面地获取侵权信息，尽可能排除全部侵害行为；又为侵权人设定专门的提供侵害信息的义务，防止其以保护商业秘密为借口，拒绝提供侵害信息，消极妨碍权利的救济。

有学者指出，获取信息请求权是指当发生知识产权侵权时，权利人借此可以要求侵权行为人将涉及的侵权产品或服务、侵权行为所产生的物品、用于生产侵权产品的原料和设备的信息，以及有关侵权产品的生产和销售渠道、涉及侵权行为的第三人的信息告知自己的权利。[①] 这一定义稍显烦琐，可以将获取侵害信息请求权简练概括为：知识产权人享有的，得请求侵权人提供侵权产品或服务、销售渠道及所涉及第三人身份等相关侵害信息的权利。该项请求权的行使条件是：（1）必须是特定知识产权侵权行为已经发生，未发生或未被认定为侵权行为时，不得行使；（2）可以直接向侵权人主张该权利，当侵权人拒绝提供时，可通过相关行政执法机构或法院主张行使该权利；（3）该权利往往与停止侵害请求权、废弃妨害物品请求权一并行使，单独行使该项请求权也应无障碍；（4）请求获取信息的范围应当是与侵害行为相关的身份信息、物品信息、销售渠道信息等，其他信息不属于权利人应当主张取得的内容。

---

① 杨明：《知识产权请求权研究》，北京大学出版社2005年版，第121~122页。

知识产权一般效力研究

（五）赔礼道歉、消除影响请求权

赔礼道歉、消除影响请求权是指知识产权中人身性权益受到侵害后，权利人得请求侵权行为人采取适当的方式、在适当的范围对侵权行为给权利人造成的精神或人格损害表达歉意，尽可能消除已经产生的不良社会影响的权利。赔礼道歉、消除影响请求权可以由权利人单独主张行使，也可与其他知识产权请求权一并主张行使。在知识产权国际条约及世界多数国家的国内法中没有对知识产权中人格利益进行救济的专门规定，不过有些国家知识产权法中存在一些与赔礼道歉、消除影响相关的规定。《日本著作权法》第115条规定："作者人格权受到侵犯时，作者可以在主张停止侵害及赔偿损失的同时，请求因过失或故意侵犯其人格权的人，为确保作者身份、订正或恢复作者名誉或声望而采取适当的措施。"① 2004年《欧盟知识产权执法指令》第15条规定，成员国应当确保在知识产权侵权诉讼中，司法机关可以公布判决结果，包括全文或摘要刊登判决书，而费用由侵权人承担。权利人也可以申请司法机关进行公布。② 这里要求公布判决书内容实际是为了消除侵权行为对权利人造成的不利影响，为权利人正名。在我国《民法通则》、《侵权责任法》、《著作权法》中，赔礼道歉、消除影响都列为权利救济的民事责任方式。学理上一般认为赔礼道歉、消除影响是一种非财产责任方式，只在人格权受侵害后可以主张。在知识产权请求权内容中，赔礼道歉、消除影响一般也只适用于著作权中的人格权受有侵害时，权利人可请求侵权行为

---

① ［日］半田正夫、纹谷畅男：《著作权法50讲》，魏启学译，法律出版社1990年版，第349页。

② 王迁：《著作权法学》，北京大学出版社2007年版，第282页。

人采用适当的方式实施赔礼道歉的行为,以消除影响侵权行为造成的影响。如发表权、署名权、修改权、保持作品完整权受到侵害后,权利人可请求侵权行为人采取当面赔礼道歉或于特定媒体发布赔礼道歉声明、采取措施收回已经发行的侵权作品等,以消除侵权行为产生的不良影响。

赔礼道歉、消除影响请求权成为知识产权请求权内容后,权利人基于知识产权的实体权利即可行使该项权利,即可于侵权行为发生后自力行使,也可通过诉讼程序在公力救济过程中行使。而如果仅将"赔礼道歉、消除影响"作为民事责任,而不作为请求权对待时,则一般只能于诉讼程序中向侵权人主张。

### 三、知识产权请求权与消灭时效

知识产权请求权是否适用消灭时效,对此问题法律没有明确规定,学说上也有不同的观点,存在"否定说"和"肯定说"两种认识。(1)"否定说"的论者认为:知识产权请求权不应当适用消灭时效,因为知识产权请求权的行使目的是恢复知识产权的圆满状态,基于知识产权专有性而产生,不应当适用消灭时效。绝对权不适用消灭时效,绝对权的请求权也不应适用消灭时效。如果适用,知识产权就不完整了,继续存在没有意义了。① 如果适用消灭时效,任侵害事实或不良影响继续下去,不仅有悖法理,而且法治也将荡然无存。② (2)"肯定说"的论者认为:知识产权请求权应当适用消灭时效,并从

---

① 杨明:《知识产权请求权研究》,北京大学出版社2005年版,第132~133页。

② 陈华彬:《民法总论》,中国法制出版社2011年版,第481页。

知识产权一般效力研究

知识产权时间效力和经济价值、知识产权客体的非物质性、知识产权请求权的性质方面论述了原因，断定只有适用消灭时效，才能保护权利人利益、维护社会经济秩序，也才符合民法的诚信原则。① 这两种观点各有一定的道理，但支撑观点的论据又不是十分有说服力。如"否定说"认为"绝对权不适用消灭时效，绝对权的请求权也不应适用消灭时效"。这显然没有认识到知识产权作为基础权利的性质与其派生出请求权的性质的不同对消灭时效适用的影响。"肯定说"实际从保护社会公共利益的因素考虑更多一些，没有解决知识产权请求权一概适用消灭时效时对知识产权权利形成的实质性冲击与权利内容被架空问题。笔者认为要回答知识产权请求权是否应当适用消灭时效的问题，可以综合平衡以下几方面因素后再得出结论。

（1）消灭时效制度适用的正当化理由及一般适用范围。在民法基本理论中对时效制度适用的正当性理由已经有比较一致的认识，体现在三方面，一是为了谋求社会法律关系的稳定，二是惩罚躺在权利上睡觉的人，三是方便案件的取证和审理。消灭时效的正当化理由也应当是这三方面。② 从消灭时效的适用权利范围考察，债权请求权适用消灭时效已为共识；物权请求权是否适用消灭时效，《民法通则》、《物权法》都未做明确规定，实务上，2008年最高人民法院发布了《最高人民法院关于审理民事案件适用诉讼时效制度若干问题的规定》，明确了诉讼时效适用于债权请求权，但没有明确是否适用于物权等请求权，有学者认为从该规定内容上分析，实际是持否定

---

① 马辉：《论知识产权请求权》，西南政法大学2006年硕士学位论文，第24~26页。

② 李永军：《民法总论》，法律出版社2006年版，第715~716页。

## 第六章 知识产权请求权效力

的立场。① 另外，日本实务上也强调，物权请求权为物权的效力，应不适用诉讼时效。② 理论界对物权请求权是否适用于消灭时效一直存在较大争议，主要存在"否定说"、"肯定说"和"折衷说"三种观点③，但"否定说"应为通说。另外，基于身份关系的请求权、基于相邻关系的请求权等也不适用于消灭时效。至于知识产权请求权是否适用于消灭时效，消灭时效理论中几乎没有涉及。

（2）物权与物权请求权性质对适用消灭时效的影响。物权作为支配权，其权利的内容是占有、使用、收益和处分的积极权能，这些权能的实现仅靠权利人即可完成，不需要他人的干涉和介入，所以即使物权人不行使物权，一般也不会影响他人的利益和社会公共利益，也无适用消灭时效的形式要件。如甲长期不居住自己的房屋，使房屋空置，也无碍他人，无法适用消灭时效。只有当物权被他人以侵占、妨害等方式干涉或介入时，产生了物权返还、排除妨害、消除危险等请求权，存在了特定的侵害相对人，从物权的绝对权关系派生出物权请求权的相对权关系，适用消灭时效的形式要件（有被请求的义务主体）方才存在。此时，物权人如不对侵害人行使请求权或不及时行使请求权，物权的圆满支配状态将无法恢复，物权人只能享有存在瑕疵的物权，但并没有实质上丧失该项物权；如果物权人行使了物权请求权，则物权的圆满支配状态获得了恢复，物权的完整支配效力又得以保持。因此，作为物权效力体

---

① 刘家安：《物权法论》，中国政法大学出版社2009年版，第54页。
② 陈华彬：《民法总论》，中国法制出版社2011年版，第476页。
③ 温世扬、廖焕国：《物权法通论》，人民法院出版社2005年版，第61~63页。

现的物权请求权与物权的支配效力是密切关联或同命运的，如果物权的支配性权能不适用消灭时效，那么保障支配性的请求权也不应当适用消灭时效。如果物权请求权可以适用于消灭时效，结果将是本应当发挥保障或救济物权效力的请求权因适用消灭时效制度，反而造成物权支配权的实际丧失或处于不稳定状态。

（3）知识产权与知识产权请求权的性质对适用消灭时效的影响。知识产权是支配权、绝对权，这与物权没有区别，但知识产权是具有时间性效力的支配权，这与物权，特别与所有权有明显区别。知识产权的支配权性质决定了知识产权人行使权利时是对特定的无形知识产品进行控制性支配，而不像物权人对有体物的现实支配，知识产权人通过自力行为以享有、使用、获得报酬等方式行使知识产权，无须他人协助或介入，即使不主动行使知识产权，也没有消灭时效适用的空间。但特别的是，注册商标如果一定时间不做经营性使用可能被依法撤销而失去权利；专利权如果不利用可能被指定许可或强制许可，但专利权不因此丧失等。知识产权请求权从知识产权中派生，为了保障和救济知识产权而成为知识产权的效力，也成为支配权、请求权中的一项权利。知识产权请求权的行使基础和目的是维护知识产权圆满状态，行使的条件一般是知识产权存在受侵害之虞或已经受到侵害，此时，存在侵害行为的相对人，产生了相对权法律关系。如果知识产权请求权适用消灭时效，则导致对侵害之虞的行为、侵害行为听之任之的后果，对侵害物品无法废止、对侵害相关信息无法获取、对侵害知识产权人格权的行为也无法制止的后果，虽然知识产权人可以通过主张损害赔偿请求权获得一定的赔偿，但失去知识产权请求权保障的知识产权的权利圆满状态几乎已经千孔百疮、不复存在了。

从上述各方面理据综合考虑，知识产权请求权与知识产权同生、同存，知识产权请求权的行使应当有利于知识产权的圆满状态的回复或保持，而不应当对知识产权权利的圆满状态构成实质性的影响或损害；如果知识产权适用消灭时效更有利于知识产权的圆满状态的回复或保持，则应当适用，否则，就不应当适用。对此，确切的回答只能是知识产权请求权不是消灭时效的客体，不应当适用消灭时效制度。

## 第三节 知识产权请求权效力的限制

### 一、基础权利要素对知识产权请求权的限制

知识产权请求权是基于基础性知识产权而产生的请求权利，是知识产权的对外作用力，反映了知识产权人为了维护或保障对知识产品的完整支配或控制权，而对于威胁侵入或已经侵入知识产权权利范围的行为请求予以排除或救济的权利。因此，知识产权请求权行使的出发点和归宿点都是基础性的知识产权，从相反方向考察，知识产权权利要素对知识产权请求权的内容、行使方式、目的等形成了限制性影响。

知识产权客体即知识产品的无形性或非物质性、共用性特征明显不同于传统财产的有形性，导致知识产权请求权的内容受到限定，即知识产权请求权内容中不包括返还请求权、妨害排除请求权等在物权请求权中存在的内容。适应知识产权客体为创造性成果和商业标志的特点，知识产权受到的侵害往往是未经许可和授权的情况下实施下列行为：生产专利产品、使用专利方法、假冒专利、销售或许诺销售专利产品、进口专利产品等；使用假冒商标、销售假冒商标的商品、生产和销售商标

标识、平行进口、抢注存在在先权利的商标等；侵犯发表、署名、修改等著作人身权，侵犯复制、发行、表演、出版等著作财产权等；非法窃窃、散布、利用商业秘密等。对于已经发生的这些侵害行为，知识产权人通过行使停止侵害请求权、废弃妨害物品请求权、获取侵害信息请求权等即可回复知识产权的权利圆满状态。如果这些形式的侵害尚未发生，仅处于具有侵害之虞阶段时，行使妨害妨止请求权就可使知识产权回复到圆满状态。创造性成果、商业标志一旦被侵害，专利成果、商标、作品、商业秘密等就不可逆地被侵害人掌握和使用，根本无法如不动产、动产被侵占或被妨害后，可以通过返还或排除的方式行使请求权，进行权利回复。在知识产权请求权行使的过程中主要是制止侵害之虞的行为、侵害行为、将侵权物品继续用于侵害行为等，侵害行为所涉及的知识产品不存在返还或排除其上妨害的可能或必要。

## 二、时间效力对知识产权请求权的限制

有期知识产权具有时间性特征或时间效力，从时间效力方面分析，专利权、商标权、著作权、集成电路布图设计专有权、植物新品种权、特殊标志权等知识产权的权利保护期基本就是其权利有效期。知识产权这一时间效力要素对知识产权请求权的权利行使构成了刚性限制。即特定种类的知识产权所派生的各项请求权一般在基础权利有效期内才具有法定权利的效力，超过基础权利有效期间，基础权利已然丧失，不复存在，那么，由基础权利派生的请求权当然也就不复存在了。知识产权请求权只能在知识产权的有效期间内才能行使。如果知识产权侵害行为从特定知识产权的有效期内开始一直延续到有效期届满日之后，此时，基础性知识产权已不复存在，导致派生的

知识产权请求权丧失，有效期内的侵害行为在有效期后也无法再被认定为"侵害行为"，所以知识产权请求权因知识产权有效期届满而不能行使，也不必行使了。

进一步分析，知识产权损害赔偿请求权、知识产权合同债权请求权的有效行使虽然也受知识产权时间效力期间的限制，但在知识产权有效期届满后的消灭时效期间内，仍然可以行使该两种请求权，这一点与知识产权请求权有所区别。如甲公司在乙公司专利权有效期届满前2个月侵害了该项专利权，给乙公司造成实际经济损失10万元，那么即使该专利权已经丧失，也不影响乙公司于诉讼时效期间内行使损害赔偿请求权。

另外，虽然本章第二节已经论述并提出了知识产权请求权不适用于消灭时效，只要知识产权受到侵害或存在受侵害之虞，就可随时行使知识产权请求权，但基础知识产权的时间效力从另一方面为知识产权请求权的有效存续和行使设定了特别的时间限制。知识产权请求权的这一特点与物权请求权、人身权请求权存在较明显的差异。

### 三、抗辩权对知识产权请求权的限制

"抗辩权者，妨碍相对人行使权利的对抗权也"。[①] 实体法上一般需要分清"无需主张的抗辩"和"需要主张的抗辩"，前者如《德国民法典》第1004条规定，如果所有人负有容忍侵害的义务，那么其排除妨碍的请求权不存在；后者如对消灭时效届满的抗辩。对于"无需主张的抗辩"可分为请求权不发生的抗辩和使已经产生的请求权消灭的抗辩。对于"需要

---

① 史尚宽：《民法总论》，中国政法大学出版社2000年版，第28页。

主张的抗辩"根据其效力可分为延期抗辩和永久抗辩。此外，民事诉讼法中被告的辩护分两类，一类是对原告事实陈述的否定、另一类是针对原告诉讼请求提出反驳，后一类行为属于抗辩。① 诉讼中的抗辩也可以分为基于实体法抗辩权的抗辩和程序法中特有的抗辩，前者如担保法中先诉抗辩权在诉讼中的主张，后者如对原告所提事实情况进行否定的抗辩和程序方面的抗辩。② 因此，针对请求权的抗辩权是实体法中的权利，既可以在诉讼程序外有权利人主张，也可在诉讼程序中主张。

对请求权的抗辩形成了对请求权行使的阻却，构成实体法上的限制。请求权类型不同，针对请求权行使的抗辩权的内容也有明显区别。知识产品由于具有天然的公共性和共享性，因而在知识产权法将特定知识产品的专有权授予特定权利人的同时又设置了对知识产权人行使实体权利的诸多限制制度，这些限制制度的存在就为知识产权抗辩权的存在和行使奠定了实体法基础。具体分析，当知识产权请求权人行使请求权时，相对人主要可以主张或行使以下抗辩权，以阻却请求权发挥效力。

（一）提出权利无效或撤销等推翻基础权利的抗辩

知识产权向相对人行使停止侵害、妨害防止、废弃侵害物品、获取侵害信息等请求权时，相对人依据专利法的规定可以主张权利无效，依据商标法的规定可以主张撤销商标权，依据著作权法的规定可以主张作品的著作权无效，依据反不正当竞争法的规定可以主张商业秘密权无效等。提出权利无效或撤销

---

① ［德］迪特尔·梅迪库斯：《德国民法总论》第2版，邵建东译，法律出版社2001年版，第82~84页。

② 龙卫球：《民法总论》，中国法制出版社2001年版，第147页。

第六章 知识产权请求权效力

等推翻基础权利的抗辩属于釜底抽薪式的抗辩形式。如2008年《专利法》第45条规定了专利权自公告授予之日任何人单位或个人都可以请求专利复审委员会宣告该专利权无效,该法第47条规定宣告无效的专利权自始视为无效。专利无效的抗辩必须经过专利权原授权部门的审查确认和通知程序,甚至还需要经过法院的司法审查程序,才能达到有效抗辩的目的。2001年《商标法》第41条规定了撤销注册商标的请求处理制度。另外,《著作权法》中虽然没有直接规定版权无效或撤销的制度,但依据该法第3条和第5条的规定,不属于著作权法可保护的作品类型是不享有有效著作权的。《反不正当竞争法》没有规定商业秘密权的无效或撤销程序,但以该法商业秘密的定义,对请求权人依据的信息资料是否构成法定商业秘密进行抗辩。

(二) 提出合理使用抗辩

知识产权法律制度中设计了合理使用制度,对知识产权基础权利的行使范围发挥平衡作用,为社会公众自由共享特定的知识产品保留行为空间。合理使用具体是指社会公众对设定了知识产权的知识产品在法律规定的情形下,可以不经权利人许可,也无须向权利人支付报酬而利用该知识产品的行为。著作权法、专利法、商标法等制度中均规定了合理使用制度,其制度的内容本书已经在第三章第三节进行了论述,在此不再重述。当知识产权人向相对人行使请求权时,如果相对人实施的属于合理使用范围内的行为,则其行为不构成知识产权侵害行为,也无法归入造成侵害之虞的行为,相对人当然可以据此提出抗辩。比如在专利法中存在先用权人对专利产品的合理制造、使用,2008年《专利法》第69条第(2)项规定:"在专利申请日前已经制造相同产品、使用相同方法或者已经作好制造、使用的必要准备,并且仅在原有范围内继续制造、使用的",专利先用权人面临专利权人主张停止侵害请求权时即可行使合理使用的抗辩权予以阻却。

(三)提出法定许可抗辩

法定许可是知识产权法另一项特别制度,是知识产权人以外的社会公众在法定的情形下有权不经权利人许可而自由使用该知识产品,但需要向权利人支付适当报酬的制度。比如我国著作权法中有多个条文规定了作品的法定许可,其中第33条第2款规定了已刊登的报纸、期刊作品的法定许可,内容是:"作品刊登后,除著作权人声明不得转载、摘编的外,其他报刊可以转载或者作为文摘、资料刊登,但应当按照规定向著作权人支付报酬。"如果进行转载的甲期刊公司被作品著作权人行使停止侵害请求权,甲期刊公司可以依据此条行使抗辩权。2008年《专利法》第14条规定了对国有企业事业单位的发明专利可以进行指定许可的制度,被指定许可的单位对专利权人的专利权请求权可以行使指定许可抗辩权。

## 本章小结

知识产权请求权效力是保障知识产权权利内容实现的救济性手段效力。知识产权请求权效力直接体现为各类具体的知识产权请求权。根据请求权一般理论、知识产权国际条约内容、各国知识产权的法律规定,知识产权请求权一般包括了停止侵害请求权、妨害妨止请求权、废弃妨害物品请求权、获取侵害信息请求权、赔礼道歉和消除影响请求权。知识产权请求权与物权请求权同属支配权的请求权,但由于权力客体属性的差异而内容显著不同。知识产权请求权与知识产权损害赔偿请求权同属于救济手段权，但却是分属于不同权利运行环节的请求权，具有互补性。知识产权请求权一般不作为消灭时效的客体。知识产权请求权行使往往受到知识产权权利构成要素、时间效力、抗辩权的限制。

# 结　语

　　知识产权制度自创立以来经历了300年的发展历程，在此过程中知识产权权利体系逐渐形成，知识产权取得、行使、保护制度逐渐完善，这就为知识产权一般效力的理论抽象和提炼提供了基本依据和基础。通过知识产权一般效力理论的构建，一方面充实了知识产权基础理论的内容，从一定程度上对"知识产权无理论"的质疑进行了回应；另一方面推动了知识产权具体制度的完善和实施。在构建知识产权一般效力理论的过程中既要充分借鉴传统民事权利理论的合理内核，又必须更充分地考虑知识产权权利体系形成和发展的背景、过程、现实状态等的特殊性。

　　知识产权一般效力是知识产权作用力、约束力和保障力的集中体现，具体包括了控制效力、排他效力、时间效力、地域效力和请求权效力。控制效力是知识产权作用力的集中体现，其作用客体范围的扩张、地域范围的扩大

## 结　语

贯穿于知识产权制度发展的全过程，是知识产权系统运行的主线或主要矛盾，而对控制客体的条件、空间范围进行限制则是知识产权系统运行的另一条线索或次要矛盾。排他效力是知识产权约束力和保障力的较集中体现，也是与控制效力所体现的作用力的不同方向的效力。排他效力是排除其他主体取得相同的权利、排除其他主体行使相同的权利、排除跨地域行使和保护权利等。排他效力为知识产权人划定权利界限，保障权利自由、具有确定的空间范围。时间效力是对大多数知识产权权利具有的期限性特点的概括。时间效力直接体现了知识产权取得、行使、保护所具有的时间约束力，也即时间因素对知识产权权利的取得、享有、行使、保护具有的决定性影响，时间在知识产权权利实现中具有特殊的作用。传统民事权利一般没有权利保护期或有效期的法定时间或期限设定，而大多数知识产权均具有该特点。时间效力的内容包括了权利的起讫时点、权利保护期或有效期存在的必要性、期限设置的依据与合理性、期限制度发展的趋势等。通过对时间效力内容的深入剖析，进一步深化对知识产权权利本质和特殊性的认识。地域效力是指知识产权权利一般只能在特定的空间范围或特定法域具有作用力、约束力和保障力，超越地域空间即丧失其效力。知识产权制度形成的历史渊源、知识产品的无形性或非物质性以及对知识产权行使、利益实现、保护救济的可操作性都对地域效力的形成产生至关重要的作用。但知识产权国际条约的大量订立和适用、互联网的普及与应用、经济与法律的全球化等都对知识产权地域效力的保持形成了巨大挑战，导致知识产权具有了越来越明显的域外效力。域外效力的存在是地域效力的延伸，是地域效力适应经济社会发展和知识产权制度变迁发展的逻辑结果。地域效力的继续保持体现了知识产权取得、行使及保护的本质特征，而域外效力的动态扩张则体现了知识产权国际化或国际一体化的发展特征。知识产权请求权效力是知识产权人在权利受到侵害之虞或受到侵害时，得请求相对人为一定行为或不为一定行为，以回复知识产权圆满状态的权利救济效力。知识产权请求权的内容包括了停止侵害请求权、妨害防止请求权、废弃妨害物品请求权、获取侵害信息请求权及赔礼道歉和消除影响请求权。知识产权请求权派生于知识产权，为救济知识产权而存在，是知识产权效力的构成内容。

知识产权一般效力理论的构建为理论的应用奠定了坚实的基础，而关于理论应用的问题又足可用另一本书去专门论述。在此仅对知识产权一般效力理论的立法应用与学科应用作一简述，为进一步开展应用性研究开拓思路。

**一、知识产权一般效力理论在我国未来相关"法典"中的应用**

知识产权一般效力理论作为知识产权权利理论的精髓所在，应当在立法文件中明确进行规定，如是之，既健全了知识产权基本理论，又对分散的知识产权具体制度发挥统摄与指导价值。但由于目前我国没有独立的"知识产权法典"，知识产权内容分散包括在各单行法中，知识产权一般效力的内容无法集中体现在立法文件中，只能分别在单行法中零散的规定。1992年的《法国知识产权法典》、1999年的《菲律宾知识产权法典》中没有"总则"部分，所以也没有规定知识产权一般效力的内容。

不过我国20世纪90年代开始制定起草民法典后，学界一直关注研究的问题之一是知识产权法的内容在未来我国民法典中的地位问题，对此学者认识有较大差异，其中代表性观点有：(1) 将知识产权法的基本内容在我国民法典中作为"知识产权篇"进行集中规定；① (2) 将知识产权法的一般性规定或基本原理单独成编纳入民法典体例内容，其他内容仍然保留在单行法中；② (3) 将知识产权法的内容直接制定为独立的知识产权法典，并将知识产权法一般原理作为"总则"编独立规定。③ 这三种观点的共同之处是同意将知识产权法的共性内容在立法中进行集中专门规定，知识产权一般效力的内容则当然应当包括在这些一般原理之中。不过持这几种观点的学者在起草的立法建议稿中对知识产权一般效力的内容的表述又有较大差别。持第一种观点的学者在起草的《中国民法典知识产权篇框架》第一章"一般规定"（共 22 条）中对知识产权一般效力涉及的问题进行了较全面的规定，包括控制效力的客体范围、知识产权在先权利保护、知识产权请求权行使条件、知识产权保护期限和保护的地域性等内容。④ 持第二种观点的学者提出的立法建议中，有一个条款专门对"知识产权的效力"进行了简单规定。⑤ 持第三种观点的学者在其起草的《中华人民共和国知识产权法典（模拟稿）》的第一编"总则"中涉及知识产权一般效力的内容主要包括知识产权保护范围、知识产

---

① 郑成思：《知识产权论》第 3 版，法律出版社 2003 年版，第 80～81 页。
② 吴汉东：《知识产权制度基本理论研究》，知识产权出版社 2009 年版，第 280 页。
③ 曹新明：《中国知识产权法典化研究》，中国政法大学出版社 2005 年版，第 287 页。
④ 郑成思：《知识产权论》第 3 版，法律出版社 2003 年版，第 81～83 页。
⑤ 吴汉东："知识产权立法体例与民法典的编纂"，载《中国法学》2003 年第 1 期。

权权利的协调保护、法定许可等内容。① 这三种国内有代表性的研究成果都认为在未来的"法典"立法中应当对知识产权效力的内容作出专门立法规范，尽管具体的规范内容有较大差异。

笔者认为在我国未来制定的民法典中应当将知识产权的一般性内容集中规定为独立一编（其他内容仍然以单行法形式存在），这样立法一方面体现了知识产权法作为私权与其他民事权利的内在逻辑关系，另一方面充分考虑了知识产权法内容的特殊性与立法传统、修法便利等因素。在我国民法典的知识产权编中，知识产权一般效力内容应当是其重要构成部分。基于前文的相关论述，笔者认为应当纳入法典的知识产权一般效力的重要内容包括以下几个方面。

（1）依据国际条约及在吸收国内外学术研究成果的基础上，明确规定知识产权控制效力所及的客体范围，为构建统一的知识产权权利体系和理论体系提供基本立法根据。可采取这样的表述范式："本法所称的知识产权是指在下列创造性成果、工商业标记等客体上所设定的权利。"这些客体包括："文学、艺术、科学作品，发明、实用新型、工业品外观设计，商业标记，地理标志，集成电路布图设计，植物新品种，未披露信息，域名，传统知识，遗传资源，制止不正当竞争，以及其他知识产品。"其中"制止不正当竞争"属于行为客体，其他的客体属于无形财产客体。而且明确将"域名"、"传统知识"、"遗传资源"列入知识产权客体范围，也体现了知识产权制度发展的最新成果。

---

① 曹新明：《中国知识产权法典化研究》，中国政法大学出版社2005年版，第309~313页。

（2）将知识产权权利协调保护的内容规定于知识产权"总则"之中，包括保护在先权、权利重叠保护的规则、权利冲突的协调保护规则等条款。"权利在先保护在先"本是民事权利保护的一般原则，在知识产权法中该原则的适用具有其特殊价值。在我国专利法、商标法及著作权法中对此原则均予以确认。权利重叠保护是指同一知识产品可以同时取得不同的知识产权保护的状况，这属于排他效力的例外情形。权利冲突的协调保护包括同一知识产权权利在行使过程中如何协调保护权利人、使用人及社会公众利益，以及同一知识产品上的不同知识产权发生冲突时的利益协调。在知识产权法的"总则"中应当对这些基本的知识产权保护规则进行专门规制。立法中可以规定："同一知识产品符合法定条件时，可以获得不同的知识产权。需经申请授权获得的知识产权，应遵守申请在先保护在先的原则。当同一知识产品获得的不同知识产权之间发生权利冲突时，应遵守权利在先保护在先原则。"

（3）将知识产权限制的一般规则规定在"总则"内容之中。知识产权在行使过程中受到了合理使用、非自愿许可、权利用尽、时间与地域因素的普遍限制，这已经成为学说的共识和为知识产权单行法所确认。对此内容应当在知识产权法的一般规定中进行统一规制。立法中可以明确规定："知识产权行使应当受到合理使用、非自愿许可及权利用尽等制度的限制。知识产权有保护期规定时，保护期届满又不能或没有办理续期时，权利人丧失知识产权。知识产权一般仅在取得权利的法域内受到保护，超出取得权利的法域的知识产权保护遵守相关国际条约的规定。"

（4）将知识产权请求权的内容在"总则"中加以明确规定。知识产权请求权作为救济知识产权的手段性权利对于保障知识产权的正常行使、顺利实现意义重大。在知识产权法"总则"中应当对知识产权请求权的种类和行使条件作出一般规定:"知识产权受到侵害之虞时,权利人得请求妨害防止、废弃侵害物品。知识产权受到侵害时,权利人得请求停止侵害、获取侵害信息、赔礼道歉与消除影响,并可以请求赔偿损失。"

**二、知识产权一般效力理论在知识产权法学科基础理论建设中的应用**

知识产权法传统上一直作为民商法学的学科构成内容,为法学的三级学科。但近 10 年来随着知识产权法内容的日渐丰富、知识产权研究成果的大量涌现、知识产权对经济社会发展显著促进作用的突显,知识产权学界提出了应当将知识产权法学科从民商法学中分离出来,成为独立的法学二级学科。而在具体学科建设实践中,全国已经有多家院校设置独立的知识产权本科专业①,很多有条件的院校设置了独立的知识产权法硕士、博士点。② 笔者认为不论知识产权法是继续作为三级学科,还是独立提升成为二级学科,尽快强化知识产权法基础理论体系构建都是学科建设亟须完成的任务。而知识产权一般效力理论属于知识产权法基本理论体系的重要构成内容,应当在"知识产权法总论"的学科基础课程中单独成章予以专门论述。知识产权一般效力一章的内容应当包括:第一节知识产权

---

① 2004 年经教育部批准华东政法大学、暨南大学、华南理工大学、中国计量学院等七所高校可独立设置知识产权本科专业。

② 中南财经政法大学、中国人民大学、西南政法大学等高校已经设立相对独立的二级学科知识产权法硕士、博士点。

一般效力的概述，对知识产权一般效力的概念、特征、内容体系进行论述；第二节知识产权一般效力的内容，对各具体知识产权效力形态进行论述；第三节知识产权一般效力的制度化实现，对知识产权法律制度中的效力规范内容进行集中论述，提出完善建议等。

总之，知识产权基本理论博大精深，知识产权制度体系宏大精细。但由于篇幅所限，本书仅重点研究了知识产权一般效力中的系列基本理论问题和相关制度问题。对于本书已经研究的五种效力以外的知识产权的效力问题、各种知识产权的特别效力问题、知识产权效力制度的系统构建和完善问题，留待以后的研究工作去继续拓展和深入。

# 参考文献

## 一、中文著作类

[1] 李开国.民法基本问题研究[M].北京：法律出版社，1997.

[2] 谢在全.民法物权：上[M].台北：台湾三民书局，1990.

[3] 刘得宽.民法诸问题与新展望[M].台北：台湾三民书局，1979.

[4] 梅仲协.民法要义[M].北京：中国政法大学出版社，1998.

[5] 胡长清.中国民法总则[M].北京：中国政法大学出版社，1997.

[6] 刘春田.中国知识产权评论[M].北京：商务印书馆，2002.

[7] 金海军.知识产权私权论[M].北京：中国人民大学出版社，2004.

[8] 刘茂林.知识产权的经济分析[M].北京：法律出版社，1996.

[9] 朱兴文.权利冲突论[M].北京：中国法制出版社，2004.

[10] 孙建，罗东川.知识产权名案评析[M].北京：中国法制出版社，1998.

[11] 李扬.知识产权基础理论和前沿问题[M].北京：法律出版社，2004.

[12] 李琛.论知识产权的体系化[M].北京：北京大学出版社，2005.

[13] 吴汉东.知识产权法[M].北京：法律出版社，2004.

[14] 余能斌，马俊驹.现代民法学[M].武汉：武汉大学出版

社，1995.

[15] 余能.现代物权法专论［M］.北京：法律出版社，1999.

[16] 李双元，温世扬.比较民法学［M］.武汉：武汉大学出版社，1998.

[17] 温世扬.物权法要论［M］.武汉：武汉大学出版社，1998.

[18] 温世扬，廖焕国.物法通论［M］.北京：人民法院出版社，2005.

[19] 孟勤国.物权二元结构论［M］.北京：人民法院出版社，2001.

[20] 陈本寒.担保物权法比较研究［M］.武汉：武汉大学出版社，2003.

[21] 吴汉东.无形财产权制度研究［M］.北京：法律出版社，2005.

[22] 吴汉东.知识产权基本问题研究［M］.北京：中国人民大学出版社，2005.

[23] 吴汉东.知识产权制度基础理论研究［M］.北京：知识产权出版社，2009.

[24] 吴汉东.知识产权基本问题研究：分论［M］.北京：中国人民大学出版社，2009.

[25] 吴汉东，胡开忠.无形财产权制度研究［M］.修订版.北京：法律出版社，2005.

[26] 郑成思.WTO知识产权协议逐条讲解［M］.北京：中国方正出版社，2002.

[27] 郑成思.版权法［M］.北京：中国人民大学出版社，2003.

[28] 郑成思.知识产权法［M］.2版.北京：法律出版社，2003.

[29] 郑成思.知识产权论［M］.北京：法律出版社，2003.

[30] 郑成思.知识产权论［M］.北京：法律出版社，2005.

[31] 郑成思.信息、新型技术与知识产权［M］.北京：中国人民大学出版社，1986.

[32] 齐爱民.知识产权法总论［M］.北京：北京大学出版社，2010.

[33] 齐爱民，朱谢群.知识产权法新论［M］.北京：北京大学出版社，2008.

[34] 金海军.知识产权私权论［M］.北京：中国人民大学出版社，

2004.

[35] 陶鑫良,袁真富.知识产权法总论[M].北京:知识产权出版社,2005.

[36] 温世扬,廖焕国.物权法通论[M].北京:人民法院出版社,2005.

[37] 王太平.知识产权客体的理论范畴[M].北京:知识产权出版社,2008.

[38] 王轶.民法原理与民法学方法[M].北京:法律出版社,2009.

[39] 沈宗灵.法理学[M].北京:高等教育出版社,1994.

[40] 沈宗灵.比较法研究[M].北京:北京大学出版社,1998.

[41] 钱学森.论系统工程[M].长沙:湖南科学技术出版社,1982.

[42] 苗东升.系统科学精要[M].北京:中国人民大学出版社,1998.

[43] 魏宏森,曾国屏.系统论·系统科学哲学[M].北京:清华大学出版社,1995.

[44] 金观涛,刘青峰.金观涛刘青峰集·反思·探索·新知[M].哈尔滨:黑龙江教育出版社,1988.

[45] 李岱.法学绪论[M].台北:台湾中华书局,1966.

[46] 李龙.法理学[M].武汉:武汉大学出版社,1996.

[47] 张根大.法律效力论[M].北京:法律出版社,1999.

[48] 郭道晖.法理学精义[M].长沙:湖南人民出版社,2005.

[49] 王利明.物权法论[M].北京:中国政法大学出版社,1998.

[50] 王利明.民法总论[M].北京:中国人民大学出版社,2009.

[51] 王利明.民法学[M].上海:复旦大学出版社,2009.

[52] 王利明.民法总论[M].北京:中国人民大学出版社,2010.

[53] 王利明,崔建远.合同法新论·总则[M].北京:中国政法大学出版社,2000.

[54] 李仁玉.合同效力研究[M].北京:北京大学出版社,2006.

[55] 靳宝兰,徐武生.民事法律制度比较研究[M].北京:中国人民公安大学出版社,2001.

[56] 李双元.国际私法学[M].北京:北京大学出版社,2000.

[57] 李双元,温世扬.比较民法学 [M].武汉:武汉大学出版社,1998.

[58] 梁慧星.中国物权法研究 [M].北京:法律出版社,1998.

[59] 梁慧星.民法总论 [M].北京:法律出版社,2001.

[60] 梁慧星.民法总论 [M].北京:法律出版社,2007.

[61] 尹田.法国物权法 [M].北京:法律出版社,1998.

[62] 尹田.物权法理论评析与思考 [M].北京:中国人民大学出版社,2004.

[63] 胡长清.中国民法债篇总论 [M].北京:商务印书馆,1977.

[64] 史尚宽.民法总论 [M].台北:台湾正大印书局,1980.

[65] 史尚宽.民法总论 [M].北京:中国政法大学出版社,2000.

[66] 史尚宽.债法总论 [M].北京:中国政法大学出版社,2000.

[67] 史尚宽.物权法论 [M].北京:中国政法大学出版社,2001.

[68] 刘春田.简论知识产权 [G]//郑成思.知识产权研究:第1卷.北京:中国方正出版社,1996.

[69] 刘春田.知识产权法教程 [M].北京:中国人民大学出版社,1995.

[70] 刘春田.知识产权法 [M].北京:高等教育出版社,北京大学出版社,2000.

[71] 刘春田.关于我国著作权立法的若干思考 [G].//中国版权研究会.版权研究文选.北京:商务印书馆,1995.

[72] 冯晓青.知识产权法利益平衡理论 [M].北京:中国政法大学出版社,2006.

[73] 冯晓青.知识产权法 [M].北京:中国政法大学出版社,2008.

[74] 冯晓青.知识产权权利正当行使(权利限制)专题判解与学理研究 [M].北京:中国大百科全书出版社,2010.

[75] 龙卫球.民法总论 [M].北京:中国法制出版社,2001.

[76] 陈华彬.民法总论 [M].北京:中国法制出版社,2011.

[77] 南振兴,刘春霖.知识产权学术前沿问题研究 [M].北京:中国书籍出版社,2003.

[78] 刘茂林.知识产权法的经济分析［M］.北京：法律出版社，1996.
[79] 刘茂林.知识产权原理［M］.北京：知识产权出版社，2002.
[80] 曲三强.现代知识产权法［M］.北京：北京大学出版社，2009.
[81] 李明德.美国知识产权法［M］.北京：法律出版社，2003.
[82] 丁丽瑛.传统知识保护的权利设计与制度构建：以知识产权为中心［M］.北京：法律出版社，2009.
[83] 徐棣枫.专利权的扩张与限制［M］.北京：知识产权出版社，2007.
[84] 汤宗舜.专利法教程［M］.北京：法律出版社，2003.
[85] 汤宗舜.著作权法原理［M］.北京：知识产权出版社，2005.
[86] 徐家力.知识产权在网络及电子商务中的保护［M］.北京：人民法院出版社，2006.
[87] 鲍永正.电子商务知识产权法律制度研究［M］.北京：知识产权出版社，2003.
[88] 许春明.知识产权制度与经济增长关系的实证研究［M］.北京：知识产权出版社，2009.
[89] 许颖辉.备受争议的知识产权［M］.北京：世界知识出版社，2010.
[90] 王凌红.专利法学［M］.北京：北京大学出版社，2007.
[91] 国家知识产权局条法司.《专利法》第三次修改导读［M］.北京：知识产权出版社，2009.
[92] 王莲峰.商标法学［M］.北京：北京大学出版社，2007.
[93] 刘明江.商标效力及其限制研究［M］.北京：知识产权出版社，2010.
[94] 郑玉波.民法总则［M］.台北：台湾三民书局，1979.
[95] 郑玉波.民法物权［M］.台北：台湾三民书局，1995.
[96] 姚瑞光.民法物权论：上册［M］.台北：台湾三民书局，1988.
[97] 龙文懋.知识产权法哲学初探［M］.北京：人民出版社，2003.
[98] 刘凯湘.民法总论［M］.北京：北京大学出版社，2008.
[99] 李扬.知识产权法总论［M］.北京：中国人民大学出版社，2008.

[100] 文希凯，陈仲华.专利法［M］.北京：中国科学技术出版社，1993.
[101] 国家知识产权局知识产权发展研究中心.规制知识产权的权利行使［M］.北京：知识产权出版社，2004.
[102] 中国国际私法学会.中华人民共和国国际私法示范法［M］.北京：法律出版社，2005.
[103] 马俊驹，余延满.民法原论：上［M］.北京：法律出版社，1998.
[104] 刘春茂.知识产权原理［M］.北京：知识产权出版社，2002.
[105] 何志鹏.全球化经济的法律调控［M］.北京：清华大学出版社，2006.
[106] 杨国华.中美知识产权问题概观［M］.北京：知识产权出版社，2008.
[107] 乔生.知识产权保护与限制衡平研究［M］.北京：中国检察出版社，2007.
[108] 杨明.知识产权请求权研究［M］.北京：北京大学出版社，2005.
[109] 阳平.论侵害知识产权的民事责任［M］.北京：中国人民大学出版社，2005.
[110] 山本敬三.民法讲义：总则［M］.解亘，译.北京：北京大学出版社，2004
[111] 冯·贝塔朗菲.一般系统论：基础、发展和应用［M］.林康义，魏宏森，译.北京：清华大学出版社，1987.
[112] E.博登海默.法理学：法律哲学和法律方法［M］.邓正来，译.北京：中国政法大学出版社，2004.
[113] 史蒂芬·霍尔姆斯，凯斯·R.桑斯坦.权利的成本：为什么自由依赖于税［M］.毕竞悦，译.北京：北京大学出版社，2011.
[114] 威廉·M.兰德斯，理查德·A.波斯纳.知识产权法的经济结构［M］.金海军，译.北京：北京大学出版社，2005.
[115] 凯尔森.法与国国家的一般理论［M］.沈宗灵，译.北京：中国

大百科全书出版社,1996.
[116] 彼得·达沃豪斯.信息封建主义[M].刘雪涛,译.北京:知识产权出版社,2005.
[117] 布拉德·谢尔曼,莱昂内尔·本特利.现代知识产权法的演进:1760~1911英国的历程[M].金海军,译.北京:北京大学出版社,2006.
[118] 魏德士.法理学[M].丁晓春,吴越,译.北京:法律出版社,2003.
[119] 梅迪库斯.德国民法总论[M].邵建东,译.北京:法律出版社,2001.
[120] 我妻荣.日本物权法[M].台北:台湾五南图书出版公司,1999.
[121] 纹谷畅南.知的财产法概论[M].东京:有斐阁,2006.
[122] 盖斯日·古博.法国民法总论[M].陈鹏,等,译.北京:法律出版社,2004.
[123] 迪帕克·纳亚.全球化意味着什么[M]//黄平.与地球重新签约:哥本哈根社会发展论坛论文选之一.北京:人民文学出版社,2003.
[124] 唐广良.论版权法中的"精神权利"[G]//中国版权研究会.版权研究文选.北京:商务印书馆,1995.
[125] 宋慧献.走向体系化的知识产权:《形财产权制度研究》读后感[G]//吴汉东.知识产权年刊(创刊号).北京:北京大学出版社,2005.
[126] 曹新明.知识产权国际化所面临的挑战[G]//吴汉东.知识产权国际保护制度研究.北京:知识产权出版社,2007.
[127] 胡开忠.版权的国际保护[G]//吴汉东.知识产权国际保护制度研究.北京:知识产权出版社,2007.
[128] 李明德.美国商标法中的侵权与救济[G]//郑成思.知识产权文丛:第10卷.北京:中国方正出版社,2004.
[129] 阳平.论知识产权特征[G]//刘春田.中国知识产权评论:第二

卷.北京：商务印书馆，2006.

## 二、中文论文类

[1] 温世扬.财产支配权论要［J］.中国法学，2005，5.
[2] 尹田.论物权与知识产权的关系［J］.法商研究，2002，5.
[3] 仲相，司艳丽.知识产权法中的物权理论的应用［J］.烟台大学学报：哲学社会科学版，2002，3.
[4] 郑成思.中国需要怎样的知识产权战略［N］.经济参考报，2004 - 04 - 17（5）.
[5] 吴汉东.法哲学家对知识产权法的哲学解读［J］.法商研究，2003，5.
[6] 吴汉东.知识产权的私权与人权属性：以《知识产权协议》与《世界人权公约》为对象［J］.法学研究，2003，3.
[7] 吴汉东.关于知识产权私权属性的再认识——兼评"知识产权公权化"理论［J］.社会科学，2005，10.
[8] 吴汉东.国际化、现代化与法典化：中国知识产权制度的发展道路［J］.法商研究，2004，3.
[9] 曹新明.知识产权法哲学理论反思：以重构知识产权制度为视角［J］.法制与社会发展，2004，6.
[10] 曹新明，梅术文.民族民间传统文化保护的法哲学考察：以知识产权基本理论为研究范式［J］.法制与社会发展，2005，2.
[11] 黄玉烨，罗施福.论我国著作权转让登记公示制度的构建［J］.法律科学，2005，5.
[12] 李智，凤章.登记生效主义和登记对抗主义的比较考察［J］.贵州大学学报：社会科学版，2004，11.
[13] 易继明.评财产权劳动学说［J］.法学研究，2000，3.
[14] 冯晓青.信息产权理论与知识产权制度之正当性［J］.法律科学，2005，4.
[15] 徐瑄.关于知识产权的几个深层理论问题［J］.北京大学学报：哲

学社会科学版，2003，3.
- [16] 徐瑄.知识产权的正当性：论知识产权法中的对价与衡平［J］.中国社会科学，2003，4.
- [17] 易继明，李辉凤.财产权及其哲学基础［J］.政法论坛，2000，3.
- [18] 强世功.知识产权与法律移植［J］.读书，2004，8.
- [19] 梅雪芹.论约翰·洛克的财产观［J］.北京师范大学学报：社会科学版，1997，1.
- [20] 李扬.再评洛克财产权劳动理论：兼与易继明博士商榷［J］.现代法学，2004，1.
- [21] 张玉敏.知识产权法制三十年［J］.法学杂志，2009，2.
- [22] 李琦.法律效力：合法行为发生法律上效果之保证力［J］.法学研究，1995，2.
- [23] 章戈.论债的效力［J］.法学研究，1990，4.
- [24] 王宏军.论作为排他权与支配权的知识产权［J］.学术论坛，2007，5.
- [25] 王岩云.商标权的效力范围［J］.天津大学学报：社会科学版，2007，4.
- [26] 王立梅.论专利权转让中的负担效力和处分效力［J］.黑龙江省政法管理干部学院学报，2009，1.
- [27] 周樨平.论著作权法中专有使用权的性质和效力［J］.河北法学，2009，7.
- [28] 程啸.知识产权法若干基本问题之反思［J］.中国人民大学学报，2001，1.
- [29] 赖洪川，赵瑞华.论版权保护与言论自由的平衡与冲突［J］.暨南大学学报 2005，4.
- [30] 吴伟光.商业方法发明可专利性研究［J］.互联网法律通讯：第2卷，6.
- [31] 戴志敏，陈立毅.美国金融类商业方法专利及其启示［J］.外国经济管理，2003，11.
- [32] 黄宏生.网络虚拟财产的性质与法律保护［J］.东南学术，

2009,6.

[33] 李亮.虚拟财产三大法律困惑待解[N].法制日报,2007-10-21(007).

[34] 英国知识产权委员会.整合知识产权与发展政策[J].信息空间,2004,4.

[35] 曹新明.知识产权法哲学理论反思[J].法制与社会发展,2004,6.

[36] 丛立先.违禁作品著作权问题辨析[J].法学,2011,2.

[37] 杨延超.违法作品之著作权探讨[J].法学论坛,2010,3.

[38] 彭秀坤.论知识产权合理使用的范围.湘潭师范学院学报:社科版,2006,1.

[39] 何炼红,阳东辉.著作人身权合理使用制度研究[J].法学评论,2004,1.

[40] 高华,焦洪涛.专利权合理使用制度研究[J].科技与法律,2002,2.

[41] 武敏.商标合理使用制度初探[J].中华商标,2002,7.

[42] 韩松.论物权的排他效力与优先效力[J].政法论坛,2003,2.

[43] 王娜.论知识产权的保护期限[J].图书情报论坛,2007,4.

[44] 罗莉.版权保护期限的是与非[J].法学,2005,11.

[45] 陈飞峰.知识产权的保护期限不属于排斥期限[J].湖北行政学院学报,2007,3.

[46] 王桂强.对"专利最优保护期"生命周期模型的思考[J].科学学与科学技术管理,2004,5.

[47] 冯晓青.知识产权有效期限制的理论思考[J].兰州学刊,2007,6.

[48] 朱庆育.权利的非伦理化:客观权利理论及其在中国的命运[J].比较法研究,2001,3.

[49] 彭玉勇,叶珺君.专利权期限与费用关系初探:兼论专利制度成本[J].浙江工贸职业技术学院学报,2011,2.

[50] 韩玲玉,王珏.新药专利保护期限国际化法律冲突研究[J].广西

政法管理干部学院学报，2005，1.

[51] 韦之.欧盟著作权保护期指令评介［J］.中外法学，1999，6.

[52] 刘美秀.最优专利期限问题研究［J］.宏观经济研究，2010，8.

[53] 吕岩峰.知识产权之冲突法评论［J］.法制与社会发展，1996，6.

[54] 徐祥.论知识产权的地域性［J］.武汉大学学报：哲学社会科学版，2005，5.

[55] 冯术杰，于延晓.知识产权地域性的成因及其发展［J］.长白学刊，2004，6.

[56] 刘家瑞，史威.知识产权地域性冲突法评述［J］.中央政法管理干部学院学报，1998，6.

[57] 刘保玉.物权的效力问题之我见［J］.山东大学学报：哲学社会科学版，2000，2.

[58] 崔建远.物权效力的一般理论［J］.法学杂志，2003，4.

[59] 覃远春.物权效力及其类型的另路分析：兼谈与效力类型相连的物权效力［J］.甘肃政法学报，2007，1.

[60] 傅穹.物权效力论纲［J］.法制与社会发展，2000，3.

[61] 董学立.物权之效力问题再议［J］.山东公安专科学校学报，2004，4.

[62] 葛云松.不安抗辩权的效力与适用范围［J］.法律科学，2003，1.

[63] 韩大元.论社会变革时期的基本权利效力问题［J］.中国法学，2002，6.

[64] 陈焱光.论宪法基本权利的效力［J］.湖北社会科学，2003，8.

[65] 李莉.政府在构建和谐社会中的积极行为依据：关于社会基本权利的效力分析［J］.西北农林科技大学学报：社会科学版，2009，2.

[66] 金可可.主观权利的客体、保护及其效力：贝克尔的债权与物权论说［J］.求索，2008，9.

[67] 丁飞飞.《数字千年版权法》庇护威力不再维亚康姆胜诉缔造网络新规［J］.IT时代周刊，2008，8.

[68] 毕竞悦.版权保护期限的合宪性之争：从美国1998年《松尼波诺

版权期限延长法案》谈起 [J]. 公法研究, 2005, 1.
[69] 罗莉. 版权保护期限的是与非 [J]. 法学, 2005, 11.
[70] 吴汉东. 关于知识产权本体、主体与客体的重新认识: 以财产所有权为比较研究对象 [J]. 法学评论, 2000, 5.
[71] 蔡名钦. 论民事权利的本质 [J]. 法制与社会, 2009, 1.
[72] 王娜. 论知识产权的保护期限 [J]. 情报资料工作, 2008, 2.
[73] 谢灵芝. 论知识产权的基本特征 [J]. 法制与社会, 2007, 1.
[74] 王春燕. 论知识产权地域性与知识产权国际保护 [J]. 中国人民大学学报, 1996, 3.
[75] 陶乾. 民法上的权利技术与侵权构成关联之研究 [J]. 法制与社会, 2007, 8.
[76] 王利明. 侵权责任法制定中的若干问题 [J]. 当代法学, 2008, 5.
[77] 胡充寒, 肖启明. 权利冲突案件中停止侵权判决方式的选择及限制 [J]. 法律适用, 2008, 10.
[78] 廖晓虹. 商标法的在先权保护制度刍议 [J]. 商场现代化, 2008, 10.
[79] 吴道霞. 商标法中的在先权范围研究 [J]. 黑龙江社会科学, 2008, 3.
[80] 苗家营. 商标权与在先权利的冲突及法律救济 [J]. 理论学习, 2007, 5.
[81] 孙红萍, 王静一. 社会资本和知识共享意向的作用机制: 基于知识密集型企业的实证研究 [J]. 科技进步与对策, 2009, 1.
[82] 任琳. 试论知识产权请求权的法律特征 [J]. 中山大学学报论丛, 2007, 4.
[83] 王英, 王俊岭. 以地域性对抗国际化 [J]. 经营者, 2007, 6.
[84] 王磊, 张楚. 微软"黑屏"事件引起的若干法律思考 [J]. 信息网络安全, 2009, 2.
[85] 刘源, 薛金惠. 我国非物质文化遗产法律保护制度研究 [J]. 广西社会科学 2008, 11.
[86] 王春燕. 也论知识产权的属性 [J]. 中国法学, 1996, 3.

[87] 林广海，张学军.原有范围在先用权抗辩案件中的适用 [J]．中国发明与专利，2008，4.

[88] 陈飞峰.知识产权的保护期限不属于排斥期间：对知识产权时间性的再思考 [J]．湖北行政学院学报，2007，3.

[89] 郭祥发.知识产权的地域性与国际保护 [J]．天津职业院校联合报，2009，1.

[90] 程啸.知识产权法若干基本问题之反思 [J]．中国人民大学学报，2001，1.

[91] 李海昕.知识产权法益论：包容与超越 [J]．电子知识产权，2009，2.

[92] 陈传法.知识产权客体与特征新解 [J]．北京化工大学学报：社会科学版，2000，2.

[93] 周根才，高毅龙.知识产权侵权救济中损害赔偿数额的确定 [J]．法律适用，2008，12.

[94] 徐飞.知识产权权利穷竭的地域性和普遍性：由美国两起平行进口案例谈起 [J]．人民司法，2005，4.

[95] 颜建洲，杨尧忠.知识产权特性研究的新视角 [J]．科技进步与对策，2003，9.

[96] 徐先东，朱雪忠.知识产权专有性与科学数据共享性的冲突研究 [J]．武汉理工大学学报，2007，7.

[97] 杜颖.日本知识产权保护中的差止请求权 [J]．外国法译评，1999，4.

[98] 梅夏英，邹启钊.请求权：概念结构及理论困境 [J]．法学家，2009，2.

[99] 唐绍红.论知识产权的防卫性保护和进取性保护 [J]．科技与法律，2001，3.

[100] 关永红.论知识产权排他效力 [J]．知识产权，2011，7.

[101] 关永红.知识产权权利体系解构与重构 [J]．学习与探索，2012，2.

[102] 关永红.数字音乐作品著作权保护中的利益冲突与平衡 [J]．宁

夏大学学报，2007，6.

[103] 关永红.论计算机最终用户的法律责任［J］.山西师大学报：社会科学版，2006，6.

## 三、学位论文类

[1] 陈晓东.强制许可之国际法律制度研究［D］.青岛：中国海洋大学，2007.

[2] 张晶.物权效力研究［D］.北京：中国政法大学，2004.

[3] 谭华林.知识产权权利冲突论纲［D］.北京：中国政法大学，2007.

[4] 欧阳于芬.知识产权与物权比较研究［D］.广州：暨南大学，2006.

[5] 杜静.宪法权利规范效力理论之评析及启示［D］.长沙：湖南师范大学，2008.

[6] 林志嵩.知识产权地域性研究［D］.贵州：贵州师范大学，2006.

[7] 李琛.知识产权法的体系化［D］.北京：中国人民大学，2003.

[8] 凌洪斌.知识产权非自愿许可制度研究［D］.广州：暨南大学，2006.

[9] 马辉.论知识产权请求权［D］.重庆：西南政法大学，2006.

[10] 李开宇.试论知识产权请求权［D］.长春：吉林大学，2006.

## 四、法典类

[1] 俄罗斯联邦民法典：全译本［M］.黄道秀，译.北京：北京大学出版社，2007.

[2] 越南社会主义共和国民法典：2005年版［M］.吴远富，译.厦门：厦门大学出版社，2007.

[3] 德国民法典［M］.2版.陈卫佐，译.北京：法律出版社，2006.

[4] 法国民法典：上、下册［M］.罗结珍，译.北京：法律出版社，2005.

［5］法国知识产权法典：法律部分［M］．黄晖，译．北京：商务印书馆，1999．

［6］瑞士民法典［M］．殷生根，王燕，译．北京：中国政法大学出版社，1999．

［7］意大利民法典［M］．费安玲，丁玫，译．北京：中国政法大学出版社，1997．

［8］日本民法典［M］．王书江，译．北京：中国法制出版社，2000．

## 五、外文著作类

［1］Peter Drahos. A Philosophy of Intellectual Property［M］. Dartmouth Publishing Company Limited, 1996.

［2］Donald G. Richards. Intellectual Property Rights and Global Capitalism：the Political Economy of the Trips Agreement［M］. M. E. Sharpe, Inc., 2004.

［3］Adam Thierer&Wayne Crews. Copy Fights：the Future of Intellectual Property in the Information Age［M］. Cato institute Washington D. C., 2002.

［4］Adam D. Moore. Intellectual Property & Information Control, Transaction Publisher［M］. New Brunswick（U. S. A）and London（U. K.），2001.

［5］Peter Drahos. Intellectual Property［M］. Dartmouth Publishing Company Limited, 1999.

［6］Gillian Davies. Copyright and the Public Interest［M］. London Sweet &Maxwell, 2002.

## 六、外文论文类

［1］Theodore Levitt. The Globalization of Markets［J］. Harvard Business Review, 1983, 6.

［2］Jan Aart Scholte. Globalization, A Critical Introduction［J］. Basingstoke: Palgrave, 2000.

[3] Paul M. Schwartz. Property, Privacy, and Personal Data [J]. Harvard Law Review 117, 2004.

[4] Fritz Machlup & Edith Penrose. The Patent Controversy in the Nineteenth Century [J]. The Journal of Economic History, 1950, 5 (1): 10.

[5] William Fisher. Reconstructing the Fair Use Doctrine [J]. Harvard Law Review 101, 1988.

[6] Maureen Ryan. Cyberspace as Public Space: A Public Trust Paradigm for Copyright in A Digital World [J]. Oregon Law Review 79, 2000.

[7] Justin Hughes. The Philosophy of Intellectual Property [J]. Georgetown Law Journal 77, 1988.

[8] David Fewer. Constitutionalzing Copyright: Freedom of Expression and the Limits of Copyright in Canada [J]. University of Toronto Faculty of Law Review 55, 1997.

[9] Tom G. Palmer. Are Patents and Copyrights Morally Justified / Adam Thierer & Wayne Crews. Copy Fights: the Future of Intellectual Property in the Information Age [M]. Cato institute Washington D. C., 2002.

[10] Graeme B. Dinwoodi. (National) Trademark Laws and the (Non-National) Domain Name System [J]. 21U. Pa. J. Int' Econ. L. 495.

[11] Maskus, Keith E. (2000a). Intellectual Property Rights in the Global Economy [J]. Washington D. C.: The Institute for International Economics.

[12] William GBarber et al. Recent Developments in Trademark Law: Cybersquaters Run for Cover, While Copycats Breathe a Sigh of Relief [J]. Tex. Intell. Prop. L. J, 9: 231.

[13] Kenneth Sutherlin Dueker. Trademark Law Lost in Cyberspace: Trademark Protection for Internet Address [J]. Harv. J. Law & Tec, 9: 483.

[14] Orion Armon. As Good as it Gets? An Appraisal of Uniform Domain Name Dispute Resolution Policy [J]. Computer and Internet Lawyer, 2003, 12: 20.

## 七、主要网址类

[1] 中国民商法律网:http://www.civillaw.com.cn/.
[2] 中国法学网:http://www.iolaw.org.cn/.
[3] 北大法律信息网:http://article.chinalawinfo.com/article/index.as.
[4] 国家知识产权局网:http://www.sipo.gov.cn/.
[5] 中国知识产权研究网:http://www.iprcn.com/.
[6] 中国知识产权司法保护网:http://www.chinaiprlaw.cn/file/200502014163.html.
[7] http://www.jhrlawyer.com/Article_Show.asp?ArticleID=292.
[8] http://inventors.about.com/library/weekly/aa073100a.htm.
[9] http://www.frenchlaw.com/trade_marks.htm.
[10] http://www.iip.or.jp/translation/ono/ch2.pdf.
[11] http://en.wikipedia.org/.
[12] http://www.hecom.gov.cn.
[13] http://www.wto.org/english/tratop_e/dispu_e/dispu_by_country_e.htm.
[14] http://www.microsoft.com/resources/.
[15] http://www.world2006.hk/en/business/.
[16] http://www.wipo.int/cn/about-wipo.
[17] http://article.chinalawinfo.com/article/.
[18] http://doc.ipr.gov.cn/ipr/doc/info/.
[19] http://www.ladas.com/Patents/USPatentHistory.htm.
[20] http://finance.northeast.cn/system/2004/11/24/017890126.shtml.
[21] http://www.constitution.org/jl/2ndtreat.htm.
[22] http://www.usitc.gov/ext_relations/about_itc/index.htm.

# 本书主要知识产权国际条约及简称

[1] 1883 年《保护工业产权巴黎公约》,简称《巴黎公约》。
[2] 1886 年《保护文学艺术作品伯尔尼公约》,简称《伯尔尼公约》。
[3] 1891 年《商标国际注册马德里协定》,简称《马德里协定》。
[4] 1925 年《工业品外观设计国际保存海牙协定》,简称《海牙协定》。
[5] 1952 年《世界版权公约》,简称《版权公约》。
[6] 1961 年《保护表演者录音制品录制者和广播组织罗马公约》,简称《罗马公约》。
[7] 1967 年《商标注册用商品和服务国际分类尼斯协定》,简称《商标分类尼斯协定》。
[8] 1968 年《建立世界工业品外观设计国际分类洛迦诺协定》,简称《洛迦诺协定》。
[9] 1971 年《国际专利分类斯特拉斯堡协定》,简称《斯特拉斯堡协定》。
[10] 1971 年《保护录音制品录制者防止擅自复制其录音制品日内瓦公约》,简称《日内瓦公约》。
[11] 1973 年《建立商标图形要素国际分类维也纳协定》,简称《维也纳协定》。
[12] 1974 年《发送卫星传输节目信号布鲁塞尔公约》,简称《布鲁塞尔公约》。
[13] 1977 年《国际承认用于专利程序的微生物保存布达佩斯条约》,

简称《布达佩斯条约》。
[14] 1989 年《关于商标国际注册马德里协定的议定书》，简称《马德里议定书》。
[15] 1994 年《与贸易有关的知识产权协定》，简称《知识产权协定》。
[16] 1996 年《世界知识产权组织版权条约》，简称《版权条约》。
[17] 1996 年《世界知识产权组织表演和录音制品条约》，简称《表演和录音制品条约》。

# 后　记

在知识产权问题越来越成为国内外各界关注的热点问题的同时，知识产权学科建设的步伐却远远不能与时代的发展要求相协调，其中最主要是对知识产权基本理论问题的研究较薄弱，导致对具体知识产权制度问题的研究总显得"底气"不足，也无法支撑知识产权学科形成"根深叶茂，散播成林"的发展局面。知识产权一般效力问题一方面是民事支配权体系中应当具有的基本理论内容，另一方面对此主题进行系统挖掘研究的工作尚未被人重视。因此，选此主题作为研究方向，以期为知识产权理论大厦"添砖加瓦"，为知识产权制度完善"夯土培基"。

但真正着手开始写作、研究，才倍感研究的难度远远超过了当初的想象。首先，十分缺乏研究的直接资料，必须从更广泛的外围领域收集资料；其次，需要深厚的知识产权专业理论知识及相关学科知识作为研究知识储备和支撑；最后，理论观点的提炼、论证及体系逻辑的自恰过程充满了思虑的焦躁和自我否定的痛苦。好在这一切困难与苦思均已被本书完成的喜悦所取代。

将本书献给所有关心和帮助过我的朋友及家人。

关永宏

2012年5月于广州